Raha
Rengistä Isännäksi

Tommi Taavila

ISBN: 1517297605
ISBN-13:978-1517297602

SISÄLLYSLUETTELO

KIITOKSET

Haluan kiittää ensiksi Olli Mäntyrantaa jonka avun myötä sain kirjalleni itseäni tyydyttävän nimen. Lisäksi haluan kiittää häntä avusta kirjan etu- ja takakannen suunnittelussa. Hänen lisäkseen haluan kiittää koelukijoitani: Jesse Uittoa ja myös kaikkia muita, jotka eivät jostain syystä halunneet nimeään mainittavaksi tässä kirjassa. Edellämainittujen henkilöiden lisäksi haluan kiittää kaikkia niitä henkilöitä, jotka ovat jakaneet omaa asiantuntemustaan kirjoittamalla tai julkaisemalla kirjan jonkun muun kirjoittamana siitä mitä he ovat elämänsä varrella oppineet.

1 JOHDANTO

Tämä kirja on hyvä aloittaa kertomalla tarina: Isä ja pikkupoika menivät ensimmäistä kertaa kalaan. Matkalla he poikkesivat ostamaan uistimia. He menivät kauppaan ja pikkupoika näki monia kooltaan ja väreiltään valtavasti vaihtelevia uistimia. Pikkupoika oli ihmeissään ja kysyi myyjältä: "onpas näitä uistimia paljon erilaisia, tarttuvatko kalat tosiaankin näihin kaikkiin? Myyjä vastasi pojalle "Minä en myy uistimia kaloille."

Sinä joudut elämään rahan kanssa, halusit tai et. Sinut viedään "uistinkauppaan". Sinulle tarjotaan erilaisia ratkaisuja, joista valitset omasi. Kaikilla on mielipiteitä siitä kuinka sinun pitäisi suhtautua rahaan. Sinulle tarjotaan ratkaisuja raha-asioissa kohtaamiisi ongelmiin. Vain harvat ihmiset tietävät kuinka ongelmasi pitäisi ratkaista. Sinä saat vääriä ratkaisumalleja, mitkä eivät johda haluttuun lopputulokseen. Kalastaessa vain muutamat uistimet tuovat kalaa ja loput hukkaavat rahat. Sama pätee myös raha-asioissa. Harvat ratkaisumallit toimivat eduksesi.

Suurin osa ratkaisujen tarjoajista on hyväntahtoisia ihmisiä, jotka haluavat tarjota sinulle apuaan. He tekevät sen hyvästä tahdosta. Heidän lisäkseen ratkaisuntarjoajista löytyy uistinkauppiaita, joiden taloudelliset edut eivät vastaa omiasi. He tarjoavat sinulle paljon eri vaihtoehtoja, jotka eivät hyödytä sinua vaan lisäävät heidän tuottojaan. He ovat yhtä hyväntahtoisia ihmisiä kuin muutkin ja varmasti päteviäkin, mutta heidän järjestelmänsä vain toimivat yksinkertaisesti sinua vastaan. Vaihtoehtoja tarjotessaan he todennäköisesti lupaavat sinulle enemmän kuin mitä he pystyvät antamaan.

Sijoitustuotteiden myyntitapahtuma voi olla hämmentävä. Sinulle voidaan tarjota tuotteita, joista et ymmärrä mitään. Asiantuntija esittelee sinulle taulukoita ja graafeja. Hän voi selittää, että kun kurssi menee ylös niin myös tuottosi nousevat. Kun kurssi menee alas niin et silti häviä rahaa. Ihmettelet mitä tämä kaikki oikein tarkoittaa? Et silti kehtaa sanoa mitään, koska pelkäät paljastavasi oman "typeryytesi". Nyökkäilet hölmönä, koska et osaa muutakaan. Olen itse ollut samassa tilanteessa. Useiden sijoitustuotteiden käytössä ei ole järkeä, vaikka ne voivat kuulostaa järkeviltä. Todellisuudessa asiakas maksaa riskeistä ja myyjä ottaa osansa varmasti tuotoista. Monet tuotteista ovat niin vaikeasti ymmärrettävissä etteivät edes asiaan paremmin perehtyneet ihmiset saa selvää niiden riskeistä ja mahdollisuuksista.

Kirjan tarkoitus ei ole luoda sinulle epärealistisia odotuksia nopeasta rikastumisesta tai esitellä sinulle yksittäistä strategiaa, jolla pystyt luomaan vauraan tulevaisuuden. Molemmat ovat epärealistisia myyntipuheita. Kirja kertoo realistisesti tuotoista, joita voit tulevaisuudessa saada. Oikoteitä onneen ei ole, vaikka erilaiset toimijat niitä tarjoavatkin. Kirja kertoo myös siitä kuinka helppoa sinun on tunnistaa roskapuheet ja paljon ne sinulle maksavat. Kirjan tarkoitus on luoda sinulle realistinen kuva mahdollisuuksistasi saavuttaa taloudellinen riippumattomuus. Se vaatii vähemmän pääomia kuin uskot. Tämä johtuu siitä, että voit kuvitella paremman elämänlaadun tulevan omistamisesta, vaikka todellisuudessa kyse on enemmän elämyksistä, joita ei tarvitse hankkia ostamalla luksustuotteita.

Kirjan sisältö ei ole allekirjoittaneen keksintöä vaan perustuu alojensa todellisten asiantuntijoiden ja huippututkijoiden tekemiin tutkimuksiin, ajattelumalleihin, kokemuksiin sekä heidän johtopäätöksiinsä. Olen pyrkinyt löytämään oppia sinulle henkilöiltä, joita et voi kutsua keskinkertaisuuksiksi. Erikseen mainitut henkilöt, kuten Warren Buffett tai Peter Lynch, ovat allekirjoittanutta lukuunottamatta pärjänneet useita vuosikymmeniä paremmin kuin muut. Lisäksi osa ratkaisumalleista perustuu matemaattisiin tosiasioihin.

Tämä tarkoittaa sitä, että olen joutunut menemään merta edemmäs kalaan sinua varten. Suomesta ei löydy näihin asioihin riittävästi asiantuntemusta. Tämä näkyy erityisesti luvussa, jossa keskitytään sijoittamiseen. Lisäksi allekirjoittanut on tehnyt omia johtopäätöksiään oppimistaan asioista. Enimmäkseen kirjan sisältö on minua viisaampien ihmisten ratkaisumallien esittelemistä. Ratkaisumallien löytämiseen on minulta mennyt viidestä seitsemään vuoteen, joten tämä ei ole nopea prosessi. Sinun tulee jatkaa prosessia kirjan lukemisen jälkeen. Lähdeluetteloni kirjan lopussa on sinulle hyödyllinen apuväline. Käytä sitä hyödyksesi.

Minä tai kukaan muukaan ei voi kertoa sinulle kuinka sinun tulisi ajatella tai elää. Minä voin kertoa sinulle vain tosiasiat, kuten minä ja asiantuntijat ne näemme ja sinä voit tehdä johtopäätöksesi. Jokainen on erilainen, joten ei ole olemassa yhtä totuutta, jota voit noudattaa päästäksesi haluamaasi päämäärään. Sen saavuttamiseen on monia polkuja ja niiden kulkeminen tuottaa sinulle enemmän iloa kuin itse saavutus. Päämääräsi voi muuttua matkan varrella. Sinun tulee kulkea itse niitä polkuja, jotka sopivat sinulle parhaiten.

Kirja ei suoraan ratkaise rahaongelmiasi tai tuota sinulle vaurautta. Sinä ratkaiset itse ongelmasi ja vaurastut omien ajatustesi, tunteidesi ja tekojesi kautta. Sinä saat kirjasta apua edellämainittuihin asioihin, mutta lopulta vain sinä voit auttaa itseäsi. Mikäli annat vallan jollekin muulle, hän käyttää sitä etujensa mukaisesti. Lopputulos on sen mukainen. Sinulle paras tapa vaurastua on päästä asemaan, jossa voit päättää miten aikasi vietät. Tämä ei tapahdu hetkessä. Sinun pitää vähentää riippuvuuttasi rahasta, työpaikastasi ja muista ihmisistä. Kirja auttaa sinua tässä prosessissa.

Kirjaa hyödyntämällä siirtyminen rengistä isännäksi helpottuu. Raha on hyvä renki, mutta huono isäntä. Keskity siirtymään rengistä isännäksi. On parempi työskennellä työn kuin rahan vuoksi. En suosittele työnteon lopettamista, vaikka rahat riittäisivätkin loppuelämäksesi mikäli terveytesi riittää työntekoon. Raha on hyvä apuväline vapauden hankkimiseen. Saavuttaaksesi vapauden, joudut luopumaan jostakin. Tämä ei tarkoita sitä, että joutuisit luopumaan sinulle tärkeistä asioista. Sinä joudut luopumaan turhasta kulutuksesta ja muista vähemmän tärkeistä asioista. Näiden tilalle saat vapautta ja mahdollisuuksia keskittyä sinulle tärkeimpiin asioihin. Päätä itse mitä ne ovat.

Yksi kirjan tarkoituksista on tuottaa sinulle pysyviä muutoksia rahankäyttöösi mikäli tunnet niitä tarvitsevasi. Tämä ei ole lyhyt prosessi. Muutos on mahdollinen, vaikka lähtökohdat olisivat vaikeat. En voi luvata sinulle onnistumista, mutta voin luvata todennäköisyyden paranevan kirjan lukemalla ja sen neuvoja hyödyntämällä. Tieto voi olla valtaa, mutta ilman sen jatkuvaa hyödyntämistä sillä ei tee mitään. Pelkkä lukeminen ei riitä. Sinun tulee myös ymmärtää lukemasi. Tämä vaatii ajattelua ja kysymysten tekoa.

Kirjan lukemalla opit muun muassa:

- Ymmärtämään paremmin raha-asioita
- Tekemään parempia talouspäätöksiä
- Miksi sinun tulee ensisijaisesti huolehtia rahoistasi
- Helpommin tunnistamaan ammattilaisten roskapuheet ja valeauktoriteetit
- Parantamaan mahdollisuuksia selvitä rahaongelmistasi
- Parantamaan rahankäyttötapojasi ja -taitojasi
- Miksi pidemmän aikavälin sijoittaminen on kannattavampaa kuin lyhyen.
- Ymmärtämään sijoitustuotteiden todelliset kulut.
- Miksi sinun kannattaa antaa rahojen tehdä töitä puolestasi
- Mitä kannattaa ottaa huomioon lisätuloja hankkiessa
- Kuinka maailman parhaimmat asiantuntijat ratkaisevat ongelmia
- Mikä erottaa parhaimmat sijoittajat muista

Minä en kirjassa myy mitään palvelua kirjaa lukuunottamatta eikä minulla ole taloudellisia siteitä mihinkään kirjassa mainittuihin palveluihin tai tuotteisiin lukuunottamatta asiakkuutta Nordnetissä. En aio tulevaisuudessakaan myydä muita rahaan liittyviä tuotteita, kuin kirjojani. Tästä huolimatta kirjassa esiintyy muutaman yrityksen nimi, koska koen ne mainitsemalla tuottavani sinulle lisäarvoa. Lisäksi työmääräsi vähenee tulevaisuudessa.

Koko yhteiskuntamme on keskittynyt yhä enemmän rahaan mikä ei ole pidemmän päälle hyvä asia. Keskitymme enemmän rahan kuluttamiseen kuin sen käyttämiseen hyödyllisenä apuvälineenä. Kuluttaminen ei tuota pitkäaikaista hyvinvointia, vaikka se tuntuukin välillä hyvälle. Ostaminen tuo lyhyen hyvän olon. Tämän jälkeen tarvitset uuden hyvän olon purskeen. Kuluttaminen ei itsessään ole paha asia mikäli se vain pysyy järkevänä. Kirjan lukemalla opit tekemään viisaampia kulutuspäätöksiä. Sinun ei tarvitse luopua rahan käyttämisestä sinulle tärkeissä asioissa, kuten aamukahvin ostamisessa, kun menet kiireisenä töihin. Sinun ei tarvitse potea siitä huonoa omaatuntoa, koska joka-aamuisen kahvin ostaminen ei vie sinua konkurssiin.

Rahalla on iso rooli elämässäsi, halusit tai et. Maailmasi pyörii yhä enemmän rahan ympärillä. Tämä ei tarkoita sitä, että pitäisit kehityksestä. Sen sijaan se tarkoittaa sitä, että sinun on sopeuduttava siihen ja hoidettava raha-asiasi hyvin. Käyttämällä rahaa oikein voit parantaa elämänlaatuasi. Voit käyttää rahaa sekä omaksi hyödyksesi että ympäristön tai muiden hyväksi. Väärin käytettynä se tuottaa enemmän ongelmia kuin hyötyjä.

Olen tyytyväinen tähän kirjaan. Tavoitteeni oli tehdä kirjasta paras mitä tässä maassa on koskaan tehty liittyen henkilökohtaisten raha-asioiden hoitoon. Omasta mielestäni pääsin tavoitteeseen. Olen myös tuskallisen tietoinen siitä tosiasiasta, että mielipiteelläni ei ole merkitystä. Vain lukijoiden kirjasta saamat hyödyt merkitsevät. Niihin minä en voi kirjan tekemisen jälkeen juuri vaikuttaa. Sinun tehtäväsi lukijana on hyväksikäyttää kirjan tietoja niin paljon kuin mahdollista. Onnea matkaan ja antoisia lukuelämyksiä!

2 AJATTELUMALLIT

Kun puhut rahasta niin puhut monesta asiasta. Raha on vain työväline. Ennen kuin pääset rahaan asti, joudut luomaan itsellesi ajattelumallit. Ne ovat ideoita, jotka kertovat sinulle kuinka asiat toimivat. Ajattelumallit muodostavat tietosi perustan. Taloustiede ei muodosta perustaa vaan on perustieteiden, kuten matematiikan, biologian, kemian, psykologian, fysiikan ja historian tärkeimpien käsitteiden summa.

Mikäli et ymmärrä perustieteiden ajattelumalleja, olet raajarikko ajatellessasi taloutta. Et pääse pitkälle ilman perusasioiden ymmärtämistä. Ajattelumallit toimivat perustana siinä vaiheessa, kun keräät ja prosessoit tietoa ja toimit oppimasi pohjalta. Maailman muuttuessa nopeasti ajattelumallit pysyvät kehityksessä mukana. Ne ovat pitäneet paikkansa tuhansia vuosia ja jotkut, kuten evoluutio, miljoonia. Voit käyttää ajattelumalleja kaikessa ja ymmärtää vastaantulevia tilanteita paremmin.

Voit tuottaa itsellesi ajattelumalleja hyödyntämällä pitkälle riittävän ymmärryksen. Erilaisten perusmallien määrästä on eri käsityksiä, mutta esimerkiksi Warren Buffettin aisapari Charlie Munger puhuu kirjassaan "Köyhän Charlien almanakka" noin 80-90:stä ajattelumallista. Oma näkemykseni on se, että vähempikin riittää, joten en esittele sinulle niin montaa. Pysyttelen tärkeimmissä. En esittele kaikkia psykologisia taipumuksia. Niitä löytyy vähintään kaksikymmentä. Et tarvitse ajattelumallien hyödyntämiseen poikkeuksellista älykkyyttä tai erityistä tieteellistä koulutusta. Erikoistuminen yhteen asiaan voi estää ajattelumallien hyötykäyttöä. Jatkuva keskittyminen yhteen asiaan saa mielesi kutistumaan. Muiden tieteiden hyödyntäminen unohtuu ja oman tieteen alan ongelmien ratkaisu vaikeutuu.

Pelkkä ajattelumallien ymmärtäminen ei vielä riitä mikäli et käytä niitä hyväksesi. Sinun täytyy kehittää ajatteluprosessi, jossa käytät oppimiasi malleja. Ne mahdollistavat oikeiden kysymysten teon. Vain laadukkaita

9

kysymyksiä tekemällä voit hyödyntää laadukkaita vastauksia. Pelkkä tieto ei ole riittävä. Vaikka tieto on valtaa niin se ei riitä mikäli et osaa tai halua hyödyntää sitä. Sinun tulee ymmärtää mitä keräämäsi tieto tarkoittaa. Todellinen ymmärrys ei tule nopeasti. Mallien tulee olla jatkuvasti käytössä ja jopa automaattisesti. Tee riittävästi toistoja päästäksesi tähän.

Tässä luvussa ajattelumallit ovat riisuttu niiden syvimpään olemukseen eli mahdollisimman yksinkertaiseen muotoon. Tämän lisäksi pyrin lyhyesti selittämään sinulle mistä on kyse sekä esimerkkien avulla että antamalla muutaman vihjesanan. Sinä voit parantaa vihjesanojen avulla ymmärrystäsi malleista ilman suorien vastausten saamista. Muodosta vihjeisiin ja ajattelumalleihin liittyviä kysymyksiä, joihin mietit vastauksia. Alla kaksi tärkeää kysymystä, joita voit hyödyntää jokaiseen ajattelumalliin.

- Miten tämä liittyy minuun juuri nyt?
- Missä ja miten voin hyödyntää tätä?

Minä en voi kertoa sinulle kaikkea ajattelumalleista. Pelkkä tiedonjako ei tuota syvää ymmärrystä. Oikeiden vastauksien antaminen valmiina ei tuota pysyvää oppimista. "Antamalla kalan köyhälle ruokkii hänet päiväksi, opettamalla köyhän kalastamaan ruokkii hän itsensä loppuelämäksi." En muista kuka minua viisaampi on edellämainitun lainauksen isä, mutta virkkeessä on suuren viisauden siemen.

Syvän ymmärryksen tason saavuttaminen vaatii sinulta jatkuvia toistoja pitkällä aikavälillä. Vain sinä voit tehdä toistot. Ajattelumallien ja niiden käytön opetteleminen ei ole helppoa, mutta niiden oppiminen tuottaa tuloksia. Tarkoitukseni on ohjata sinua oikeisiin suuntiin kertomatta valmiita vastauksia. Tällä tavalla saat malleista ja niiden oppimisesta parhaan hyödyn.

Voit käyttää ajattelumalleja muihinkin elämän osa-alueisiin kuin talouteen. Luvussa esiintyvät mallit perustuvat kovien tieteiden, kuten matematiikan, fysiikan, kemian, biologian ja hieman kevyempien tieteiden, historian ja psykologian tärkeimpiin perusperiaatteisiin. Näiden lisäksi käyt läpi rahaan liittyviä ajattelumalleja. Sinä et voi oppia kaikkia asioita kaikista eri tieteenlajeista, joten sinun tulee keskittyä tärkeimpiin. Tärkeimpien mallien ymmärtäminen ja niiden käyttäminen vähentää tarvettasi oppia vähäpätöisempiä malleja ja pieniä yksityiskohtia. Mitä paremmin hallitset ajattelumallit sitä vähemmän tarvitset uutta tietoa.

Voit käyttää harvoin yksittäisiä ajattelumalleja ratkoessasi ongelmia. Suurin osa päätöksistäsi vaatii useampien ajattelumallien ymmärtämistä. Joudut käyttämään useampaa ajattelumallia yhden ongelman ratkaisemiseen tai päätöksen tekemiseen. Mallit toimivat poikkitieteellisesti. Tiedän, että asia kuulostaa monimutkaiselta, mutta sitä voi yksinkertaistaa. Suurin osa päätöksistäsi tai ongelmistasi ei vaadi pitkiä ajatteluketjuja tai poikkitieteellisyyttä. Sinä tarvitset monia ajattelumalleja vain tärkeitä

päätöksiä tehdessäsi ja ratkoessasi isompia ongelmia.
Älä huolestu mallien tuntuessa aluksi vaikeilta. Ymmärryksesi paranee pikkuhiljaa. Huomaat päivittäin kuinka asiat nivoutuvat yhteen ja ymmärryksesi kasvaa. Perusasioiden syvällinen ymmärrys ei tule nopeasti. Kyseessä on maratoni. Maratonin juoksemisesta asia poikkeaa siinä mielessä ettei matkantekosi lopu koskaan. Puoliväliin päästessäsi olet paljon pidemmällä kuin muut.

Ajattelumallien hallitseminen tuottaa sinulle pysyvän kilpailuedun. Älä väheksy niiden hallitsemista, vaikka et niitä usein tarvitsisikaan. Sinä voit nauttia elämästäsi ja pärjätä ilman ajattelumalleja, mutta kysy itseltäsi mitä niiden hallitsemisessa menetät? Toisille vastaus on niiden opettelemiseen ja käyttöön menevä aika. Kysy itseltäsi tarvitsetko niitä vai et. Sinä hyödyt tämän kirjan lukemisesta, vaikka jättäisit tämän luvun väliin. Ajattelumallit toistuvat useasti kirjan etenemisen myötä, vaikka niitä ei erikseen mainitakaan.

Olen pyrkinyt pitämään ajattelumallit mahdollisimman yksinkertaisina, koska se helpottaa niiden ymmärtämistä. Olen pyrkinyt tiivistämään ne yksinkertaisimpiin muotohin. Monet niistä voivat sinusta tuntua vajaavaisilta, mutta ymmärryksesi kasvaessa huomaat niiden olevan hyödyllisempiä kuin aloittaessasi. **Toistot, toistot, toistot.** Sinulla ei ole toistoille vaihtoehtoja mikäli haluat kehittyä tässä tai muussa asiassa.

Olen laittanut sinulle jokaisen ajattelumallin jälkeen tilaa omille muistiinpanoille. Ajattele malleja ennen siirtymistä seuraavaan. Voit pitää joka mallin jälkeen lyhyen tauon. Muodosta kysymyksiä ja tee niistä muistiinpanoja vihjeiden alle tyhjään tilaan. Pelkkä hyppääminen mallista toiseen ei tuota ymmärrystä. Keskittyminen yhteen malliin kerrallaan parantaa ymmärrystä ja auttaa muistamaan asiat paremmin. Yksi hyvä tapa vahvistaa oppimistaan on opettaa malli jollekin toiselle. Opettaessasi joudut ajattelemaan asiaa uudelleen ja opit sen uudestaan.

2.1 Kovat tieteet

Koviin tieteisiin lasken matematiikan, fysiikan, kemian ja biologian. Kovat tieteet ja niiden ymmärtäminen toimivat pehmeämpien tieteiden perustana. Kovien tieteiden lisäksi käsittelen kahta pehmeämpää tiedettä, psykologiaa ja taloustiedettä. Lisäksi sinun tulee ymmärtää historiaa, mutta sekin on enemmän tai vähemmän muiden tieteiden summa.

Kovat tieteet ovat kaiken perusta. Et voi hylkiä niitä, vaikka olisit kiinnostunut vain rahasta. Sinä et voi ymmärtää taloustiedettä kokonaisuutena ilman kovia tieteitä tai psykologiaa. Taloustiede on enemmän muiden tieteiden summa kuin irrallinen saareke. Kovien tieteiden tärkeimpien ajattelumallien ymmärtäminen ja käyttäminen on tärkeämpää kuin ymmärtää ja käyttää taloustiedettä. Kovien tieteiden ajattelumallien jatkuva käyttö tuottaa sinulle parempia ratkaisuja myös hoitaessasi talousasioita.

Evoluutio

Voit pitää evoluutiota vahvimman selviytymisenä. Tarkempi määritelmä sille on sopeutuminen olosuhteisiin tai niiden muutoksiin. Näiden asioiden erottaminen on tärkeää, jotta osaat reagoida muutoksiin. Maailma muuttuu nopeammin koko ajan. Sopeutumiskyky on tärkein ominaisuus. Suurin ei ole kaunein mikäli se ei sopeudu. Nykymaailman vaatimuksena ovat pienemmät vastuulliset yksiköt. Ylhäältä-alas malli ei toimi. Pienempien ja ketterämpien yksiköiden vahvuudet tulevat esiin. Älä heittäydy hitaammin toimivien rakenteiden armoille.

Talouselämän evoluutioon kuuluu luova tuho. Se tuottaa aikansa eläneiden, huonosti hoidettujen tai kilpailukykynsä menettäneiden yritysten ja toimialojen luhistumisen. Luova tuho tuottaa uusia tuotteita, tehokkaampia organisaatioita ja innovaatioita. Siitä esimerkkinä on se, että suurin osa sata vuotta sitten olleista suurimmista yrityksistä ei kuulu enää suurimpien yritysten joukkoon. Osa niistä on tuhoutunut.

Vihjeet: markkinatalous, muutos, ylimielisyys, byrokratia

Aivojen rajoitukset

Sinun aivotoiminnoillasi on rajoituksia. Aivoilllasi rajallinen määrä kapasiteettia. Tämän vuoksi aivosi etsivät oikoteitä. Rajoitukset ovat seurausta evoluutiosta. Aiemmin ihmiset keskittyivät selviytymiseen ja aivot loivat oikoteitä. Nykymaailma on muuttunut. Selviytymisesi ei ole vaarassa joka päivä. Tekojasi rajoittavat tiedostamattomat aivotoimintasi. Et huomaa alitajuntasi vaikuttavan lähes kaikkiin tekoihisi. Rajallisen aivokapasiteetin jakaminen järkevästi vaikuttaa henkiseen pääomaasi. Laadukas tieto yksinkertaisessa muodossa parantaa tietojesi hyödyntämistä.

Aivotoimintasi voi jakaa kahteen yhdessä toimivaan osaan: järjelliseen ja tunteikkaaseen. Luulet olevasi järkevä toimija, vaikka suurin osa teoistasi tapahtuu tiedostamattomasti. Muut tahot voivat käyttää aivotoimintasi rajoituksia hyväkseen mikäli ymmärtävät kuinka hyödyntää niitä. Tunteesi eivät ole aina hyvien päätösten tekemisen tiellä, vaan ne auttavat sinua tekemään oikeita päätöksiä. Järjellinen osa aivoistasi voi kärsiä ylijärjellisyydestä eli siitä ettei se osaa tehdä päätöksiä, koska sulateltavaa tietoa on liikaa.

Tahdonvoimasi on rajallinen. Et voi kuormittaa sitä jatkuvasti liikaa. Mitä enemmän joudut tahdonvoimaasi päivän aikana kuluttamaan sitä nopeammin se loppuu. Se on uusiutuva luonnonvara. Parhaiten se uusiutuu nukkumalla, mutta voit uusia sitä nostamalla verensokerin sopivalle tasolle. Sinä voit kehittää tahdonvoimaasi, mutta se vaatii työtä. Älä tee suuria päätöksiä mikäli tahdonvoimasi ei ole riittävä. Älä tee tärkeitä päätöksiä nälkäisenä tai väsyneenä.

Vihjeet: taipumukset, päätöksentekohetki, tiedonlaatu

Asioiden yhteensovittaminen

Aivosi yrittävät jatkuvasti löytää yhtäläisyyksiä. Ne vertaavat vastaantulevia asioita kokemuksiisi. Aivosi säästävät näin energiaa. Suurin osa prosessista tapahtuu tiedostamattomasti. Aiemmin kokemasi asiat ovat painuneet pitkäaikaiseen muistiisi. Aivojen tapa sovittaa kokemasi asiat uusiin on suurin syy sille miksi kokemuksesta on hyötyä.

Vihjeet: taidot, kaavat, muisti

Surkastuminen

Elimesi surkastuvat eli heikkenevät mikäli et käytä tai ruoki niitä kunnolla. Mikäli et varaa aikaa ajattelulle, aivotoimintasi alkaa heikkenemään. Sinun täytyy käyttää taitojasi säännöllisesti, jotta ne eivät huonone. Sinä olet myös siitä ihmeellinen eläin, että mikäli et haasta elintoimintojasi jatkuvasti parempaan, ne surkastuvat. Toimintosi surkastuvat myös mikäli et tee asioita taitojesi ylärajoilla.

Vihjeet: eläköityminen, muisti, suorituskyky, toistot

Virheet

Kaikki tekevät virheitä. Se mitä niistä opit on tärkeämpää kuin se, että yritat välttää niitä. Ilman virheitä ja niistä saatavaa palautetta kehityksesi on vähäisempää. Sinä voit oppia myös muiden tekemistä virheistä, vaikka se voi ollakin vaikeampaa kuin omistasi. Sinun täytyy luoda itsellesi ympäristö, jossa virheet eivät aiheuta suurta vahinkoa.

Vihjeet: selviytyminen, oppiminen, muisti

Riski

Riski tarkoittaa mahdollisuutta menettää jotakin. Aikaisemmin suurin riski oli menettää henkensä tai ruumiinosansa. Nykymaailmassa riskejä on enemmän, mutta niiden toteutuessa vaikutus on pienempi. Sijoittamisessa on riski hävitä rahansa. Kaikissa asioissa on riskinsä. Niiden mittaaminen ja yksilöinti on vaikeaa. Riskiä pystytään harvoin mittaamaan tarkasti. Pidä huoli siitä, että epäonnistuessasi riskinottosi ei johda katastrofiin. Vain sinä voit arvioida omat riskisi. Muut eivät tiedä tilannettasi paremmin. Vertaa riskiä siihen mitä voit sen ottamisella saavuttaa. Jokaisessa teossa riskien tulisi olla selvästi pienempiä kuin mahdollisesti saavutettavat tulokset. Tätä kutsutaan hyväksi riski/tuottosuhteeksi tai epäsymmetriseksi riskiksi. Keskity kaikessa tekemisessäsi mahdollisimman hyvään riski/tuottosuhteeseen.

Vihjeet: lainat, sijoittaminen, riskienhallinta

Vipuvarsi

Voit tuottaa vipuvarrella pienellä voimalla ja suurella liikkeellä suuren voiman ja pienen liikkeen. Joudut käyttämään vipuvoimaa saadaksesi ison ja painavan kiven liikkeelle voimiesi loppuessa. Vipuvoima voi olla joko toinen ihminen tai työkalu. Sen avulla saat enemmän aikaan ja toimintasi helpottuu. Liikaa vipuvoimaa käyttäessäsi voit aiheuttaa lopputuloksen, jota et halua. Voit vahingossa räjäyttää myös itsesi käyttämällä liikaa dynamiittia. Älä koskaan käytä vipua mikäli et ole varma siitä mitä teet.

Vihjeet: apuväline, laina, kollegat

Kriittinen massa

Kriittinen massa tarkoittaa pienintä massaa, jonka saavuttamisen jälkeen kemiallinen reaktio alkaa tapahtumaan. Voit käyttää määritelmää muihinkin asioihin kuin kemiallisiin ja fyysisiin reaktioihin. Talousasioissa kriittinen massa voi tarkoittaa asiakasmäärää, jonka yritys tarvitsee myydäkseen tuotetta voitollisesti tai saadakseen myynnin kunnolla käyntiin.

Vihjeet: markkinointi, Lollapalooza-efekti, vaadittu minimiannos

Liikkeen jatkuvuuden laki

Laki sanoo, että kappale jatkaa tasaista suoraviivaista liikettä vakionopeudella tai pysyy levossa, jos siihen ei vaikuta ulkoisia voimia. Tämä pätee myös sinuun. Sinä toimit jatkuvasti samoin sävelin mikäli tekemisiisi ei vaikuteta. Liikkeesi pysäyttävä tai muuttava voima tulee useammin ulkoisesta lähteestä kuin sinusta. Tämä pätee mm. pörssikursseihin sekä ihmisten, yritysten ja valtioiden taloudellisiin tilanteisiin.

Vihjeet: tavat, moraalikato, trendit

Voima/vastavoima

Kaikilla asioilla on vastavoimansa. Mikäli vaikuttava voima on pienempi kuin vastavoima, tapahtuu liike vastavoiman suuntaan tai kappale pysyy paikallaan. Kun yrität nostaa tavaraa maasta, vaikuttaa siihen painovoima joka toimii vastavoimana. Mikäli käyttämäsi voima ei ole suurempi kuin painovoima, jää tavara maahan. Tämä laki pätee mihin tahansa tilanteeseen. Ei ole olemassa taikavoimaa, mikä muuttaisi tilanteesi automaattisesti paremmaksi. Ilman riittävän suurta vastavoimaa jatkat toimintaasi.

Vihjeet, moraalikato, varallisuus-efekti, osakekurssit

Inversio

Inversio tarkoittaa asioiden kääntymistä/kääntämistä toisinpäin. Asioiden selvittäminen on usein hyvä aloittaa kääntämällä ne ylösalaisin. Sinun voi olla viisaampaa kysyä itseltäsi "mitä minun ei kannata tehdä juuri nyt" kuin mitä pitäisi tehdä. Usein sinun on viisaampaa kysyä itseltäsi: "Mitä en tiedä?" kuin kysyä "mitä tiedän?" Monet vaikeat asiat on ratkaistu käsittelemällä ongelmaa väärinpäin. Charles Darwin yritti todistaa olevansa väärässä epäonnistuen lajien evoluutiota tutkiessaan.

Vihjeet: ongelmanratkaisu, tieto, euforia, kurssihuiput

Yhdistelmät ja permutaatiot

Matematiikassa yhdistelmä tarkoittaa tapaa valita eri alkioita niiden suuremmasta kokoelmasta. Yhdistelmässä alkioiden järjestyksellä ei ole väliä. Voit valita kuuden hengen työryhmästä kahden hengen ryhmän 6*5*4*3*2*1/(2*1)*(4*3*2*1)=15 eri tavalla. Yhdistelmät johtavat siihen, että 1+1 voi olla enemmän kuin 2 tai paljon vähemmän kuin 1. Joukon permutaatio on sen alkioista muodostettu jono, jossa jokainen alkio esiintyy kerran. Kuusi henkilöä voidaan laittaa jonoon 6*5*4*3*2*1=720 eri tavalla.

Koodisanat: järjestelmät, osat, todennäköisyydet

Korkoa korolle

Korkoa korolle -ilmiön ymmärtäminen on tärkein rahaan liittyvä matemaattinen tosiasia. Se koskee myös muita asioita. Henkilökohtaisessa taloudenpidossa sen arvo on suurempi kuin kuvittelet. Jos minun pitäisi valita vain yksi matemaattinen tosiasia ymmärrettäväksesi, olisi se korkoa korolle -ilmiö. Se on vaikeasti hahmotettavissasi, koska sen vaikutukset tulevat näkyviin pidemmällä aikavälillä. Se vaikuttaa aluksi hitaasti, mutta myöhemmin se kiihdyttää muutosta. Et voi unohtaa ilmiötä taloudellisia päätöksiä tehdessäsi. Hyödyntämällä ilmiötä vuosikymmenien ajan saat siitä uskomattomia tuloksia. Esimerkiksi seitsemän prosentin reaalinen vuosituotto tuplaa sijoituksesi noin kymmenessä vuodessa. Viidessäkymmenessä vuodessa sijoituksesi on kasvanut jo noin kolmikymmenkertaiseksi.

Vihjeet: sijoittaminen, lainat, hallinnointipalkkiot, aika

Todennäköisyydet

Todennäköisyys tarkoittaa suhteellista mahdollisuutta sille, että asia tapahtuu. Sinä voit laskea tarkat todennäköisyydet mikäli tiedät erilaisten tapahtumien määrän ja kuinka monella tavalla ne voivat ilmetä. Mikäli et tiedä tarkkoja määriä voit vain arvioida todennäköisyyksiä. Itseasiassa suurimmassa osassa tapauksia sinä et pysty määrittämään kumpaakaan asiaa tarkasti.

Sinä joudut tekemään valistuneita arvioita. Näissä tilanteissa sinun tulee pitää huoli siitä, että todennäköisyydet ovat selkeästi puolellasi. Sinun tulee osata yksinkertaiset todennäköisyyslaskut, kuten kuinka todennäköistä on saada kahdella perättäisellä nopanheitolla tietty luku. Ihmisaivot eivät toimi luonnollisesti todennäköisyyksiä ajatellen, joten yksinkertaisten laskutoimitusten ymmärtäminen on tärkeää.

Vihjeet: epävarmuus, lotto, riski

Tilastot

Tilastoja riittävästi rääkkäämällä saat haluamasi lopputuloksen. Sinulle syötetään tilastoja todisteina. Tilastoja voidaan manipuloida halutuiksi lopputuloksiksi tai niistä näytetään vain parhaat palat. Suhtaudu jokaiseen tilastoon terveellä skeptisyydellä. Ymmärrä, että tilastojen lähteinä ei voi käyttää niitä tahoja, joita ne koskevat. Kaksi vastapuolen toimijaa pystyy lukemaan samoja tilastoja kahdella eri tavalla joko säätelemällä tarkasteltua ajanjaksoa tai asiaa. Työntekijä- ja työnantajajärjestöt tulkitsevat samoja tilastoja omien etujensa mukaan.

Vihjeet: manipulaatio, rahastomyynti, tilastojen tulkinta, todisteet

Musta joutsen

Musta joutsen on reaktio, jota kukaan ei ole pystynyt ennalta hahmottamaan. Siitä huolimatta jälkeenpäin selitetään sen olleen ennustettavissa. Se voi olla luonnonilmiö, sota tai yhteiskunnallinen ilmiö, kuten hallintojärjestelmän rikkoutuminen. Musta joutsen on alunperin tutkimusmatkailijoiden havainto Australiasta. Koska niiden löytämistä ennen tunnettiin vain valkoisia joutsenia, on tällaista etukäteen tuntematonta ja yllättävää asiaa alettu kutsua mustaksi joutseneksi.

Vihjeet: normaalijakauma, ennustamattomuus, finanssikriisit

Reaktiot

Kun kaksi eri ainetta laittaa yhteen, seuraa reaktio. Sillä voi olla niin ennustettavia kuin ennustamattomia seurauksia. Seurauksena voi olla kokonaan uusi aine tai uusi aine ja sen aiheuttama sivureaktio. Yhdellä reaktiolla voi olla pitkäkantoisia seurauksia. Reaktiot ja niiden sivureaktiot voivat muodostaa pitkiä sekä positiivisia että negatiivisia sivuvaikutuksia omaavia ketjuja. Ketjujen ajatteleminen ja mallintaminen parantaa kykyjäsi tehdä viisaita päätöksiä. Suurin osa reaktioiden reaktioista jää hahmottamatta. Ne voivat tuottaa odottamattomia lopputuloksia. Ne voivat olla vahvempia kuin haettu reaktio. Tekemällä nuotion tehdäksesi ruokaa, voit samalla polttaa koko metsän. Ketjureaktion seurauksena voi olla pahimmillaan lajien kuoleminen.

Vihjeet: järjestelmä, tapahtumaketjut, yllätykset, yrityskaupat

Autokatalyysi

Itseäänkatalysoiva reaktio on reaktio, jossa ainakin yksi reaktiotuote edistää reaktiota. Esimerkkinä autokatalyysistä voimme pitää musiikkivideon tekoa. Kun siitä tehdään DVD tai laitetaan se Youtubeen niin musiikkivideo on yksi reaktiotuote joka edistää reaktiota. Reaktioina voidaan pitää DVD:tä ja Youtubeen laitettua pätkää. Näinä päivinä puhutaan usein skaalautuvuudesta, joka tarkoittaa samaa asiaa.

Vihjeet: skaalautuvuus, tuotteistaminen, kasvu

Jaksollisuus/syklisyys

Asiat toistuvat tiettyjen ajanjaksojen välein. Sinä hengität jaksollisesti, sydämesi lyö jaksollisesti ja vuodenajat ovat jaksollisia. Maailmanhistoriassakin samantapaiset asiat ovat toistuneet tiettyjen ajanjaksojen välein. Jaksollisuus ei tarkoita automaattisesti sitä, että ajanjaksot olisivat yhtä pitkiä. Oppimalla ymmärtämään jaksollisuutta ja tajuamalla asian luontaisen rytmin voit mm. oppia asiat nopeammin. Ymmärtämällä luontaisia rytmejä voit paremmin ymmärtää myös tulevaisuutta. Luontaisten rytmien ymmärtäminen ei tosin tarkoita sitä, että olet täysin oikeassa. Mikäli haluat tuottaa kilpailijoillesi vaikeuksia, pakota heidät poikkeamaan luonnollisista rytmeistään.

Vihjeet: historia, ennustettavuus, oppiminen, tehokkuus, velka

Suhteellisuus

Kaikki on suhteellista. Joku asia on kytkettynä toiseen. Ihmiset vertaavat asioita jatkuvasti. Toiset arvostavat enemmän hyvää taloudellista asemaa parisuhdetta miettiessään, kuin huumorintajua. Toiset näkevät asiat päinvastoin. Harvoissa asioissa on olemassa yksi oikea vastaus. Ihmiset suhteuttavat näkemyksensä omiin arvoihinsa. Todellisuus näyttää erilaiselta toisesta suunnasta katsottuna.

Vihjeet: vertaaminen, ympäristö, vaihtoehdot

Jatkuva parantaminen

Paikoilleen jääminen potkaisee sinua ennen pitkää perseeseen. Sinun pitää mennä eteenpäin, kehittäen tekemisiäsi ja ajatteluasi jatkuvasti. Maailma menee eteenpäin, halusit tai et. Muut menevät ohitsesi jäädessäsi paikoillesi. Varaa aikaa ja ajatuksia jatkuvaan parantamiseen! Asian pahin laiminlyönti tapahtuu yleensä silloin, kun olet saavuttanut menestystä. Ylimielisyys on parantamisen pahin vihollinen. Kun parannat omaa tekemistäsi niin vaikutat samalla myös ympäristöösi. Paras tapa saada parempi puoliso tai liikekumppani on parantaa itseään. Jos luulet tietäväsi kaiken etkä usko oppivasi uutta, olet jo hävinnyt. Voit oppia lisää koko elinikäsi. Et ole koskaan valmis. Pyri olemaan joka päivä nukkumaan mennessäsi viisaampi kuin herätessäsi.

Vihjeet: evoluutio, kilpailukyky, korkoa korolle

2.2 Psykologia

Pidät itseäsi järjellisenä päätöksentekijänä, mutta tämä on väärinkäsitys. Sinulla on kaksi puolta: tunteellinen ja järjellinen. Puoliskot toimivat yhteistyössä, mutta suurimman osan ajasta käytät ensimmäistä. Jos haluat vaikuttaa toisen käytökseen, tulee sinun tuottaa hänelle tunteita, jotka saavat hänet toimimaan. Järjelliseen puoleen vetoaminen toimii harvemmin kuin luulet.

Hermosoluistasi löytyvät algoritmit ohjaavat käyttäytymistäsi. Ne ovat yksinkertaisia ohjeita, joiden avulla toimit. Toimintasi perustuu joko hermosoluihisi valmiiksi ohjelmoituihin toimintoihisi, jotka johtuvat geeneistäsi tai aikaisemmista kokemuksistasi. Hermosoluihisi ohjelmoidut yksinkertaiset ohjeet toimivat suurimman osan ajasta hyvin, mutta sinua voidaan ohjata haluttuun suuntaan. Joskus sinua manipuloidaan algoritmeillasi. Toinen mahdollisuus on manipuloida sinua siten etteivät aistisi huomaa. Tällaista aivopesua käyttävät monet valtiot. Manipuloinnin lisäksi yllättävät tapahtumat voivat muuttaa algoritmejasi. Ympäristösi vaikuttaa hermosoluihisi pidemmällä aikavälillä. Huomaat helposti vain äkillisten tapahtumien vaikutukset.

Sinulla on lukuisia psykologisia taipumuksia ja käyn niistä tärkeimmät läpi. Suurin osa niistä voidaan jäljittää evoluutioon. Ne ovat olleet aiemmin ihmiskunnalle hyödyllisiä ja ne ovat sitä myös nykyaikana. Voit käyttää taipumuksiasi omaksi hyödyksesi. Kysy itseltäsi seuraava kysymys joka kerta, kun käyt läpi psykologiaan liittyviä ajattelumalleja:

Miten voin parantaa elämääni käyttämällä taipumusta hyväkseni?

Jos ihmettelet mitä tekemistä psykologisilla taipumuksilla on rahan kanssa niin todettakoon se tosiasia, että henkilökohtaisessa taloudenhoidossa psykologian ymmärtäminen on tärkeämpää kuin taloustieteen tai matematiikan. Voit käyttää seuraavia ajatusmalleja taloudellisen tilanteesi parantamiseen muokkaamalla niillä käytöstäsi. Vaikka käynkin ajatusmallit yksi kerrallaan läpi niin sinun on ymmärrettävä, että ne vaikuttavat harvoin yksittäisinä ilmiöinä. Lähes aina kyseessä on useamman taipumuksen summa. Mitä useampi taipumus vaikuttaa sinuun samanaikaisesti sitä suurempi vaikutus niillä on. Joskus vaikutukset kumoavat toisiaan.

Kannustimet

Kannustimet tarkoittavat mitä tahansa, mikä motivoi sinua tiettyyn valintaan tai toimintaan. Pääset parempiin suorituksiin oikeanlaisilla kannustimilla kuin ilman niitä. Väärät kannustimet voivat korruptoida sinut. Liian suuret kannustimet aiheuttavat ajattelusi korruptoitumisen. Yritysjohtajien liiallinen palkitseminen johtaa heidän korruptoitumiseen ja mitä todennäköisemmin väärinkäytöksiin. Jos ihmiset hyötyvät vääristä kannustimista, voivat he kääntyä sinua vastaan mikäli kerrot heille totuuden niistä. Tämä voi aiheuttaa sinulle vaikeuksia. Väärin palkitut yritysjohtajat voivat antaa sinulle potkut puheidesi vuoksi.

Sinun on aina kysyttävä kuka hyötyy ja miten? Mikäli kyseessä on monta eri osapuolta, pitäisi kaikkien hyötyä. Kaikkien kannustimet harvoin yhdistyvät. Jos mietit sijoituspäätöstesi tekoa niin sijoitustuotteiden myyjän ja sinun etusi ovat harvoin samat. Suurin osa sijoitustuotteiden myyjistä hyötyy suurista kuluistasi. Myyjän kannustimet ovat tällöin väärät kannaltasi. Väärät kannustimet tuottavat sinulle pahoja tapoja. Väärien kannustimien välttämiseksi tulee luoda järjestelmät, jotka eivät mahdollista niitä.

Vihjeet: oikeudenmukaisuus, palkkiot, maine, äänestäminen

Inho/kateus

"Kateus saa kalatkin vedestä" Suomalaisia pidetään kateellisina ihmisinä, mutta kyseessä ei ole vain meidän kansanluonteemme. Kateus ei johdu siitä, että muilla olisi enemmän kuin sinulla vaan siitä, että koet itselläsi olevan vähemmän. Taipumus johtuu osittain siitä, että kivikaudella ja sitä ennen toiset ihmiset ehtivät löytää ruokaa ennen muita. Kateus ei ole vain suomalaisten luonteenpiirre. Asioiden kokeminen epäoikeudenmukaisiksi voi aiheuttaa Inhoa.

Vihjeet: oikeudenmukaisuus, palkka, työteho

Ryhmäpaine

Sinä olet hieman riippuvainen siitä mitä toiset tekevät. Hyödynnät ryhmäpainetta joko tietoisesti tai alitajuntasi tekee sen puolestasi. Kukaan ei ole suojassa sosiaalisilta todisteilta, vaikka pitäisikin itseään järkevänä. Sinulla on taipumus mennä valtavirran mukana ja sosiaalinen yhteenkuuluvuuden tarve on yksi psykologisten taipumustesi tuottamista harhoista. Useimmiten ryhmät ovat oikeassa, mutta ryhmäpaineen tuottama sokea usko muiden oikeassa olemiseen voi tuottaa vaikeuksia.

Vihjeet: brändi, väenpaljous, oikotiet

Tykkääminen/samaistuminen/vihaaminen

Sinun on helpompi uskoa ihmisiä, joista pidät. Samaistut helpommin heihin. Taipumus voi aiheuttaa sinulle ongelmia. Et ehkä osaa suhtautua kriittisesti neuvoihin tai näkemyksiin pitämiesi ihmisten esittäessä niitä. Sinun on otettava myös vihaaminen huomioon. Ihmiset joista et pidä voivat kertoa sinulle hyödyllisiä asioita, mutta voit jättää uskomatta heitä kohti tuntemasi vihan vuoksi. Viestin totuudenmukaisuudella tai hyödyllä ei ole sinulle silloin merkitystä, koska tunteesi estävät viestin hyväksymisen. Sinä et myöskään pidä ihmisistä, jotka kertovat asioita joista et pidä ja pidät ihmisistä, jotka kertovat sinulle mitä haluat kuulla.

Vihjeet: viestintuoja, odotukset, markkinointi

Auktoriteetti

Sinä olet tottunut saamaan neuvoja ja käskyjä lapsuudestasi saakka. Auktoriteetteina ovat olleet mm. vanhempasi, isovanhempasi, opettajasi tai valmentajasi. Sinulla on taipumus totella ja uskoa heitä. Myöhäisemmällä iällä voit pitää mm. eri alojen asiantuntijoita auktoriteetteina, joita uskot tehdessäsi päätöksiä. Sinun on hyvä löytää itsellesi auktoriteetteja, joita seurata. Heidän laatunsa vaikuttaa ratkaisevasti menestykseesi.

Vihjeet: asiantuntijat, ulkoinen olemus, jargon, vanhemmat

Taipumus johdonmukaisuuteen

Sinä olet johdonmukainen eläin. Jatkat toimintaa, jota olet aiemminkin harrastanut. Tämä on aivojesi energiaa säästävä perusominaisuus. Muodostat tapoja, joita toteutat ilman tietoista toimintaa. Muutos on sinulle vaikea asia johdonmukaisuuteen pyrkimisen vuoksi. Seurauksena tartut aiemmin luotuihin näkemyksiisi, itsestäsi luotuun kuvaan, velvollisuuksiisi ja rooliisi yhteiskunnassa ajattelematta. Vanhojen tapojen muuttaminen on vaikeampaa kuin uusien luominen. Pyri ennaltaehkäisyyn, koska järjellinen ajattelusi ei riitä muuttamaan pahoja tapojasi. Tapojen muuttaminen voi vaatia viikkoja tai vuosia. Uusien tapojen muodostaminen tapahtuu nopeammin.

Vihjeet: toistot, tavat, uudelleenohjelmointi

Taipumus tehdä vastapalveluksia

Sinulla on taipumus tehdä vastapalveluksia heille, jotka ovat sinua auttaneet. Sinä myös kostat helposti mikäli toinen ihminen on kohdellut sinua kaltoin. Sinun on syytä pitää huoli siitä, ettet jätä vastaamatta hyviin tekoihin. Selviytyminen on aiemmin ollut muista riippuvaista, joten laumasta jättäytyminen on ollut vaarallista. Ilman muille tehtyjä vastapalveluksia on jäänyt yksin.

Vihjeet: evoluutio, ryhmäpaine, win-win

Taipumus reagoida yhdistäen asian toiseen.

Huippulaadun yhdistäminen korkeaan hintaan ilman todisteita on yksi taipumuksen muoto. Lisäksi voit yhdistää aiemmat menestystarinasi nykypäivään. Voit uskoa olevasi mestarisijoittaja tehdessäsi hyviä sijoituksia. Uskosi seurauksena teet pahoja pääomiasi vieviä virheitä. Stereotypiat ovat yksi taipumuksen muoto. Luot ennakko-odotuksia ammattiryhmien edustajista tai ulkonäöstä. Taipumuksesi yhdistyvät mm. johdonmukaisuuteen, auktoriteettiuskoon ja sosiaalisiin todisteihin. Edellämainittujen lisäksi aatemaailmasi vaikuttaa.

Vihjeet: brändi, oikotiet, auktoriteetit, aatteet

Taipumus välttää epävarmuutta

Sinulla on taipumus tehdä johtopäätöksiä nopeasti, kun olet epävarma. Satatuhatta vuotta sitten ei ollut aikaa epävarmassa tilanteessa odotella, koska vihollinen saattoi tuottaa tappavan tai vakavasti haavoittavan vamman. Taipumuksen aiheuttavat sinulle yleensä hämmennys ja stressi. Sinulla on taipumus myös keskittyä helppoihin ratkaisuihin, kun ne ovat helposti saatavilla.

Vihjeet: neuvot, hätäily, muutosvastarinta, oikotiet

Taipumus vastakohtien huomaamiseen

Hermostojärjestelmäsi ei osaa mitata asioita tieteellisillä mittayksiköillä. Tämän takia joudut tyytymään aistiesi luomiin johtopäätöksiin. Aistisi vertaavat asioita ja tekevät johtopäätöksiä vertailujen perusteella. Mikäli etsit seurustelukumppania, voit verrata ihmisten ulkonäköä muihin. Mikäli yksi ihminen erottuu joukosta, voi hän sinusta näyttää tosi hyvälle sillä hetkellä, kun hän näyttää paremmalta kuin muut ympärillään. Mielesi voi muuttua mikäli ympäristöön ilmestyy joku häntä paremmalta näyttävä henkilö.

Toinen esimerkki taipumuksesta on pienet askeleet kohti katastrofia tai menestystä. Ihminen liikkuu huomaamattaan kohti päämääräänsä, koska vertailukohteiden ero on pieni. Tämän vuoksi pienet väärinkäytökset tulisi katkaista heti alkuunsa. Pienten askelien ottaminen kohti menestystä on helpompaa kuin yrittää yhtä suurta askelta.

Vihjeet: kontrasti, vertailu, taikuri, huomiokyky

Taipumus liialliseen omien kykyjen ylistämiseen

Kun sinulla menee hyvin, uskot usein luoneesi menestyksesi, vaikka tämä ei aina pidä paikkaansa. Mitä paremmin sinulla menee, sitä voimakkaammaksi usko omiin kykyihisi tulee. Ruotsalaisilta autoilijoilta kysyttiin 90-luvulla uskovatko he olevansa keskimääräistä parempia kuskeja. Vain yksi kymmenestä ei ollut samaa mieltä. Todellisuudessa vain puolet voivat olla keskimääräistä parempia kuskeja.

Vihjeet: virheherkkyys, taitojen mittaaminen, euforia, kurssihuiput

Taipumus kärsiä tappioista enemmän kuin iloita menestyksestä

Tuhannen euron voittaminen tuottaa sinulle henkisesti pienemmän nautinnon kuin miltä tuhannen euron häviämisen tuska sinusta tuntuu. Tämä on seurausta evoluutiosta. Tappio oli lähes maailmanloppu, koska tappio tarkoitti kuolemaa tai vakavaa loukkaantumista. Siksi sen välttäminen oli pakollista. Sinä reagoit seurauksena pieniin tappioihin tai niiden mahdollisuuteen voimakkaasti. Kyseessä voi olla pelko omaisuutesi, ihmissuhteidesi tai muun asian, kuten statuksesi menettämisestä.

Vihjeet: riski/tuottosuhde häviönpelko, evoluutio

Taipumus helposti saatavissa olevaan vaihtoehtoon vaikean sijaan

Aivoillasi on taipumus säästää energiaa, koska ne kuluttavat sitä paljon. Asioiden helppous voi mennä olennaisuuksien edelle. Monet psykologiset taipumuksesi toimia väärin aiheuttavat ongelmia. Vaikeat asiat jäävät taka-alalle ja keskityt asioihin, joihin on olemassa ratkaisu. Taipumuksen vuoksi mm. kaupat pitävät parhaat katteet omaavia tuotteita parhaiten näkyvillä ja lähellä sisäänkäyntiä.

Vihjeet: näkyvyys, markkinointi, oikotiet, sijoitussuositukset, tavat

Taipumus välttää kipua

Sinulla on taipumus vääristellä tosiasioita silloin, kun ne ovat tuskallisia. Alkoholisteilla on taipumus uskotella hallitsevansa juomisensa. Voit uskotella itsellesi virheidesi olevan muiden ihmisten tai olosuhteiden syytä välttääksesi totuuden. Sinun on helppo uskotella itsellesi yleisen huonon taloustilanteen olevan syyllinen velkoihisi tai työttömyyteesi.

Vihjeet: tosiasioiden kieltäminen, inho/kateus

Taipumus lollapalooza-efektiin

Lollapalooza-efekti tarkoittaa sitä, että monien psykologisten taipumustesi yhdistyessä ja niiden vaikuttaessa samaan aikaan muodostuu sinulle vahva tarve tehdä jotain. Lopputulos voi olla järisyttävä. Lollapalooza-efekti on Charlie Mungerin keksimä nimitys ja sitä voisi verrata mm. kriittisen massan saavuttamiseen ydinreaktiossa. Ilman kriittisen massan saavuttamista reaktio jää pieneksi. Lollapalooza-efektistä esimerkkinä on Stanley Milgramin tekemä koe, jossa kokeenjohtaja käskee koehenkilöä antamaan sähköshokkeja kolmannelle ihmiselle, lisäten shokkien voimakkuutta joka kerta. Shokit eivät olleet oikeita vaan niiden uhrit olivat Milgramin palkkaamia näyttelijöitä. Monet kokeeseen osallistuneista menivät liian pitkälle eli tappavan shokin antoon saakka, koska kokeenjohtaja ei käskenyt heitä lopettamaan.

Alunperin tutkimuksen seurausta pidettiin vain auktoriteettihahmojen vaikutuksena. Tämä ei yksin riitä, koska ihmisten valmius tappamiseen vaatii muitakin psykologisia taipumuksia. Yksi muista taipumuksista on johdonmukaisuus eli koehenkilöt jatkoivat samaa käytöstä antaen sähköshokkeja. Lisäksi koehenkilöt samaistuivat ympäristöönsä eli siihen, että koetta pidettiin normaalina, koska kukaan ei puuttunut asiaan. Koehenkilöihin vaikuttaneita taipumuksia on edellämainitsemiani useampia, mutta harjoituksen vuoksi suosittelen sinua itse miettimään mitä muita taipumuksia on ollut vaikuttamassa.

Vihjeet: taipumukset, kriittinen massa, liikkeen jatkuvuuden laki

2.3 Talous

Taloustieteen ymmärtäminen on vähäisempi asia kuin psykologian, koska suurin osa ihmisten tekemisistä perustuu psykologiaan. Tämä pätee myös taloustieteessä. Suurin osa taloustieteen ajatusmalleista on sinulle tarpeettomia mikäli ymmärrät muiden tieteiden ajatusmallit etkä hoida sijoituksiasi tai yrityksesi kirjanpitoa. Korkoa korolle -ilmiön ja ihmisten psykologisten taipumusten syvällinen ymmärtäminen ja hyväksikäyttö riittävät pitkälle henkilökohtaisessa taloudenhoidossa. Taloustieteen ajattelumalleista pidän tärkeimpinä kirjanpidon ymmärtämistä ja vaihtoehtoiskustannuksia. Ensimmäistä lähinnä silloin, kun tekee itse sijoituksensa.

Sinun pitää ymmärtää taloustieteen ajattelumallien rajoitukset. Taloustiede on parhaimmillaankin vain suunnilleen oikeassa suurimman osan ajasta. Monet taloustieteilijät ovat eri mieltä asiasta, mutta todisteet, kuten liian suuret päivittäiset pörssilaskut ja -nousut ja edelliset talouskriisit puhuvat tämän puolesta. Älä käytä taloustieteen ajattelumalleja mikäli et ymmärrä niiden rajoituksia. Sokea usko niiden toimivuuteen on aiheuttanut suuremmat haitat kuin hyödyt. Tämän vuoksi olen karsinut monia taloustieteen malleja pois kirjasta.

Raha

Raha tai tarkemmin ilmaistuna valuutta, on yksi asia jossa sinulle vähemmän ei ole aina enemmän. Huomioi se ettei työmääräsi ole suoraan verrannollinen siihen minkä verran sinulla on tätä hyödykettä. Valuutta on vaihdonväline, jonka arvo vaihtelee. Aavikolla ollessasi vetesi loppuu. Kohtaat toisen ihmisen, jolla sitä on paljon. Aavikolle lähtiessäsi vesipullo on maksanut sinulle euron. Harhailusi jälkeen olet janoinen. Tällöin vesipullon hinta voi kasvaa monisataakertaiseksi kysynnän kasvaessa ja rahan arvon heiketessä. Sinun on hyvä muistaa rahan arvon suhteellisuus.

Eri mailla voi olla käytössä eri valuutta ja niiden arvot vaihtelevat markkinoilla. Asioiden selventämiseksi käytän sanaa raha yleisenä muotona kaikille valuutoille paitsi puhuessani erikseen valuutoista. Rahan arvo heittelee. Heittelyä mitataan hintaindekseillä. Hintaindeksit ovat keskiarvoja tarkasteltavien tuote- ja palvelukorien hinnoista. Ne lasketaan tasaisin väliajoin.

Rahan lisäksi on muitakin vaihdonvälineitä ja niistä yksi on talkootyö. Siinä raha ei vaihda omistajaa vaan sen sijaan työntekijät saavat vaihdossa ruokaa, juomaa tai muuta tarpeellista. Yleisesti markkinat määräävät kunkin valuutan hinnan erikseen. Valuuttojen arvot vaihtelevat kysynnän ja tarjonnan mukaan mikäli niitä ei manipuloida. Kaupassa käydessäsi tuotteilla on suurimman osan ajasta kiinteät hinnat, vaikka niistä voidaankin neuvotella. Pelkkä rahankerääminen ei ole järkevää mikäli et sijoita sitä paremmin tuottavaan ja arvonsa säilyttävään omaisuuteen. Valuutat ovat menettäneet arvonsa historian saatossa lukemattomia kertoja ja niin tulee käymään myös tulevaisuudessa.

Vihjeet: luottamus, vaihdonvälineet

Inflaatio ja deflaatio

Inflaatio tarkoittaa rahan ostovoiman alenemista. Inflaatiossa sinä tarvitset enemmän rahaa kuin aiemmin. Keskimäärin rahan arvo alenee prosentteja vuodessa. Pahimmillaan rahan arvo voi alentua satojatuhansia prosentteja. Tällöin kyse on hyperinflaatiosta. Hyperinflaatio on harvinainen ilmiö. 1920-luvun Saksassa oli hyperinflaatio. Silloin paperiraha oli arvokkaampaa poltettuna kuin vaihdonvälineenä. Kun säästät rahojasi voit olla varma, että inflaatio syö säästöjäsi vuosien saatossa. Näin tapahtuu mikäli et käytä rahojasi tuottavaan toimintaan, kuten sijoittamiseen tai investointitavaran ostamiseen.

Deflaatio on inflaation vastakohta. Rahan ostovoima nousee. Deflaatio on harvinaisempi ilmiö kuin inflaatio. Tämä johtuu siitä, että monilla valuutta-alueilla ihmismäärät kasvavat. Rahaa painetaan, jotta kasvavan ihmismäärän rahantarpeet saadaan tyydytettyä. Deflaatio ilmiönä tapahtuu yleensä sen jälkeen, kun ihmisten velkaantuminen on kasvanut äärirajoilleen. Sen iskiessä säästäminen kasvaa, koska rahan arvo nousee ja sen käyttöä aletaan viivyttämään. Taloudellinen toimeliaisuus laskee ja aiheuttaa mm. työttömyyden kasvua. Yksittäisten tuotteiden ja tuoteryhmien hinnat voivat laskea, vaikka muut hinnat nousisivatkin. Hintadeflaation yleisin syy on tekniikan kehitys. Paras esimerkki tästä on elektroniikka.

Sinä voit säädellä rahan arvon vaikutuksia. Käyttämällä vähemmän rahaa tuotteisiin tai palveluihin joiden hinnat nousevat, voit vähentää inflaation vaikutusta. Voit verrata Suomen hintatasoa myös ulkomaisiin nettikauppoihin ja tilata sieltä halvempia tuotteita. Voit kuluttaa nettikauppojen hyödyntämiseen myös vähemmän aikaa kuin ostoskeskuksissa käymiseen. Suuret kansainväliset toimijat ovat luotettavia ja säästösi ovat huomattavat. Järkevämpi kuluttaminen on helppoa.

Suomessa suurin yksittäinen tekijä hintojennousuun on verotus.

Jokavuotisessa budjettriihessä verotusta säädetään. Sen painopisteet vaihtelevat ja vaikuttavat inflaatioon. Yleisesti voidaan todeta, että niitä veroja joita ihmiset eivät pääse pakoon nostetaan enemmän kuin muita. Polttoaine-, sähkö- ja kiinteistöverot nousevat säännöllisesti.

Toinen merkittävä tekijä korkeisiin hintoihin on kilpailun puute. Suomessa se helpottaa hintojen nostamista, koska kilpailevia yrityksiä on vähän. Suomi on harvaanasuttu maa eikä suurten kansainvälisten toimijoiden kannata tulla kilpailemaan suomalaisten yritysten kanssa. Muutama isompi toimija jakaa suurimman osan markkinoista riippumatta liiketoiminnasta. Yksi harvoja poikkeuksia on televiestintä, jossa harvat toimijat kilpailevat toisiaan vastaan hinnoilla.

Vihjeet: 1920-luvun Saksa, verotus, markkinatalous

Verot

Elämässäsi on kaksi pakollista asiaa: kuolema ja verot. Kumpaakaan et voi välttää, mutta jälkimmäisen vaikutusta taloustilanteeseesi voit säädellä. Et voi välttää veroja, mutta voit usein päättää, koska niitä maksat. Lisäksi voit ohjata rahankäyttöäsi asioihin, joista maksat vähemmän veroja. Verojen maksamista ei kannata aina minimoida, koska esimerkiksi sijoituksia ei kannata myydä vain verojen vähentämisen vuoksi.

Vihjeet: korkoa korolle, aika, kuluttaminen, sijoitustuotot

Vaihtoehtoiskustannukset

Vaihtoehtoiskustannukset tarkoittavat sitä, että kun teet päätöstä rahaan liittyen on sinun ymmärrettävä kuinka paljon enemmän tai vähemmän seuraavaksi paras vaihtoehto sinulle maksaa. Lisäksi voit laskea vaihtoehtoiskustannukset myös sille vaihtoehdolle, että unohdat koko asian. Muista puhuessasi vaihtoehtoiskustannuksista, että puhut "Jos lehmällä olisi pyörät se olisi maitoauto." -ilmiöstä. Ajatellessasi vaihtoehtokustannuksia joudut usein arvioimaan todennäköisyyksiä ja sitä paljon vaihtoehtoiskustannukset vaihtelevat. Jos vertaat pörssisijoituksia pankkitilin korkoon, tulee sinun huomioida se kuinka kalliita osakkeet keskimäärin ovat.

Tämä ei tarkoita sitä, että sinun kannattaa unohtaa vaihtoehtoiskustannukset kokonaan. Sinun on parempi olla suunnilleen oikeassa kuin täysin väärässä. Vaihtooehtokustannusten laskemisen suurin sudenkuoppa tulee itselleen valehtelemisesta. Sinun on helppo liioitella lukujasi, kun perustelet tunnepohjaisen päätöksen tekemistä. Sinun tulee muistaa, että on helpointa valehdella itselleen. Vaihtoehtoiskustannusten laskeminen on oikein käytettynä yksi hyödyllisimmistä työkaluista tehtäessä taloudellisia päätöksiä.

Jokaisella teolla on omat puolensa. Yhtä asiaa tehdessäsi et voi keskittyä toiseen. Resurssisi, kuten aikasi ja rahasi ovat rajoitettuja ja joudut tekemään valintoja. Kun sanot jollekin asialle kyllä, sanot toiselle ei. Menestyäksesi tai nauttiaksesi elämästä täytyy sinun sanoa suurimmalle osalle asioista ei, jotta voit keskittyä tärkeimpiin asioihisi.

Vihjeet: aika, odotusarvo, valinnat, sijoittaminen

Kysynnän ja tarjonnan laki

Kysyntä ja tarjonta määräävät taloustieteen mukaan hyödykkeen hinnan ja tuotannon markkinoilla. Kysyntä on hyödykkeen määrä, jonka asiakkaat ovat valmiita ostamaan annetulla hinnalla. Tarjonta on määrä, jonka tuottajat ovat valmiita myymään annetulla hinnalla. Kysyntää ja tarjontaa manipuloidaan jatkuvasti. Todellinen kysyntä ja tarjonta voivat olla muuta kuin markkinat näyttävät.

Vihjeet: etujärjestöt, raaka-aineet, markkinarako

Kirjanpito

Kun ymmärrät kirjanpitoa ja sen nyansseja, helpottaa se taloudenhoitoasi. Sinun tulee ymmärtää kirjanpidon termistö yleisellä tasolla. Et tarvitse yksityiskohtia. Jos haluat hallinnoida sijoituksiasi niin sinun pitää ymmärtää kirjanpitoa hyvin. Ilman sen ymmärtämistä todennäköisyytesi erottaa hyvät sijoituskohteet huonoista pienenevät.

Vihjeet: tuloslaskelma, tase, varat, velat, kassavirta, investoinnit

Passiivinen tulo

Passiivinen tulo tarkoittaa tuloa, jota saat panostuksesi jälkeen tekemättä mitään. Täysin passiivista tuloa ei ole, koska aina löytyy alkupanostuksen tehnyt henkilö. Periessäsi omaisuutta alkuperäisen työn on tehnyt joku muu. Sinulla on rajallinen määrä aikaa, joten passiiviset tulosi auttavat hyödyntämään resurssejasi paremmin.

Vihjeet: korkoa korolle, sijoitukset, immateriaalioikeudet

Suuruuden ekonomia

Yrityksen suuruudella on monia etuja, mutta sillä on myös haittoja. Yrityksen suuruus pitää jakaa kahteen eri osaan: absoluuttiseen ja suhteelliseen suuruuteen. Absoluuttista suuruutta ei verrata mihinkään. Suhteellinen suuruus tarkoittaa sitä, että yritys, maa tai organisaatio on toista vastaavaa suhteessa suurempi. Pienempikin yritys voi olla suuri suhteessa kilpailijoihinsa. On tärkeämpää olla suurimpien joukossa siinä mitä tekee kuin olla suuri ja olla pienempien joukossa.

Suurempi koko mahdollistaa asioita. Se saa yksikkökustannukset kilpailijoita pienemmiksi, koska monet kustannukset riippuvat yrityksen koosta. Isommassa yrityksessä on mahdollisuus erikoistua työtehtäviin. Suurempi koko parantaa mahdollisuuksia markkinoida tuotteita tai palveluita. Tuotteiden ja palveluiden saatavuutta on helpompi parantaa ja vallata uusia markkinoita. Suurempi koko voi tuottaa sosiaalisia todisteita ja sitä myötä kasvattaa myyntiä. Sosiaaliset todisteet lisäävät asiakkaiden haluja ostaa tuotteita tai palveluita ja maksaa niistä enemmän.

Suhteellisen koon ollessa muita kilpailijoita suurempi, on sinun helpompi tehdä rahaa. Liiketoiminta-alat joilla on vähän kilpailijoita tai niitä ei ole, ovat muita parempia rahantekoon. Monopolit ja oligopolit tekevät rahaa. Mikäli yritys ei ole kahden suurimman joukossa alallaan, on sen mahdollisuudet tehdä rahaa huonommat. Sinä voit suurentaa suhteellista kokoasi erikoistumalla isomman markkinan pienempään osa-alueeseen. Nokian Renkaat on hyvä esimerkki. Se on ensisijaisesti keskittynyt talvirenkaisiin ja jättää kesärenkaat isommille jättiläisille.

Suuruus tuottaa yritykselle haittoja. Se lisää byrokratiaa. Papereita on helpompi pyöritellä ja vastuuta siirrellä. Hallintokerroksia muodostuu liikaa, päätöksenteko ja reagointi ongelmiin hidastuvat. Eri liiketoimintojen välillä voi tulla kiistaa siitä kuka saa parhaat resurssit. Koko voi tuottaa perverssejä kannustimia siirtää vastuuta. Suuri koko voi tuoda mahdollisuuksia karata ydinliiketoiminnoista. Hyppäykset aloille, jotka eivät ole yrityksen vahvuuksia voivat tehdä tuhoa.

Vihjeet: oppimiskäyrä, markkinajohtaja, muutosvastarinta, evoluutio, byrokratia

Etusi ja omat osaamisalueesi

Sinun on tärkeää löytää omat etusi ja osaamisalueesi ja pysyä niiden sisäpuolella. Siten voit maksimoida pärjäämisesi. Sinulla on omat osaamisalueesi ja niiltä poikkeaminen voi johtaa epäonnistumiseen. Osaamisalueiden laajentaminen on vaikeaa. Jotkut voivat olla sinua parempia itsensä myymisessä ja sinä voit olla heitä parempi analysoimaan ympäristöäsi. Tällöin sinun etusi on analysoida maailmaa ja hyödyntää muita myyntihommissa. Useamman ihmisen tehdessä asioita yhdessä, tulee kaikkien keskittyä asioihin, joissa heillä on omat etunsa.

Sinun ei tarvitse olla maailman parhain siinä mitä teet. Sinulle riittää suhteellinen etu muihin toimijoihin verrattuna. Sinun on helpompi olla pienen paikkakunnan paras putkimies kuin pääkaupunkiseudun. Tämä pätee isompiin yksiköihin. Kahden maan tehdessä kauppaa molempien kannattaa myydä niitä tuotteita toiselle, jossa sillä on suhteellinen etu.

Vihjeet: suhteellinen etu, vipu, pätevyys, markkinarako

Varallisuus-efekti

Kun pörssikurssit nousevat niin ihmisten odotukset oman talouden paranemisesta liikkuvat mukana. Mitä korkeammalle pörssikurssit nousevat sitä suuremmalla todennäköisyydellä odotukset vääristyvät. Ihmiset kokevat itsensä rikkaammiksi kuin mitä he todellisuudessa ovat. Tämä nostaa muidenkin omaisuuslajien, kuten asuntojen hintoja. Vääristymä ei kestä ikuisesti vaan siihen asti, kunnes varallisuus-efekti hiipuu. Se toimii myös toiseen suuntaan, jolloin pörssikurssien ja muiden omaisuuserien hintojenlasku vähentää odotuksia tulevasta talouskasvusta vähentäen taloudellista toimeliaisuutta. Seurauksena on tilanne, jossa ihmiset kokevat olevansa köyhempiä kuin mitä he todellisuudessa ovat.

Vihjeet: rahanpainaminen, kurssinousut ja -laskut, velkasyklit

Investointien tuottoprosentti ROI

Kun teet investointeja niin odotat, että saat tuottoja vastineeksi. Alla yksinkertainen kaava tuottoprosentin laskemiseksi.

$$ROI = \frac{Investointi}{Tuotto} * 100$$

Kaava 1 Investointien tuottoprosentti

Mitä suurempi tuottoprosentti, sitä parempi investointi. Voit laskea suhteellista hyötyäsi samalla kaavalla vaihtamalla muuttujia. Vaihdat investoinnin tilalle panostuksen ja tuoton tilalle hyödyn. Suhteellinen hyöty on tärkeä miettiessäsi tehokasta ajankäyttöä. Mitä enemmän saat aikaiseksi tietyssä ajassa sitä suurempi suhteellinen hyöty sinulle syntyy.

Vihjeet: aika, palkka, ammattitaito, kysyntä ja tarjonta

Laatu

Laadukas palvelu tai tuote täyttää odotuksesi tai ylittää ne. Odotuksesi ovat laadukkaasta tavarasta etukäteen korkealla. Huippulaadukas tavara ylittää odotuksesi selvästi. Sinulla on omat käsityksesi laadusta. Siihen keskittyminen tuottaa parempia tuloksia kuin määrään. Sinun tulee keskittyä laatuun kaikessa tekemisessäsi. Laatuun panostamalla pystyt nostamaan suhteellista hyötyäsi.

Vihjeet: brändi, oikotiet, panos-tuotos-suhde

Tehokkaiden markkinoiden teoria

Tehokkaiden markkinoiden teorian mukaan osakkeiden nykyiset hinnat kuvastavat niiden arvoihin vaikuttavia tekijöitä. Uudet tiedot osakkeista vaikuttavat hintoihin heti, kun markkinat saavat ne tietoonsa. Teorian mukaan epänormaalien sijoitustuottojen saaminen säännönmukaisesti on mahdotonta julkista tietoa käyttämällä.

Tehokkaiden markkinoiden teoriaa vastaan on monia todisteita ja näitä kutsutaan taloustieteilijöiden keskuudessa anomalioiksi eli poikkeuksiksi. Ne eivät ole poikkeuksia vaan todisteita teoriaa vastaan. Päivittäisiä, suuria monen prosenttiyksikön indeksikohtaisia pörssinousuja -ja laskuja on liian usein, jotta markkinat voisivat olla tehokkaat. Markkinat eivät ole täysin tehottomat, mutta eivät myöskään täysin tehokkaat. Totuus löytyy vaihtoehtojen väliltä.

Mitä suuremmat markkinat ja yritykset ovat kyseessä sitä tehokkaammin markkinat toimivat. Joukkopsykoosit muuttavat tilannetta välillä ja markkinat ovat tehottomammat. Psykoosit tapahtuvat osakkeiden hintojen ollessa huipuissaan tai pohjissaan. Laumasieluisuus iskee ja väärien johtopäätösten tekeminen yleistyy.

Vihjeet: rationaalisuus, laumaeläimet, kurssihuiput

10%:in paskapuhesääntö

Mikäli sijoitustuotteita tai -palveluita tuottava taho lupaa sinulle pidemmällä aikavälillä yli 10%:n reaalituottoa, on myyntipuhe todennäköisesti roskaa. Pitempi aikaväli tarkoittaa vähintään vuosikymmentä. Kyse ei ole siitä etteikö yli 10%:n reaalituottoja voisi saada vaan siitä, että niiden lupaaminen ja lupauksen pitäminen ei perustu tosiasioihin. Suurin osa markkinoilla toimivista tuotteista ja palveluista tuottavat alle 10%:n tuoton pitkällä aikavälillä. Poikkeuksia on olemassa, mutta on epätodennäköistä, että lupaajan palvelu tai tuote tämän tuoton sinulle tarjoaa.

Tiedän ettei 10%:in reaalituotto kuulostaa houkuttelevalta, kun viime vuosina tuotot ovat olleet suurempia. Viimeiset vuodet ovat olleet poikkeuksia eikä tulevaisuuden tuotot yllä pidemmällä aikavälillä vastaaviksi. Realistiset odotukset tuottavat parempia lopputuloksia.

Vihjeet: reaalituotto, lupaukset, sijoitustuotteiden myyjät, rahastot

2.4 Muut

Tässä osiossa käsittelen ajatusmalleja, jotka eivät suoraan kuulu koviin tieteisiin, kuten matematiikkaan, fysiikkaan, kemiaan tai biologiaan tai pehmeämpiin, kuten psykologiaan ja taloustieteeseen. Toinen mahdollisuus on se etten ole osannut luokitella näitä malleja. En tiedä kaikkea, joten sinun ei kannata ihmetellä, vaikka olisin välillä väärässä. Se mihin tieteenlajiin ajatusmallit kuuluvat ei ole niin tärkeätä kuin niiden ymmärtäminen ja hallitseminen. Lokeroiminen ei ole viisasta, koska silloin voi sulkea tärkeitä asioita pois.

Teknologia

Nykypäivänä tehdään keksintöjä, jotka vievät maailmaa eteenpäin. Ei ole itsestäänselvää kuka hyötyy. Mieti taloudellisia näkökohtia. Mieti hyötyykö asiakkaas vai palveluntarjoaja. Ajattele suurinta hyötyjää. Myyjät hyötyvät, koska välistävetäjät vähenevät hintojen pysyessä suunnillleen samoina. Älä jää teknologisesta kehityksestä jälkeen, koska asioidesi ja töidesi hoitamisesta tulee vaikeaa.

Vihjeet: apuvälineet, luova tuho, evoluutio

Vapausasteet

Vapausasteet tarkoittavat mm. luonnontieteissä muuttujia, jotka eivät riipu suoraan toisistaan. Jos mietit kulkuneuvoja niin kiskoilla olevalla junalla vapausaste on yksi, koska pääsee vain eteen ja taakse. Autot liikkuvat lisäksi myös oikealle ja vasemmalle, jolloin vapausasteita on kaksi. Lentokoneilla vapausasteita on kolme koska ne voivat liikkua eteen ja taakse, ylös ja alas sekä pyöriä ympyrää joko myötä- tai vastapäivään. Teollisuusroboteilla voi olla kuusikin vapausastetta.

Työntekijällä jonka ainoat tulot tulevat yhdeltä työnantajalta on yksi vapausaste. Vapausasteiden määrä ei koske vain liikkumista tai taloutta. Jos hallitset monia eri taitoja, lisäät liikkumavaraasi. Vapausasteiden hyödyllisyys ei ole suoraan verrannollinen määrään. Yksi vapausaste on liian vähän ja neljä usein liian paljon. Mitä enemmän vapausasteita sinulla on sitä enemmän tarvitset tekojasi ja aikaasi. Järjestelmä monimutkaistuu vapausasteiden lisääntyessä.

Vihjeet: kytkökset, tehokkuus, asiakasmäärät

Kytkökset/kytkennät

Kytkökset tarkoittavat sitä kuinka vahvasti asiat ovat riippuvaisia toisistaan. Maailma ei ole riippuvainen yhdestä ihmisestä paitsi ehkä ydinasemahtien valtionpäämiehistä. Kytköksesi voivat olla tiukkoja tai löysiä. Useimmiten totuus löytyy välimaastosta. Ajaessasi autoa ratin ja eturenkaiden väliltä löytyy tiukka kytkös. Etupyörät liikkuvat lähinnä ohjauspyöräsi kääntämisen mukaan. Täydellinen kytkös puuttuu, koska eturenkaat voivat liikkua eteen tai taakse laittamalla pakin päälle ja painamalla kaasua tai eteenpäin ilman peruutusvaihdetta.

Tiukat kytkökset hajoavat helpommin. Niiden hajoaminen johtaa todennäköisemmin järjestelmän hajoamiseen. Järjestelmän koon kasvaessa kytkökset tiukkenevat. Se johtaa ongelmiin. Romahtamisen todennäköisyys kasvaa. Pienemmän osan hajotessa on vaikeampi rajata vahinkoja. Korjaaminen voi johtaa suurempiin vahinkoihin ja pahempaan romahdukseen. Pikkukorjaukset voivat nopeuttaa romahtamista.

Tiukasta kytköksestä esimerkkeinä ovat suurpankit. Ne ovat liian suuria kaatumaan. Yhden kaatuminen johtaisi järjestelmän romahtamiseen, koska muut seuraisivat perässä. Jos menosi ovat paljon pienemmät kuin tulosi, omaavat ne löysän kytköksen. Löysien kytkösten ongelma on se, että tehokkuudesta on tingittävä, koska kaikkia resursseja ei tule käytettyä. Nykymaailman suurimmat ongelmat ovat liian tiukat kytkökset. Suurin osa on kytköksissä toisiinsa Internetin kautta. Suurin osa sijoittajista voi olla toisiinsa kytkettyinä olivat he missä tahansa. Kaikki voivat ostaa samoja yrityksiä osakevälittäjiensä kautta.

Vihjeet: finanssikriisit, tehokkuus, riippuvuus

Lineaarisuus

Lineaarinen järjestelmä on sellainen, jossa syöttämäsi impulssi vaikuttaa lopputulokseen ilman palautetta. Lopputulos ei vaikuta seuraavaan impulssiisi. Järjestelmä on ennustettava, mutta ei erityisen tehokas. Kiinteäkorkoinen määräaikaistalletus on lineaarinen järjestelmä, koska sillä on ennustettava korko joka ei muutu.

Epälineaarisessa järjestelmässä syöttämäsi impulssi vaikuttaa seuraavan syötetyn impulssisi lopputulokseen muuttamalla järjestelmää. Tällaisten järjestelmien lopputuloksia on vaikeampaa ennustaa kuin lineaaristen. Tämä johtuu siitä ettei panosten ja tuotosten riippuvuutta ole helppo arvioida. Epälineaarisesta järjestelmästä yksi esimerkki on osingot uudelleensijoittava rahasto, jossa takaisin sijoitettavat osingot muodostavat takaisinkytkennän.

Huonosta takaisinkytkennästä esimerkki on asuntolaina, jossa korko vaihtelee yleisen korkotason mukaan nostaen lainan hintaa yhä uudelleen. Pahimmassa tapauksessa asuntolainasi korot kasvavat niin suuriksi ettet pysty vähentämään lainaasi edes korkojen verran. Parhaimmillaan takaisinkytkennät tuottavat moninkertaiset tuotokset panoksiin nähden. Niiden hyödyntäminen on avainasemassa vaurastumisessa. Takaisinkytkennät voivat huonoimmillaan estää vaurastumisesi

Vihjeet: korkoa korolle, riippuvuus, riski/tuottosuhde

Järjestelmä ja varajärjestelmä

Järjestelmä koostuu useasta kokonaisuutta yksinkertaisemmasta osasta. Osat ovat vuorovaikutuksessa. Liittämällä yksinkertaisemmat osat oikein saat lopputuloksen joka on suurempi kuin osiensa summa. Huonosti kasattu, vääristä osista koottu järjestelmä, aiheuttaa vahvemman ei-halutun vaikutuksen kuin osiensa summa. Hyvin toteutetut järjestelmät tuottavat aina parempaa jälkeä kuin yksittäisten ja itsenäisten osien summat. Luomalla hyviä järjestelmiä muutut tehokkaammaksi.

Sinulla pitäisi olla aina kakkossuunnitelma. Sinulle voi aina tapahtua jotain odottamatonta. Maailma muuttuu nopeasti. Ykkössuunnitelmasi voi olla hetkessä hyödytön. Varajärjestelmän tulee olla käytössä olevasta järjestelmästä mahdollisimman riippumaton. Älä luo liian montaa varajärjestelmää, koska tehokkuutesi vähenee sitä myötä.

Vihjeet: vapausasteet, kytkökset, yksinkertaisuus

Immatteriaalioikeudet

Immateriaalioikeudet suojaavat tekijän lakisääteistä oikeutta teokseensa. Valvo Immateriaalioikeuksiasi, jotta muut ihmiset tai yritykset eivät hyödy niistä ilmaiseksi. Oikeuksiin kuuluvat mm. patentit, tavaramerkit, tekijänoikeudet ja verkkotunnukset. Patentit voivat olla tärkeitä uutta teknologiaa kehittävillä liiketoiminta-aloilla. Immateriaalioikeudet ovat tärkeitä esteitä kilpailijoille. Esimerkiksi lääketeollisuusyrityksiin sijoittaessa pitää tietää kauan yrityksen patentit ovat voimassa.

Vihjeet: tekijänoikeudet, patentit, liikeideat, skaalautuvuus

Pareton laki

Pareton laki sanoo, että suurin osa seurauksista johtuu pienestä osasta syitä. Panostamalla pieneen määrään oleellisia asioita, saat suurimmat hyödyt. Epäolennaisiin asioihin panostamalla hyötysi jäävät olemattomiksi. Sinun tulee myös selvittää mitkä epäolennaiset asiat hukkaavat eniten resurssejasi. Esimerkiksi, saat säästönäpertelystäsi paljon pienemmän hyödyn käytettyyn aikaan verrattuna kuin säästöistä, jotka liittyvät isoihin asioihin, kuten autoiluun tai asumiseen.

Vihjeet: panos-tuotos-suhde, omaisuuden jakautuminen, työteho

Tarkistuslista

Hyvämuistinenkin ihminen unohtaa aina jotain. Muodosta itsellesi tarkistuslista, jonka käyt aina läpi. Lentäjillä on tällainen. Listan tulisi sisältää kaikki tarpeelliset ajattelumallit. Vaikka sinun ei tarvitse käyttää suurinta osaa ajattelumalleista kaikissa asioissa niin listan läpikäyminen ei haittaa. Muodosta omat tarkistuslistasi. Yksi kaikenkattava lista ei toimi, koska silloin joutuu tekemään liikaa töitä saadakseen vähäpätöisemmän asian tehtyä. Jokaisen taloudellisen tarkistuslistan tulisi sisältää ainakin vaihtoehtoiskustannukset ja korkoa korolle -ilmiön.

Vihjeet: muisti, virheidenvälttäminen, järjestelmä

Kaksiosainen analyysi

Ensimmäiseksi sinun tulee tutkia, mitkä järjelliset käsitteet ohjaavat tekoja. Toinen osa analyysia on tutkia mitkä alitajuiset psykologiset taipumukset ohjaavat tekoja joko oikeaan tai väärään suuntaan. Tutki järjellisiä käsitteitä kovien tieteiden, kuten matematiikan, fysiikan, kemian tai biologian kautta. Erityisesti matematiikan rooli korostuu talousasioissa.

Sinun on lisättävä psykologiset taipumukset analyysiin, koska ilman niitä asiat jäävät puolitiehen. Pidät itseäsi järjellisenä päätöksentekijänä, mutta totuus voi olla toinen. Ilman psykologisten taipumusten ymmärtämistä teet päätöksiä ilman tärkeitä työkaluja. Mitä loogisemmin kuvittelet toimivasi sitä todennäköisemmin laiminlyöt psykologisten taipumusten vaikutuksia. Usein brändien vaikutusta yrityksen arvostukseen vähätellään, koska niiden arvoa ei voida laskea tarkasti. Kaksiosainen analyysi lisää todennäköisyyksiä tehdä järkeviä päätöksiä.

Vihjeet: kovat tieteet, taipumukset, järjestelmä

Yksinkertaisuus

Asiat on pelkistettävä niin yksinkertaisiksi kuin mahdollista, mutta ei yksinkertaisemmiksi. Monimutkaisuus on yksinkertaisuutta helpompaa. On helpompaa lisätä kuin vähentää. Älä pelkistä asioita yhteen osaan, koska silloin et voi hyödyntää osien yhteistyötä. Liian monen osan myötä asiat monimutkaistuvat liikaa. Useampien komponenttien haitat kasvavat hyötyjä suuremmiksi.

Asiantuntijat tarvitsevat monimutkaisuutta, koska ilman asioiden monimutkaistamista heitä ei tarvita. Suurin osa asioista voidaan yksinkertaistaa sellaisiksi, että jokainen ymmärtää ne. Kun sinulla on monta tapaa ratkaista ongelma, yksinkertaisin on niistä yleensä paras. Kirjan yksi tarkoituksista on tehda talousasioista niin yksinkertaisia tavallisille ihmisille ettei kalliita asiantuntijoita tarvita.

Vihjeet: väärät auktoriteetit, pelkistäminen, tehokkuus

Epävarmuus

Mikään ei ole niin varmaa kuin epävarmuus. Et voi koskaan olla varma siitä mitä tulevaisuus tuo. Et voi tehdä päätöksiä täydellisen tiedon vallitessa. Sinä teet surimman osan päätöksistäsi tietämättä mitä huominen tuo. Mitä enemmän yrität löytää varmuutta asioista sitä vaikeammaksi päätöksenteko tulee. Rahoitusmarkkinoilla epävarmuus luo pelkoja ja pelko luo paniikkimyyntejä, jotka pakottavat hinnat alas. Sijoittajien usko pitkän aikavälin näkymiin heikkenee ja ketjureaktio toimii sinun puolestasi toimiessasi kärsivällisesti, kasvattaen tuottojasi. Epävarmuus on sijoittajan paras ystävä.

Vihjeet: paniikki, odottaminen, riski/tuottosuhde,

Poikkeukset

Aina on poikkeuksia. Jotkut tekevät asiat eri tavalla kuin toiset. Jos haluat saada aikaan erinomaisia tuloksia niin sinun on tehtävä asiat eri tavalla. Tavalliset viisaudet eivät päde. Jos teet asiat kuten muut, voit odottaa samoja tuloksia. Suurin osa tavallisista viisauksista ei päde yhä nopeammin muuttuvassa maailmassa. Keskinkertaiset toimet tuottavat keskinkertaisia tuloksia. Vältä niitä, koska keskiluokan hyvinvointi on laskussa ympäri maailmaa.

Vihjeet: musta joutsen, huippusuorittajat, menestys

Heikoin lenkki

Heikoimman lenkin hahmottaminen on tärkeää, koska elämä tai kilpailija potkaisee sinua tai yritystäsi perseeseen sen kautta. Jos et pysty hahmottamaan heikointa lenkkiä niin se olet todennäköisesti sinä. Maailma on julma paikka. Monet ovat valmiita hyödyntämään heikkouttasi. Käytä sen parantamiseen aikaa kohtuudella. Mitä paremmin pystyt piilottamaan heikkoutesi sitä paremmin pärjäät. Kaikilla on omat heikkoutensa. Jos et tiedä mitkä ne ovat niin selvitä ne nopeasti. Käytä apuvälineitä tai muita ihmisiä vähentääksesi heikkouden vaikutusta pärjäämiseesi.

Vihjeet: typerys, heikkoudet, menestys

Tieto

"Tieto on valtaa" on nykypäivänä väärinymmärretty lause. Sinä elät maailmassa, missä sinulle tarjotaan liikaa tietoa. Tiedonlaatu jää liiallisen tiedonkeräämisen jalkoihin. Laadukkaan tiedonkaan saaminen ei riitä mikäli et ymmärrä sitä. Ymmärtämisen lisäksi sinun pitää hyödyntää laadukasta tietoa toistuvasti, jotta aivosi pystyvät ohjelmoimaan sen käytettäväksi ilman tietoista toimintaa.

Vihjeet: laatu, tiedonlähteet, tiedonhallinta

2.5 Esimerkki hilavitkutin Oyj

Kaikkien ajatusmallien yksittäisten esittelyjen jälkeen on hyvä katsoa kuinka yhdistää niitä, koska ne ovat sotkeutuneet toisiinsa. Sinun on ymmärrettävä miten ajattelumallit yhdistyvät ja kuinka voit hyödyntää niitä tehdessäsi päätöksiä. Koska kirja kertoo rahasta, on esimerkkikin talouteen liittyvä. Jos ajattelumallit ovat tähän asti tuntuneet teoreettisilta ja yksittäisiltä niin toivottavasti tämä esimerkki tuo lisäselvyyttä. Se on yksinkertaistettu versio ja todellisuudessa asiat ovat monimutkaisempia. Kaikki yhtäläisyydet jonkin yrityksen kanssa ovat sattumia. Suurin osa käytettävistä ajattelumalleista on lihavoitu, kun niitä on käytetty. Mikäli asia toistuu tiheästi on lihavointi tehty vain kerran.

Esimerkissä keskityn kolmeen eri asiaan: Yritykseen, sen Hilakeikutin-tuotteeseen ja asiakkaisiin. Nämä kolme muodostavat kokonaisuuden. Lisäksi katson lopuksi yritystä sijoittajan näkökulmasta. Hilavitkutin Oyj on korkean teknologian yritys mikä valmistaa ja myy kulutustuotteita. Yritys on pörssilistattu. Hilakeikutin on massoille myytävä kulutustuote. Se kuuluu hintaluokassaan kalliimpiin tuotteisiin. Hilakeikutin on yksi kuumimmista kulutustuotteista omalla markkina-alueellaan. **Pareton laki** sanoo, että pieni määrä tuotteita tuottaa yritykselle suurimman osan liikevaihdosta ja tuloksesta. Todellisuudessa tuotteita on enemmän kuin yksi. **Yksinkertaisuus** on valttia, joten oletetaan Hilakeikuttimen tuottavan lähes koko liikevaihdon ja tuloksen.

Liikkeen jatkuvuuden laki vaikuttaa ihmisten ostoskäyttäytymiseen siten, että asiakkaan ostaessa tuotteen, johon hän on tyytyväinen, ostaa hän todennäköisesti vastaavan tuotteen uudestaan. Sama laki sanoo asiakkaan jatkavan samaan suuntaan ellei jokin voima vaikuta häneen aiheuttaen suunnanmuutoksen. Sen voi aiheuttaa mm. joko pettymys Hilakeikuttimen käyttöliittymään, sen hajoamiseen ennenaikojaan tai markkinoille tulevan uuden tuotteen paremmuus.

Ennen kuin Hilakeikuttimesta on tullut kaikkien haluama kulutustuote, on sen myyntimäärien täytynyt kasvaa **kriittisen massan** tasolle. Se on myyntimäärä mikä aiheuttaa ketjureaktion, jonka seurauksena asiakasmäärät kasvavat voimakkaasti. Kriittisen massan saavuttaminen on vaikeaa. Yrityksen kannattaa keskittyä tuotteeseen missä sillä on **suhteellinen etu** eli asiantuntemusta, **teknologinen** ylivoima tai tuotesegmentti, jossa ei ole kilpailua. Edellämainittujen lisäksi kriittisen massan saavuttamiseen tarvitaan mm. markkinointia. Sitä voidaan tehostaa mm. käyttämällä **auktoriteetteja**, kuten julkkiksia ja alan asiantuntijoita, jotka kehuvat tuotetta.

Kun kriittinen massa on saavutettu, alkavat uudet asiakkaat harkitsemaan Hilakeikuttimen ostamista. Tyytyväiset asiakkaat tuottavat takaisin**kytkentöjä** ja he suosittelevat tuotetta muillekin. Suositukset tuottavat epä**lineaariseesti** kasvavia myyntimääriä. **Evoluutio** ja sen tuottama **taipumus etsiä oikoteitä** johtavat asiakkaiden **taipumukseen valita helppo vaihtoehto** eli se tuote mikä tulee useimmin vastaan. Tässä tapauksessa **Hilakeikutin** on yleisimmin näkyvillä oleva vaihtoehto. Tällöin myös **ryhmäpaine** alkaa vaikuttamaan. Ystävät ja kollegat kehuvat tuotetta muille ja kysyvät miksi heillä ei ole sellaista? Ennen pitkää yritys on tilanteessa, missä myyntimäärät ovat kasvaneet huomattavasti ja **liikkeen jatkuvuuden laki** vie myyntimääriä voimakkaasti eteenpäin. Hilavitkutin Oyj on tätä myötä saanut luotua halutun, korkeasta **laadusta** tunnetun brändin, josta tyytyväiset asiakkaat ovat valmiita maksamaan enemmän yhä uudestaan. Syy brändin yhdistämisessä korkeaan laatuun on **taipumus reagoida jotenkin, koska yhdistää asian toiseen.**

Kaikkeen on kulunut joitakin vuosia aikaa ja Hilavitkutin on kasvanut merkittäväksi tekijäksi omalla markkina-alueellaan. Sen on täytynyt suojata omaa teknologista etuaan ja tuotemerkkiään **immateriaalioikeuksilla**, kuten patenteilla. Ilman suojausta siitä ei olisi koskaan kasvanut suurempaa yritystä, koska alan isoimmat toimijat olisivat kopioineet tuotteen tai ostaneet koko yrityksen ennen menestystä.

Kilpailu on ollut alalla kovaa sen jälkeen kuin Hilavitkutin Oyj on lyönyt läpi hittituotteellaan. Se on hyötynyt **suhteellisesta edustaan** ja **suuruuden ekonomia** on tuottanut sille kasvavia hyötyjä. Ne ovat näkyneet mm. yksikkökustannuksien merkittävänä pienentymisenä. Suurempi koko on parantanut mahdollisuuksia markkinoida tuotteita. Yrityksen ja tuotteen näkyvyys ovat parantuneet. Hilavitkutin on vallannut lisää markkinaosuutta ja kasvattanut voittojaan. Huonommat toimijat eivät ole onnistuneet vahvistamaan **heikoimpia lenkkejään**, kuten huonoja taloustilanteitaan. Suuremmat kilpailijat ovat käyttäneet tilaisuutta hyväkseen tiputtamalla myyntihintojaan ja osa heikoimmista toimijoista on tippunut markkinoilta.

Markkinatoimijoiden määrä on tippunut radikaalisti ja toimijoiden keskimääräiset voittomarginaalit ovat kasvaneet. Markkinat ovat siirtyneet tilanteeseen, missä uusia asiakkaita on vaikeampaa saada ja uudet teknologiaharppaukset ovat pienentyneet. Lisäarvoa pitäisi saada tuotettua, mutta miten? Yksi tapa on keksiä tuotteelle lisäominaisuuksia, joita hyödyntämällä tuotteen arvo kasvaa. Toinen vaihtoehto on kokonaan uusi tuote, jossa on jokin Hilakeikuttimen tärkeä ominaisuus, minkä voi monistaa.

Sekä lisäominaisuuksien että toisten tuotteiden kehittelyssä kannattaa hyödyntää **autokatalyysia** mikä mahdollistaa lisätulojen skaalautuvuuden. Vielä parempi lopputulos tulee mikäli joku muu taho suorittaa ominaisuuksien tuottamisen yrityksen tarjotessa alustan keräten **passiivista tuloa immateriaalioikeuksillaan** muiden tehdessä työt. Tätä myötä yrityksen katteet paranevat.

Vaikka menestys on ollut hieno asia niin sen aallonharjalla liikkuessa on kohdattu yllättäviä vaikeuksia. **Suuruuden ekonomia** on alkanut vaikuttaa hilavitkuttimeen yhä pahemmin. Byrokratia on lisääntynyt ja yrityksen työntekijöiden **taipumukset omien kykyjen yliarvioimiseen** ovat kasvaneet. Tämän myötä yritysjohto on haalinut **kannustimikseen** kohtuuttomia optioita, mitkä ovat hukanneet yrityksen resursseja ja tuottaneet **kateutta ja inhoa** työntekijöissä. Yritysjohto on kasvattanut yrityksen markkinoita tällä aallonharjalla yritysostoilla alueille, jotka eivät kuulu sen **osaamisalueisiin,** koska sen kyky innovoida on **surkastunut.** Hilavitkutin on tilanteessa, jossa sen on vaikea parantaa menestystään.

Ajatusmallien vaikutukset pörssikurssiin

Sijoittajan näkökulmasta Hilavitkutin Oyj on iso uhka tai mahdollisuus. Osittain kyse on siitä millä kohtaa talous**sykliä** sijoittaja ostaa yrityksen osakkeita. Huipulla ostaessa häviää todennäköisesti rahaa eli **riski** realisoituu hävityn rahan muodossa. Suurimmat rahasummat tehdään riski/tuottosuhteen ollessa pieni. Ennen kuin mennään siihen vaikuttaviin asioihin mietitään, mitkä asiat liikuttavat pörssikursseja.

Aloitetaan hetkestä, jolloin Hilavitkutin on listautunut pörssiin. Tämä hetki on ennen suurta menestystä, koska hilavitkutin Oyj on tarvinnut kasvuunsa rahaa. Se on joutunut hakemaan lisää pääomia pörssistä. Pörssissä kaupanteko tottelee **voiman/vastavoiman** lakia eli jokaisessa kaupassa on ostaja ja myyjä. Pörssilistauksen jälkeen osakkeen kurssille on muodostunut vaihteluväli, mikä on noin 10%:ia sekä ylös että alas eli noin 20%:in kurssivaihtelu.

Liikkeen jatkuvuuden lakia mukaillen pörssikurssi pysyy tässä vaihteluvälissä ennen kuin jokin voima vaikuttaa niin voimakkaasti, että jatkuvuus murtuu. Voiman koko on vähintään **kriittinen massa** eli joko ostajien tai myyjien määrä. Heidän käyttämänsä rahamäärät kasvavat kriittisen massan suuruiseksi ja kurssi lähtee liikkeelle. Liikkeen vaihtuvuuden laki vaikuttaa pörssikurssien liikkumisen samaan suuntaan.

Kurssimuutokselle on monta eri syytä. Pitkällä aikavälillä kurssi seuraa yrityksen menestystä. Lyhyellä aikavälillä se voi mennä minne vaan. **Evoluutio** vaikuttaa sekä ihmisiin että yritysten menestykseen. Seurauksena sijoittajat toimivat **ryhmäpaineen** alaisina seuraten **auktoriteetteja**. Evoluutio sanoo sopeutumiskykyisimpien pärjäävän parhaiten eli yrityksen menestys riippuu siitä kuinka se pystyy sopeutumaan nykytilanteeseen. Hilavitkutin on keksinyt Hilakeikuttimen, jonka ominaisuudet tukevat parhaiten myyntiä sen tuotekategoriassa. Ryhmäpaine on kasvanut auktoriteettien, kuten analyytikoiden tai huippusijoittajien suositellessa yritystä. Seurauksena pörssikurssi on rikkonut vaihteluvälin.

Hypätään tilanteeseen, missä pörssikurssi on noussut monta vuotta yrityksen menestyessä. **Korkoa korolle -ilmiö** on tehnyt aikaisin kyytiin hypänneille paljon rahaa. Tätä myötä viimeisimmätkin sijoittajat ovat alkaneet hehkuttamaan kuinka loistava sijoituskohde Hilavitkutin on. Kurssihuipulla vaikuttavat monet ajattelumallit, kuten äärimmilleen kasvanut **ryhmäpaine**, osaketta suosittelevat **auktoriteetit**, **kannustimet** helppoon rikastumiseen, **taipumus yhdistää asioita toisiinsa** eli kurssinousun yhdistäminen yrityksen hyvyyteen, aiemmin järkevän sijoituksen Hilavitkuttimeen tehneiden sijoittajien **taipumukset yliarvioida omia kykyjään** ja heidän toimiminen **liikkeen jatkuvuuden lain** mukaan eli uusien sijoitusten tekeminen yritykseen.

Kun lähes kaikki sijoittajat ovat hypänneet mukaan, alkaa osakkeen myyjien kriittinen massa olla sitä luokkaa, että kurssilasku lähtee käyntiin. Tämän myötä **psykologiset taipumukset** alkavat toimia kurssilaskun suuntaan. Kun myyjien kriittinen massa on suuri, vetää liikkeen jatkuvuuden laki yrityksen pörssikurssia alaspäin. Se tuleeko yrityksestä yhden hitin ihme on riippuvainen sen sopeutumiskyvystä. Kurssilaskun voi laukaista joko ulkoiset tekijät tai yrityksen omat toimet.

Hilavitkuttimen analysointi ajatusmallien avulla

Tähän mennessä ei olla puhuttu siitä miten selvittää Hilavitkuttimen hyvyys tai huonous sijoituskohteena. Tähän käytetään **kaksiosaista analyysia**. Sijoitusta tehdessä on aina mahdollisuus hävitä rahaa eli sijoittajan on pakko ottaa **riski**. Sijoitukselle pitää etsiä epäsymmetristä riski/tuottosuhdetta eli riskien on oltava paljon pienemmät kuin mahdolliset tuotot. Ennen kuin mennään analysointiin niin sijoitusta tehdessä on huomioitava **vaihtoehtoiskustannukset.** Sijoittajan pitää kysyä onko Hilavitkuttimen osakkeelle laskettu parempi riski/tuottosuhde kuin muille sijoituskohteille?

Sijoittaja voi käyttää **inversiota** ensimmäisenä. Hän voi määrittää paljon yrityksen tulisi vuosittain kasvattaa osakekohtaista tulostaan, jotta nykyinen arvostustaso olisi perusteltu. Hänen tulee arvioida kuinka vahvasti **korkoa korolle -ilmiön** tulee vaikuttaa tarkasteltavalla aikavälillä. Mikäli luku on posketon eli useita kymmeniä prosentteja pitkän ajan, on osake huono sijoituskohde, koska riski/tuottosuhde ei ole hyvä. Inversion käyttö on vasta ensimmäinen askel. Se ei kerro yrityksen tarkkaa arvoa. Se helpottaa ratkaisemaan sitä kannattaako analyysia jatkaa.

Mikäli saadut luvut ovat kohtuulliset, voi sijoittaja tutkia yrityksen kirjanpitoa tarkemmin pidemmältä aikaväliltä mikäli se on mahdollista. Tilinpäätöstiedot ovat pörssin listatuilla yrityksillä julkisia, joten niiden löytäminen on helppoa. Tilinpäätöstiedoista tulee sijoittajan seurata erityisesti **korkoa korolle -ilmiön** toteutumista eli kuinka monta prosenttia yritys on onnistunut nostamaan vuosittain osakekohtaista tulostaan, liikevaihtoaan ja osinkojaan pidemmällä aikavälillä. Niiden kasvu- tai laskuvauhtia tulee verrata sekä keskenään että yrityksen liiketoiminta-alan yleiseen kasvuvauhtiin. Lisäksi tulee ottaa huomioon miten korkoa korolle - ilmiö vaikuttaa yritykseen kassavarojen/lainojen muodossa. Onko velka**vipu** kohtuullinen ja tuottaako se kasvavia vai laskevia käteisvaroja.

Kirjanpidosta sijoittaja näkee myös yrityksen katteet eli minkä verran yritys tekee voittoa tai tappiota verrattuna liikevaihtoon. Suuret tuottomarginaalit ovat keskimäärin hyvä asia. Sijoittajan tulee miettiä voivatko tuottomarginaalit pysyä nykyisinä? Suojaavatko **immateriaalioikeudet,** kuten patentit tai tuotemerkit marginaaleja? Tarvitseeko yrityksen tehdä pääomavaltaisia sijoituksia liiketoimintaansa ja miten ne vaikuttavat katteisiin?

Mennään **psykologisten taipumusten** vaikutukseen eli kaksiosaisen analyysin toiseen osaan. Yksi merkittävistä yrityksen marginaaleihin vaikuttavista asioista on **ihmisten taipumukset yhdistää yksi asia toiseen**. Korkean laadun yhdistäminen tuotteisiin parantaa yrityksen hinnoittelukykyä. Ihmiset ovat taipumuksen myötä valmiita maksamaan enemmän. Myös **ryhmäpaine** vaikuttaa hinnoittelukykyyn eli suosituista tuotteista voi pyytää suurempia hintoja. Asiakkailla on **kannustimia** kuulua samaan joukkoon muiden kanssa. Yrityksen vahvat brändit nostavat saatuja tuottoja ja sitä myötä vahvoja brändejä myyvistä yrityksistä voi sijoittaja maksaa enemmän.

Psykologisten taipumusten ollessa kyseessä, tulee sijoittajan arvioida niiden vaikutusta myös yrityksen johtoon ja työntekijöihin. Ovatko johdon **kannustimet** kohtuullisia? Ovatko ne linjassa sijoittajan etujen kanssa ja aiheuttavatko ne mahdollisesti **kateutta/inhoa** työntekijöissä? Onko johtohenkilöillä tapa kertoa sijoittajille vain uutisia, joista he **tykkäävät?** Kertooko johto heti myös uutiset, joita sijoittajat **vihaavat** vai lykkääkö johto niiden kertomista siihen kunnes on pakko? Sijoittajan tulee myös arvioida onko johdolla **taipumus uskoa liikaa omiin kykyihin?**

Tässä pintaraapaisu kaksiosaiseen analyysiin. Jätän sinulle mahdollisuuden joko käyttää sitä tai unohtaa sen kokonaan. Kaksiosainen analyysi on tekijälle aikaa vaativa, mutta siitä saadut hyödyt ovat suuret. Sijoituskohteiden alkukarsinta täytyy tehdä nopeasti muutamaa ajattelumallia, kuten **vaihtoehtoiskustannuksia** ja **inversiota** käyttämällä. Sinun kannattaa kehittää itsellesi **järjestelmä** tätä varten. Huonokin järjestelmä toimii paremmin kuin se, että tekee kaiken aina eri tavoin. Järjestelmän tueksi kannattaa tehdä **tarkistuslista**, jonka käy läpi aina osakkeita analysoidessa.

2.6 Yhteenveto

Ajattelumallit ovat ideoita, jotka kertovat sinulle kuinka asiat toimivat. Ajattelumallit pysyvät kehityksessä mukana maailman muuttuessa nopeasti. Ne ovat pitäneet paikkansa tuhansia vuosia ja jotkut, kuten evoluutio, miljoonia. Monet ajattelumallit ovat syntyneet ihmiskunnan viisaimpien miesten, kuten Darwinin, Einsteinin tai Newtonin tavoista ratkaista heidän kohtaamiaan ongelmia. Ne voivat myös olla tieteellisiä tosiasioita, kuten liikkeen jatkuvuuden laki.

Ajattelumallit ovat voimakkaita työvälineitä. Niiden ymmärtäminen vähentää tarvettasi opetella asioita ulkoa. Sinä unohdat yli puolet ulkoa opettelemastasi tiedosta seuraavan kahden vuorokauden aikana. Sinä voit vähentää tarvitsemasi tiedon määrää opettelemalla ymmärtämään ajattelumalleja ja soveltamalla niitä jokapäiväisessä elämässäsi. Voit käyttää niitä myös muita kuin talouteesi liittyviä ongelmiasi ratkaistessasi.

Pelkkä ajattelumallien ymmärtäminen ei sinulle vielä riitä mikäli et käytä niitä hyväksesi. Sinun täytyy onnistua kehittämään ajatteluprosessi, jossa käytät oppimiasi malleja. Ne mahdollistavat oikeiden kysymysten teon. Vain laadukkaita kysymyksiä tekemällä voit saada laadukkaita vastauksia. Pelkkä tieto ajattelumalleista ei ole riittävä. Vaikka tieto on valtaa niin se ei riitä mikäli et osaa tai halua hyödyntää sitä. Ajattelumallien oppiminen tapahtuu toistojen avulla. Sinä opit hallitsemaan ajattelumallit käyttämällä niitä joka päivä. Kohtaat ajatusmalllien avulla ratkaistavia ongelmia joka päivä. Mitä paremmin hallitset ajattelumallit sitä vaikeampia ongelmia voit ratkaista.

Ajattelumallit ovat ensimmäinen osa kolmenn kohdan ketjua, jonka avulla päästään tuloksiin. Ajattelumallisi luovat sinulle tunteita, jotka saavat sinut toimimaan. Toiminnan tulokset ovat seurauksia edellämainituista asioista. Kaikki ketjun osat ovat tärkeitä, joten älä aliarvioi ajattelumallien hyötyjä.

Loppuun vielä lainaus Albert Einsteinilta:

"Et voi ratkaista ongelmiasi saman tasoisella ajattelulla, jolla loit ne."

3 PSYKOLOGIA

Sinulla on omat mielikuvasi siitä kuinka tärkeää raha sinulle on, mutta sen merkityksen ajatteleminen jää vähemmälle. Rahan roolin ajatteleminen on tärkeää, koska rahan yli- tai aliarvostus vaikuttaa sinuun alitajuisesti. Raha ei itsessään ole hyvä tai paha asia, koska se on tunteeton vaihdonväline, joka on sovittu yhteiseksi hyödykkeeksi. Rahan määrä ei ole suoraan verrannollinen hyvyyteesi tai huonouteesi.

Sinulla on myös psykologiset taipumuksesi, jotka vaikuttavat siihen kuinka käytät rahaa ja miten sen arvon näet. Ne vaikuttavat tiedostamattomaan toimintaasi rahan suhteen. Ne myös määrittävät pitkälti kuinka hyvin käytät ja ansaitset rahaa. Ympäristösi, esikuvasi ja taipumuksesi vaikuttavat rahankäyttötaitoihisi ja -tapoihisi. Taipumuksesi, taitosi ja tapasi ratkaisevat sen kuinka hyvin hallitset talousasiasi. Sinua manipuloidaan jatkuvasti käyttämällä taipumuksiasi hyväksi. Tässä luvussa opit hyödyntämään taipumuksiasi ja vähentämään niiden huonoja vaikutuksia.

3.1 Tarpeesi määräävät rahan arvon

Sinun tulisi arvostaa rahaa itsellesi sopivalla tavalla. Arvostus riippuu sinusta eivätkä muut voi kertoa sitä sinulle. Sinun tulisi käyttää rahaa vaihdonvälineenä siten, että saat sillä enemmän kuin sitä arvostat. Rahan hyödyntäminen on helpommin sanottu kuin tehty, koska et ehkä ole määrittänyt rahan merkitystä. Asian selvittämiseksi sinun on kysyttävä itseltäsi rahaan liittyviä kysymyksiä ja mietittävä vastauksia. Raha on yksilöllinen asia eikä samat vastaukset päde jokaiselle. Raha on oikein käytettynä hyödyllinen työkalu.

Tähän kaikkeen on olemassa poikkeus. Mikäli sinä olet parisuhteessa ja teillä on yhteiset rahat käytössä, tulee teidän molempien miettiä perustarpeitanne ja sovittaa ne yhteen. Toinen vaihtoehto on pitää tarpeet erillään ja miettiä kuinka paljon rahaa te tarvitsette niiden tyydyttämiseen. Sopikaa yhdessä asioista ja käykää läpi seuraavien kappaleiden asiat yhdessä.

Sinulla on perustarpeesi

Jokaisella on omat perustarpeensa, mutta niiden tärkeysjärjestykset voivat vaihdella. Sinun ei pidä katsoa toista ihmistä kieroon mikäli hänen perustarpeidensa tyydyttäminen tapahtuu toisin kuin sinun. Kun tienaat rahaa niin älä koskaan unohda syitä siihen. Syysi ovat tunteelliset halusi, jotka johtuvat tarpeestasi elää erityistä elämää. Kysy itseltäsi kuinka paljon tarvitset rahaa perustarpeidesi tyydyttämiseen.

Turvallisuus on tärkein perustarpeesi. Sinä haluat tietää mitä tapahtuu seuraavaksi. Haluat välttää kipua ja stressiä ja luoda itsellesi nautintoja. Sinä et halua tuntea olemassaoloasi uhatuksi. Turvallisuudentunteesi vaikuttaa tekemiseesi. Tunne parantaa suorituskykyäsi. Sinulla tulee olla sen verran rahaa ettet tunne oloasi uhatuksi. Toisille rahamäärä on suurempi. Sinun pitää miettiä itse paljon se sinulle on. Tunnet olosi turvalliseksi, kun sinun ei tarvitse miettiä riittävätkö rahat kattoon pääsi päällä, riittävään ravintoon sekä itsellesi että läheisillesi ja pystyt tarvittaessa liikkumaan paikasta toiseen. Kysy itseltäsi paljon tarvitset rahaa, jotta saat tyydytettyä turvallisuudentarpeesi eli asumisen, ravinnon ja liikkumisen?

Vaihtelu virkistää. Sinä pidät yllätyksistä kunhan ne ovat sinulle mieluisia. Sinä voit pitää epämieluisia yllätyksiä ongelmina. Sinä tarvitset vaihtelua, jotta tunnet eläväsi. Sinä voit hankkia vaihtelua niin rahalla kuin ilmankin. Saat sitä myös joskus haluamattasi. Saman asian ja ympäristön jatkuva toistuminen tylsistyttää sinut. Mieti tarvitsetko rahaa vaihtelun hankkimiseen. Voit saada sitä harrastuksistasi tai ihmisistä. Kysy itseltäsi ensin voitko tyydyttää vaihteluntarpeesi ilman rahaa? Jos tämä ei onnistu niin tee jonkinlainen arvio summasta. Sen ei tarvitse olla tarkka, mutta mieti puhutko tuhansista, sadoista vai kymmenistä euroista kuukaudessa.

Sinä haluat tuntea itsesi **merkitykselliseksi**. Haluat elämällesi tarkoituksen ja olla tärkeä. Voit tuntea itsesi tärkeäksi tuhlaamalla rahaa tai voit kituuttaa jokaista senttiäsi ja tuntea siten itsesi tärkeäksi. Suuret tulot voivat luoda tunteen merkittävyydestäsi. Todellinen tunne merkityksellisyydestä tulee sisimmästäsi. Ulkoiset puitteet, kuten raha eivät luo merkitystä. Sen etsiminen rahasta aiheuttaa onnettomuutta. Tähän tarpeeseen et juuri tarvitse rahaa.

Sinä haluat olla osa jotain **itseäsi suurempaa**. Palvelemalla itseäsi suurempaa asiaa tunnet yhteenkuuluvuutta muiden kanssa. Mikäli yhteisösi hylkii sinua, tunnet itsesi turvattomaksi. Voit haluta palvella yleistä hyvää maksamalla veroja tai voit tuottaa palveluita ja tuotteita, joita muut haluavat. Mieti itse miten palvelet suurempaa yhteisöä ja tarvitseeko sinun käyttää siihen rahaa.

Kasvu on yksi perustarpeistasi. Mikäli et kasva, ei sinulla ole muille tai itsellesi annettavaa. Haluat kasvaa ihmisenä ja päästä eteenpäin. Et tarvitse paljoa rahaa henkilökohtaiseen kasvuusi. Siihen pääset kehittämällä itseäsi joka päivä. Nykypäivänä uusien asioiden oppimiseen et tarvitse Internet-yhteyteen käytettävää rahasummaa enempää. Voit oppia uusia asioita tekemällä niitä ilmaiseksi. Varsinkin kirjastot ovat paikkoja, joita voit hyödyntää henkilökohtaiseen kasvuusi. Henkilökohtainen kasvusi kasvattaa rahamäärääsi mikäli onnistut hyödyntämään sitä. Mieti paljonko sinun pitää investoida kasvuusi vuosittain.

Antaminen tuottaa sinulle nautintoa. Tunnet itsesi tärkeämmäksi, kun annat jotain toisille. Tämä voi tarkoittaa neuvoja, rahaa tai muuta, jota toiset tarvitsevat. Usein neuvosi voivat olla huonoja, mutta tykkäät silti jakaa niitä muille. Antaminen on vaikeata, mutta välttämätöntä henkisen kasvusi kannalta. Tähänkään tarpeeseen et ehkä tarvitse rahaa, mutta voit joutua antamaan rahanarvoista aikaasi.

Kun olet selvittänyt paljonko tarvitset kuhunkin perustarpeeseesi rahaa, laske summat yhteen. Saat tulokseksi perustarpeidesi kustannukset. Sinulle voi riittää tuhat euroa kuukaudessa ja toisille kymppitonnikaan ei riitä. Rahantarpeesi on yksilöllinen. Tätä asiaa et voi kysyä muilta. Tyydytät omia perustarpeitasi ajattelematta. Sinä tyydytät ne valitsemalla asuin- ja työpaikkasi, päättämällä mitä ruokaa syöt tai mitä harrastuksia sinulla on. Suurin osa tekee miettimättä asiaa sen enempää. Keskimäärin perustarpeidesi tyydyttäminen onnistuu lyhyellä aikavälillä hyvin. Pidemmällä aikavälillä tilanteesi on toinen. Suurin sudenkuoppasi on se kuinka määrittelet itse tarpeesi. Ympäristön ja läheistesi tuottamat paineet voivat aiheuttaa vääristymiä. Sinulle on tärkeintä määrittää itse tarpeesi tai ollessasi parisuhteessa yhdessä partnerisi kanssa. Rikas elämä tyydyttää perustarpeesi. Se miten määrittelet ne, kertoo mitä sinun tulee tehdä tyydyttääksesi ne. Jotkut voivat tarvita kuudenkymmenen tunnin työviikkoja ja töitä toimitusjohtajana, kun toiset pärjäävät osa-aikatöillä parinkymmenen tunnin työviikkoja tehden. Jokainen toimikoon niin kuin itse parhaaksi näkee. Tärkeintä on olla itse tyytyväinen.

3.2. Rahan psykologia

Vain psykopaatit suhtautuvat tunteettomasti rahaan. He suhtautuvat muihinkin asioihin ilman tunnetiloja mikä tekee osan heistä vaarallisiksi. He ovat vähemmistö, joten tunteettomuuden vaikutusta ei kannata tarkemmin arvioida. Taloustieteilijöiden lanseeraama termi Homo Economicus, tarkoittaen ihmistä joka hankkii mahdollisimman suuren taloudellisen hyödyn, on myytti. Ihmiset eivät ole avuttomia rahan suhteen, mutta he eivät ole aina järkeviä olentoja. Suurin syy tähän on se, että ihmiseläimen evoluutio tarkoittaa suvunjatkamisen ja selviytymisen olevan etusijoilla. Suurin taloudellinen hyöty ja selviytymisvaistot eroavat usein toisistaan.

Rahan psykologia luvussa on tarkoitus osoittaa sinulle Homo Economicuksen myytti vääräksi ja selittää miten toimit raha-asioissa omia etujasi vastaan ja miksi. Lisäksi luku sisältää neuvoja siitä kuinka voit käyttää taipumuksia hyödyksesi. Psykologisten mallien ymmärtäminen auttaa sinua järkeistämään rahankäyttöäsi. Mallit ja niiden ymmärtäminen vähentävät ongelmiasi ja parantavat mahdollisuuksiasi pärjätä sekä henkisesti että taloudellisesti vähemmällä. Osiot tässä luvussa eroavat Homo Economicuksen toimintamalleista ja koskevat kaikkia.

Sinä näet asiat, kuten itse haluat ja kuvittelet hallitsevasi ajatuksiasi. Et ole jatkuvasti kuskin paikalla vaan ajelehdit päätöksestä toiseen. Samaan aikaan kuvittelet kontrolloivasi asioitasi. Teet ennustettavia virheitä. Ne johtuvat aistiesi tuottamista harhoista. Päätöksiä tehdessäsi et tee niitä aina todellisuuden mukaan vaan harhakuvien joita luot. Tämän seurauksena teet virheitä ja siksi et voi toimia, kuten Homo Economicus teoriat osoittavat.

Ihmiseläin on fysiologialtaan sopeutunut oloihin kymmeniä tai satoja vuosituhansia sitten. Niin myös sinäkin. Silloin suurimmat viholliset olivat petoeläimiä. Maailma on muuttunut viimeisen sadan vuoden kuluessa niin paljon etteivät aivosi ja ruumiisi ole sopeutuneet. Tämä heijastuu taloudenhoitoosi. Selviytymisvaistosi ovat sekä hyödyllisiä että haitallisia.

Olet suurelta osin ympäristösi uhri. Sinun täytyy hallita ympäristöäsi, jotta et sorru ylilyönteihin rahan suhteen. Sinun on ensisijaisesti muutettava ympäristöäsi ja mahdollisuuksiasi käyttää rahaa muuttaaksesi käytöstäsi. Tällöin on muistettava, että kuluttamisen helppous ja erilaiset maksuvälineet, luotot, hinnat, jne. toimivat päätöksiä muokkaavina tekijöinä. Teet kaikesta huolimatta suurimman osan talouspäätöksistäsi oikein. Huonoimmassa tapauksessa taipumuksesi tuottavat päätöksiä, jotka aiheuttavat ongelmia. Muut voivat käyttää taipumuksiasi hyväkseen parantaakseen omaa taloudellista tilannettaan.

3.2.1 Kaikki on suhteellista

Sinä vertaat kaikkea kaikkeen kaiken aikaa. Määrität itsesi sen suhteen mitä ympäristössäsi näet. Kun sinulla on jotain niin joku muu vertaa sitä omaansa. Oli kyseessä auto, vaimo, poikaystävä tai mikä tahansa asia. Raha-asioissa tämä tapahtuu ihmisten pitäessä elintasoaan samalla tasolla kuin ympäristönsä, ystävänsä tai perheensä. Kun joku hankkii uuden auton niin vertaat sitä omaasi.

Sinä olet erilainen. Tienaat eri määrät rahaa, taloudessasi voi olla eri määrä elätettäviä. Et voi ylläpitää samanlaista elintasoa eri elämäntilanteessa olevien ihmisten kanssa. Et tiedä totuutta siitä onko uuden auton hankkineella rahaa siihen. Voit olla varma vain omasta tilanteestasi. Sekin voi olla sinulle mysteeri, vaikka sen selvittämisen pitäisi olla itsestäänselvyys. Sinulle tärkein asia on oman tilanteesi selvittäminen, mutta olet voinut unohtaa sen kokonaan. Vertailu muihin on tähän yksi syy.

Kun ostat jotain niin suhteellisuus vaikuttaa. Vertailet sitä mitä saat ostettua jollakin rahasummalla. Millaisia ominaisuuksia on Applen ja Samsungin puhelimella, jotka ovat samanhintaisia? Löytyykö lähipiiristäsi niitä joilla on vertaamasi puhelimet? Kuinka tyytyväisiä he ovat niihin? Näyttääkö vihreä takkisi paremmalta kuin punainen? Tämä on osa normaalia ajatteluprosessia eikä siinä ole vikaa. Prosessi on hyödyllinen kokonaisuuden kannalta eikä sitä pitäisi tukahduttaa. Joskus päätöksentekoprosessi vääristyy suhteellisuuden mukaan.

Sinä vertaat sijoitustuottojasi muiden tuottoihin. Vertaat salkkuasi sekä paremmin että huonommin menestyneisiin tuttaviisi tai julkisuudessa esiintyviin sijoittajiin. Vertailet sisäisiä tuottoja ja muodostat niiden menestyksestä omat johtopäätöksesi. Sinä voit tehdä tämän lyhyellä aikavälillä mikä ei ole järkevää. Sijoitusten kurssit vaihtelevat lyhyillä aikaväleillä eikä niillä ole aina tekemistä yritysten menestystekijöiden välillä. Johtopäätöksesi ovat keskimäärin vääriä.

Berkleyn Yliopiston professori Terry Odean tutki yli 10000:n sijoittajan tilejä seitsemän vuoden ajan. Hän analysoi lähes 163000 eri kauppaa. Tutkimuksen lopputulos oli se, että myydyt osakkeet olisivat tuottaneet keskimäärin 3.2%:ia vuodessa paremmin kuin tilalle ostetut osakkeet. Kaikista aktiivisimmat kaupankävijät saavuttivat keskimäärin huonoimmat tulokset. Tekemättömyys on useammin viisaampaa.

Sijoitusrahastojen hoitajat vertaavat omia tuloksiaan indekseihin. Vertailuindeksin menestys on heidän tärkein vertailukohteensa. Indeksin tuotoista rahastot eivät saa poiketa paljon huonompaan suuntaan, koska todennäköisyys saada potkut kasvaa. Seurauksena osakerahastot tekevät kauppoja sinun kustannuksellasi keskimäärin indeksienmukaisilla tuotoilla. Sijoittaminen suoraan indeksirahastoihin on järkevämpää kulujen vuoksi.

Jos haluat myydä jotain niin sinun on tärkeää osoittaa tuotteesi tai palvelusi paremmuus vastaavaan verrattuna tai luotava sellainen mielikuva asiakkaalle. Mikäli haluat saada myytyä tuotteen niin paras tapa hyödyntää suhteellisuutta on tarjota pari vaihtoehtoa, joista tuote jonka haluat myydä on houkuttelevin. Pitämällä jonkin tuotteen hinnan korkealla voit myydä halvempaa paremmin, koska ihminen vertaa halvempaa tuotetta ja sen tuomaa arvoa kalliimpaan.

Koska vertaat itseäsi muihin, tulee sinun yrittää hyötyä heidän menestyksestään motivoimalla itseäsi parempiin saavutuksiin. Kun näet uuden auton naapurillasi, pyri hankkimaan sellainen tekemällä enemmän töitä tai keskittymällä tekemään asiat viisaammin. Älä osta uutta autoa vain sen vuoksi, että naapurillasi on sellainen. Pidä huoli siitä, että sinulla on varaa ostaa uusi auto. Käytä vertailua positiivisena motivointikeinonasi.

3.2.2 Häviönpelko

Kuvittele tilanne, jossa sinulle tarjotaan vedonlyöntiä, jossa sinulla on **50%:in mahdollisuus voittaa 110€:a ja 50%:in mahdollisuus hävitä 100€:a.** Ottaisitko vedon vastaan? Suurin osa meistä ei tutkimusten mukaan osallistuisi näillä mahdollisuuksilla vedonlyöntiin, vaikka vedon odotusarvo on positiivinen. Tämä johtuu ihmisten taipumuksista pelätä häviötä enemmän kuin arvostaa voittoa. Pitkällä tähtäimellä häviönpelon ylittäminen tuottaa vaurastumisen.

Kuvittele tilanne, jossa sinulla on **mahdollisuus hävitä varmasti 90€:a tai 90%:in mahdollisuus hävitä 100€:a.** Kumman valitset? Suurin osa meistä valitsisi tutkimusten mukaan jälkimmäisen vaihtoehdon. Odotusarvo on molemmissa vaihtoehdoissa sama. Sinä otat todennäköisesti suurempia riskejä välttääksesi häviön kuin voittaaksesi. Taloudellisessa mielessä tämä ei ole perusteltua, mutta asialla on merkitystä taistellessa elämästä ja kuolemasta.

Häviönpelkosi on seurausta siitä, että savannilla vuosituhansia aiemmin tappio tarkoitti todennäköistä kuolemaa. Sinä et kärsi tappioista samalla tavalla, mutta aivosi on viritetty pelkäämään niitä. Hävitty euro tuntuu sinusta pahemmalta kuin minkälaista iloa voitettu euro sinulle tuo. Lisäksi jokaisen hävityn euron vaikutus pienenee ja suurin tuska tulee ensimmäisestä. Sama pätee toiseen suuntaan.

Pelkkä ajatus luopumisesta aiheuttaa sinulle tuskaa. Tunteen vahvuus riippuu tavarasta ja henkilöstä erikseen. Toiselle jostakin tavarasta on helppo luopua ja toiselle vaikea tavaran ollessa sama. Yksi asia joka vaikuttaa paljon on tavaran hankkimiseen laitettu panostus. Toinen vaikuttava asia on se kuinka rakas ihminen on tavaran antanut. Sinä arvioit omistamasi tavarat lähes poikkeuksetta arvokkaammiksi kuin mitä ne ovat. Myydessäsi tavaroitasi pyydät niistä todennäköisesti enemmän rahaa kuin muut ovat valmiita maksamaan. Ostajalla ei ole yhtä vahvaa tunnesidettä tavaraasi kuin sinulla.

Luopumisen tuskan seurauksena monet asiat tuntuvat suuremmilta riskeiltä kuin mitä ne ovat. Näitä ovat mm. yrityksen perustaminen ja sijoittaminen arvopapereihin. Usein mahdollisuus menettää isoja rahasummia tuntuu suurelta riskiltä. Tämän takia mm. kasinot käyttävät pelimerkkejä ja pankit tarjoavat luottokortteja oikeiden rahojen sijaan. Tappion psykologinen vaikutus tuntuu pienemmältä. Elät maailmassa, jossa on vaikeampaa ajatella pidemmällä aikavälillä. Tappioiden tullessa toimit herkemmin nopeasti. Suuret voitot taloudenhoidossa tulevat pidemmällä aikavälillä.

Pidemmän tähtäimen suunnittelu on vaikeampaa, koska tappiot syövät henkistä kapasiteettiasi nopeammin. Seuraat tarkemmin mihin suuntaan sijoituksesi menevät, koska voit aiheuttaa itsellesi häviöntunteita sekunti toisensa jälkeen. Tunteesi voivat muodostaa sinulle paniikkireaktioita joiden vuoksi teet typeryyksiä.

Tappionpelkoasi käytetään hyväksi tarjoamalla "riskittömiä" tuottoja. Todellisuudessa ne tarkoittavat mahdollisten tuottojesi vähenemistä palkkioiden viedessä suhteellisesti suuremman osan. Tämä on luonnollinen asia, koska pääomanturvaaminen maksaa. Unohdat helposti vaihtoehtoiskustannukset tappionpelkosi vähentyessä. Riskittömiä tuottoja ei ole. Kaikissa tuotteissa on riskinsä. Yksi riskeistä on palveluntarjoajan konkurssi. Voit menettää kaikki rahasi. Sinun tulee aina etsiä mahdollisimman vakavaraisia palveluntarjoajia vähentääksesi tappioidesi riskiä.

Rahoitusmarkkinat ovat tällä hetkellä ainutlaatuisessa tilanteessa, koska korkomarkkinoilla keskuspankit pitävät huolta likviditeetistä. Tämä on nostanut korkotuotteiden hintoja mikä on tehnyt vähäriskisistä rahamarkkinatuotteista kalliita. Toisin sanoen riskittömyyden vaihtoehtoiskustannukset verrattuna mm. hajautettuun osakesalkkuun ovat korkeat.

Todellisten vaihtoehtojen puuttumisen vuoksi myös osakkeiden hinnat ovat korkeammat kuin mitä ne korkomarkkinoiden toimiessa olisivat. Tämä on johtanut siihen, että lyhyen aikavälin tuottoja hakevat tekevät parempaa tulosta kuin pitkää aikaväliä ajattelevat. Vääristymä ei jatku ikuisesti, koska keskuspankit eivät pysty manipuloimaan korkomarkkinoitakaan vuodesta toiseen ilman ongelmia. Tähän asti ne ovat siinä onnistuneet. Minulla ei ole vastausta siihen kauan nykymeno vielä jatkuu.

Sinä voit opettaa itsesi toimimaan rationaalisemmin, kun muut pelkäävät. Tämä ei ole helppoa, mutta se on mahdollista. Avuksesi sinä tarvitset ainakin matematiikkaa. Sinä voit laskea mikä on järkevää ennen kuin toimit. Sinun tulee keskittyä siihen, että mahdolliset tuloksesi ovat selkeästi suurempia kuin ottamasi riskit. Tätä myötä pärjäät pitkällä aikavälillä hyvin, vaikka välillä häviönpelkosi voittaisikin.

3.2.3 Ympäristönhallinta

Sinun on helpompi hallita ympäristöäsi kuin itseäsi. Ympäristösi vaikuttaa käyttäytymiseesi. Toimit helposti sen mukaan mitä se sinulle viestittää. Muokkaat käytöstäsi, jotta sopeudut paremmin ympäristösi sinulle luomiin vaatimuksiin. Tämä koskee asuinpaikkaasi, ystäviäsi, kollegoitasi tai naapureitasi.

Sinä reagoit ympärilläsi tapahtuviin asioihin eri tavoin kuin muut. Pyrit soluttautumaan ympäristöösi toimimalla samoin kuin se edellyttää. Sinä voit käyttää enemmän rahaa, kun eksyt ympäristöön missä rahantuhlaus on hyväksytty käyttäytymismalli. Muuttamalla asuinalueelle, jossa näet kalliimpia autoja, voit itsekin harkita sellaisen hankintaa. Asuinalueet voivat muuttua rikkaampien ihmisten paikoiksi ja siellä pitkään asuneet voivat muuttaa käytöstään ympäristön mukaan.

Ostoskeskukset lisäävät keskimääräistä rahankäyttöäsi. Houkutuksesi kasvavat. Voit mennä vaatekauppaan katselemaan ja yhtäkkiä huomaatkin ostaneesi jotain, jota et tarvitse. Sinun on vaikea väistellä houkutuksia ympäristöissä, joissa altistut ärsykkeille. Pidemmän päälle se on mahdotonta. Sinun on helppo taipua tunnepohjaisiin ratkaisuihin, kun ympäristösi tarjoaa niitä. Myös sähköiset ympäristöt vaikuttavat sinuun. Netin kauppapaikat tuottavat ärsykkeitä vähemmän, koska ne eivät tarjoa yhtä paljon niitä mm. äänimaailman muodossa kuin kauppakeskukset.

Sinun on helpompaa muokata ympäristöäsi kuin käyttää tahdonvoimaasi kieltäytyäksesi houkutuksista, joita vääränlaiset ympäristöt tuottavat. Vältä ärsykkeitä ostamiseen ostoslakossa eli vältä paikkoja, joissa niitä esiintyy. Sinun ei kannata mennä ostoskeskuksiin tai katsoa netin kauppapaikoista tarjouksia, kun rahasi ovat lopussa. Ikkunashoppailu ajaa sinut ostamaan tavaraa johon sinulla ei ole varaa tai tarvetta. Itselläni on taipumus ostaa kirjoja, joita en tarvitse tai jotka voisivat löytyä lähikirjastoista etsimällä. Ärsykkeiden välttely pätee myös muihin asioihin kuin rahankäyttöön. Dieettisi epäonnistuvat todennäköisemmin mikäli et luovu kotonasi olevista herkuista tai käyt karkkikaupassa.

Sinun tulee muokata ympäristöäsi hyödylliseksi. Tämä tapahtuu keskittymällä paikkoihin, joissa vietät eniten aikaasi, kuten kotiisi tai työpaikkoihisi. Sinun on parempi viettää enemmän aikaa ihmisten kanssa, jotka tuottavat positiivisia elämyksiä ja joiden rahankäytöstä voit oppia. Pyri viettämään aikaasi itseäsi viisaampien ihmisten seurassa. He tekevät sinut viisaammaksi huomaamattasi. Tekosi ovat samankaltaisia kuin ympärilläsi eniten pyörivien ihmisten teot. Tee siis mm. töitä vain itseäsi viisaampien kanssa. Sinun täytyy muistaa, ettei sinun kannata olla tekemisissä vain samanmielisten kanssa, koska silloin kykysi havainnoida uusia vaihtoehtoja surkastuu.

Sinun tulee asua sellaisessa ympäristössä, johon sinulla on varaa. Tee kotiisi vain hankintoja joihin sinulla riittävät rahat. Turhan ylellisyyden hankkiminen saa sinut toistamaan tapaa. Hankkimalla kalliit taulutelevisiot ja huonekalut saat itsesi laittamaan rahaa tavaroihin, joihin sinulla ei ehkä ole varaa. En sano etteikö sinun tulisi tehdä kodistasi viihtyisää vaan sinun tulisi tehdä se taloudellisesti kestävällä tavalla. Koska vietät kotonasi paljon aikaa, vaikuttaa se rahankäyttöösi myös muualla.

3.2.4 Ryhmäpaine

Ryhmäpaine tarkoittaa sitä, että määrität muiden ihmisten ajatusten kautta mikä on järkevää ja sopivaa. Älä aliarvioi ryhmäpaineen vaikutusta itseesi. Sen vaikutus on periytynyt vuosituhansien saatossa. Isompaan ryhmään kuuluminen oli edellytys selviytymiselle. Siihen kuuluminen on muodostunut psykologiseksi tarpeeksi. Selviytymisen kannalta sillä ei ole suurta merkitystä.

Kuluttamisesi helpottuu, kun näet miten muut ihmiset kuluttavat. Mitä suurempi väkijoukko on sitä suuremmat paineet sinulla on toimia samoin. Suuren väkijoukon toimien näyttäessä onnistuvan, seuraat heitä. Annat tippiä helpommin mikäli tippikuppi on täynnä. Sen ollessa tyhjä oletat ettei sinulla ole syytä antaa sitä. Mitä suurempi lauma kerääntyy yhteen sitä suuremmat odotukset sinulla on siitä, että he tietävät mitä tekevät.

Erityinen vaikutus ryhmäpaineella on silloin, kun pidät itseäsi samanlaisena kuin ihmiset joiden kanssa vietät aikasi. Ryhmädynamiikka muuttaa ihmisiä salakavalasti ja pidempään yhdessä olevat ihmiset muuttuvat homogeenisemmaksi ryhmäksi. Tämän takia työtoverisi, naapurisi ja läheiset ystäväsi voivat aiheuttaa alitajuisen tarpeen ostaa samoja tavaroita, kokeilla samoja elämyksiä ja hankkia samanlaisia ystäviä. Tämä saa sinut sopeutumaan ryhmään, mutta johtaa usein samanlaisiin kulutustottumuksiin.

Pidät ympäristössäsi tapahtuvaa käytöstä mallina, kun olet epävarma siitä miten pitäisi toimia. Oletat suuremman ryhmän tietävän enemmän kuin sinä. Kuvittelet heillä olevan kriittistä tietoa enemmän asiasta. Tällainen väkijoukko on usein väärässä, koska suuri osa ihmisistä on tehnyt saman havainnointivirheen aiemmin. Usein suosituimmat tavarat myyvät laadukkaampia tuotteita paremmin, koska ne ovat onnistuneet luomaan sosiaalisesti hyväksyttävän tuotteen. Tästä esimerkkinä IPhone. Pitkät ravintolajonot johtuvat samasta ilmiöstä.

Usein yritykset käyttävät tarkoituksellisesti taipumustasi mennä lauman mukana, luoden sosiaalisia todisteita tuotteidensa ja palveluidensa ylivertaisuuksista. Todisteet voivat olla lavastettuja, kuten televisiosarjojen aplodit. Tekaistut todisteet on suhteellisen helppo havaita. On olemassa kampanjoita, joissa ihmiset kehuvat tuotteen maasta taivaaseen. Tällöin esitetään kuvaa sokkotestistä, josta näytetään tuotteesta hyvät arviot ja leikataan huonot pois. Oletko koskaan törmännyt kirjankanteen, jossa olisi surkea arvio kirjasta?

Brändit saavat sinut helpommin ostoksille kuin vähemmän tunnetut merkit. Apple, Louis Vuitton, Coca Cola ja monet muut tuotemerkit saavat helpommin ostoksille. Näillä merkeillä varustetut tuotteet luovat sinulle paremman aseman muiden silmissä. Brändit luovat myös mielikuvan paremmasta laadusta. Sinulle tulee parempi mieli hankkiessasi brändituotteen ja tunnet sen olevan laadukas ilman todisteita. Käytännössä tämä tarkoittaa sitä, että brändituotteesta voi pyytää enemmän rahaa.

Suuren osan ajasta ihmisjoukot ovat oikeassa. Älä suhtaudu niihin vain negatiivisesti. Älä vältä ryhmäpaineen tuomia ongelmia erakoitumalla vaan ala aktiivisesti opettamaan itseäsi tunnistamaan hetkiä, jolloin väkijoukko on väärässä. Tällöin sinä hyödyt väkijoukkojen voimasta enemmän kuin kärsit. Suurimman osan ajasta sinä voit ajelehtia niiden mukana. Mitä suuremmasta päätöksestä on kyse sitä vähemmän sinun kannattaa etsiä sosiaalisia todisteita.

Voit käyttää laumanseuraamista hyväksesi, kunnes huomaat olevasi väärässä tai huomaat todisteiden olevan väärennettyjä. Pidä jatkuvasti mielessä mahdollisuus, että lauma on väärässä ja todisteet ovat väärennettyjä. Tämä ajattelutapa vähentää laumojen seuraamisesta tapahtuvia ongelmia elämässäsi. Pitkät jonot kauppaan voivat luoda sinulle mielikuvan siitä, että jokin asia on vähissä

Sosiaaliset todisteet ovat enimmäkseen hyödyllisiä, joten niihin ei kannata suhtautua suoraan negatiivisesti. Sinä voit käyttää niitä myös hyödyksesi. Kerää tekemisistäsi muiden tuottamia todisteita, joita voit käyttää itsesi myymisessä. Pyydä suosituksia edelliseltä pomoltasi hakiessasi työpaikkaa. Voit pyytää palautetta tyytyväisiltä asiakkailta myydessä tuotettasi. Sosiaaliset todisteet parantavat markkina-arvoasi. Älä vähättele niiden voimaa.

3.2.5 Auktoriteetti

Auktoriteetti tarkoittaa asemansa, tietojensa tai persoonansa takia kunnioitettua, arvostettua ja käskyvaltaista henkilöä tai hänen asemaansa. Sinulla on taipumus uskoa auktoriteetteihin. Vanhempasi ovat neuvoneet sinua lapsesta lähtien, opettajasi kertoivat kuinka asioihin piti suhtautua ja saat jatkuvasti neuvoja pomoltasi. Sinä alistut hierarkioiden alle. Yrityselämässä pomosi voi päättää asioista ilman, että uskallat olla eri mieltä. Sinuun on vuosikymmenien saatossa luotu syvä usko auktoriteetteihin. Tästä uskosta on vaikea irtautua, koska se on seurausta aivopesustasi. Jossain määrin aivopesu on ollut sinulle hyväksi, mutta mitä vanhemmaksi tulet sitä enemmän sinun tulee ajatella omilla aivoillasi.

Auktoriteetit ja niiden ilmeneminen voidaan jakaa kolmeen eri ryhmään:

arvonimiin, ulkoiseen olemukseen ja esineisiin. Nämä ryhmät voi yhdistää henkilöön ja niitä voi käyttää hyödyksi, jotta viesti tulee perille. On tutkintoja ja saatuja arvonimiä, joita käytetään vahvistamaan käsitystäsi toisesta. Sinä uskot helpommin niihin. Et ehkä uskalla kyseenalaistaa professorin opetuksia, koska hänellä on arvonimi. Se ei suoraan tarkoita tietämystä. Ammattitaito on asia, jonka pitäisi ratkaista uskotko asiaan tai mielipiteeseen, jota sinulle tarjotaan.

Vaatteet ja ulkonäkö vaikuttavat siihen kuinka suhtaudut toiseen. Uskot helpommin siististi pukeutuneeseen kauniiseen ihmiseen kuin resuisissa vaatteissa esiintyvään suttuiseen persoonaan. Pukeudu itsekin siististi ja myyntitilanteissa mieluiten aina samoin. Sinä voit uskoa myös univormuihin. Poliisien käskyt menevät paremmin läpi, kun heillä on univormut. Miehet puvuissaan voivat myydä sinulle helpommin sijoituspalveluita, koska sinulla voi olla käsitys siitä, että kalliit puvut tarkoittavat menestystä.

Myös esineet helpottavat viestin perillemenoa. Kallis auto tuo uskottavuutta, kun on tarkoitus myydä jotain kallista. Näistä kolmesta eri vaihtoehdosta esineet ovat vähiten käytetty. Niillä korostetaan enemmän omaa sosiaalista statusta kuin yritetään vaikuttaa muihin. Mikäli tarvitset esineitä parantaaksesi viestisi läpimenoa, pidä ne hyvässä kunnossa. Asiakkaasi voivat unohtaa viestisi mikäli heidän huomionsa kiinnittyy muihin asioihin.

Sinä voit käyttää auktoriteettien lisäksi antiauktoriteetteja yrittäessäsi levittää viestiäsi. Sinun on helppo näyttää ihmisille laitapuolen kulkija ja kertoa kuinka ryyppääminen ei kannata. Antiauktoriteettien käyttö on harvinaista, mutta niillä voi olla suurempi vaikutus viestien läpimenoon. Varoittavia esimerkkejä käytetään äärimmäisissä tapauksissa, mutta sinun kannattaa harkita niiden hyötyjä muutenkin.

Tuhannen taalan kysymys on se kuinka voit tunnistaa väärät auktoriteetit? Se ei ole yksinkertaista. Väärillä auktoriteeteilla on joitakin yhtäläisyyksiä. Keskimäärin he keskittyvät enemmän ulkoiseen olemukseen kuin omaan asiantuntemukseen. Väärät auktoriteetit puhuvat ympäripyöreitä asioita eivätkä ota kantaa suuntaan tai toiseen. Lisäksi he käyttävät termejä, joita heidän kohteensa eivät ymmärrä. He eivät joko osaa tai halua muuttaa niitä ymmärrettävään muotoon, koska asioiden yksinkertaisuus voi paljastaa sen etteivät he tiedä muita enempää.

Oikeiden auktoriteettien löytäminen ja heidän neuvojen uskominen tulee tärkeämmäksi, koska kilpailu kovenee. Elät maailmassa, jossa sinun on helppo saada tietoa alojen parhaimmilta ammattilaisilta. Entiset auktoriteetit, kuten opettajasi, vanhempasi ja talousasioissa pankkien palkkaamat sijoitusasiantuntijat antavat sinulle laadultaan keskinkertaista tietoa. Sinä voit saada tietoa nykypäivänä sijoittamisesta mm. Warren Buffettilta tai Peter Lynchiltä. Voit etsiä apua start-upin perustamiseen mm. Peter Thieliltä joka on ollut mm. PayPalin ja Facebookin taustalla tai Elon

Muskilta joka on mm. sähköautoja valmistavan Tesla Motorsin toimitusjohtaja ja yksi perustajista. Hän on ollut mukana myös muissa menestyksekkäissä start-upeissa, kuten PayPalissa.

Kaikilla heistä on todennäköisesti enemmän tietoa ja kokemusta kuin auktoriteeteilla, joihin uskot. Oikeita auktoriteetteja etsiessä kannattaa keskittyä henkilöihin, joilla on todisteita menestyksestä pidemmältä aikaväliltä. Pitempi aikaväli tarkoittaa mieluummin vuosikymmeniä. Älä usko yhden hitin ihmeitä. Tiedon laatu on oleellisinta. Etsi itsellesi parhaat esimerkit. Älä kopioi suoraan parhaita auktoriteetteja vaan mieti mitkä heidän ajatuksistaan ja teoistaan sopivat parhaiten persoonaasi tai tilanteeseesi. Heidän ajattelumallinsa ovat laadultaan ylivertaisia ja niitä hyödyntämällä omat tuloksesi paranevat.

Sinä voit auktoriteeteilta oppimisen lisäksi myös hankkiutua auktoriteetiksi mm. hankkimalla tutkinnon. Tämä ei vielä riitä, koska ylemmät korkeakoulututkinnot ovat niin yleisiä, että ne ovat kokeneet inflaation. Sinä voit harjoittaa itsesi niin hyväksi, että muut alkavat pyytämään sinulta neuvoja. Hyviä neuvoja antamalla tieto taidoistasi leviää ja saavutat pikkuhiljaa asemasi auktoriteettina. Sinun pitää itse levittää tietoa omasta osaamisestasi ennen kuin pääset tähän pisteeseen. Se tapahtuu tuottamalla korkealaatuista tietoa tai tekemällä asioita laadukkaasti. Molempi parempi. Älä pyri auktoriteetiksi mikäli sinulla ei ole osaamista. Valeauktoriteettina toimiminen kostautuu ennemmin tai myöhemmin.

3.2.6 Johdonmukaisuus

Sinulla on lähes pakonomainen tarve olla johdonmukainen tekemisiesi suhteen. Kun olet tehnyt valintasi, tunnet sekä henkilökohtaista että ulkopuolista painetta toimia johdonmukaisesti sen mukaan. Taipumuksesi johdonmukaisuuteen, on aivojesi tapa säästää energiaa. Sinä voit ajatella tätä myös liikkeen jatkuvuuden lain mukaan. Kappale pysyy paikoillaan tai liikkuu tiettyyn suuntaan, kunnes siihen vaikuttaa voima joka joko liikuttaa paikoillaan olevaa kappaletta tai voima joka tuottaa riittävän vastavoiman liikkuvan kappaleen pysähtymiseen tai suunnanmuutokseen. Sama pätee sinuun.

Sinä muutat harvoin tapojasi. Olet niiden orja. Sinun on helpompi estää huonojen tapojen muodostuminen kuin muuttaa vanhoja. Muutat harvoin johtopäätöksiäsi. Pidät kiinni identiteetistäsi ja tehdyistä sitoutumuksistasi. Muutat harvoin näkemyksiäsi siitä missä olet hyvä. Johdonmukaisuus seuraa mukanasi huolimatta siitä saatko todisteita sitä vastaan. Tunnistat helpommin muiden ihmisten taipumukset johdonmukaisuuteen kuin omasi.

Johdonmukaisuutesi on useimmin hyödyllinen ominaisuus, mutta samalla se on vaarallinen. Sinun on helppo unohtaa se ettei johdonmukaisuus aina vie eteenpäin. Johdonmukaisuus on alitajuntasi hallitsema sisäinen ominaisuutesi. Aivosi säästävät energiaa, koska sinun ei tarvitse tehdä tietoisia päätöksiä tai analysoida vastaanottamaasi tietoa. Aivosi sopeuttavat toimintaansa monimutkaistuvaan maailmaan. Johdonmukaisuus voi johtaa todellisuuden vääristymiseen.

Taipumustasi johdonmukaisuuteen voidaan käyttää hyväksi. Suuria sitoumuksia alustetaan pienillä pyynnöillä, joihin sinun on helppo sanoa kyllä. Pienet pyynnöt eivät ole niin tärkeitä kuin myöhemmin tulevat isommat. Yritykset voivat pyytää sinua puhumaan palveluistaan, vaikka kyseessä on yrityksen myyntitapahtuma. Tämän jälkeen olet johdonmukaisuutesi takia alttiimpi hankkimaan niitä. Yleensä tapaa käytetään lähinnä kalliimpien tuotteiden tai palveluiden myynnissä, koska halvempien tuotteiden katteet eivät sitä mahdollista. Sinun tulee miettiä tarkkaan jokaista pyyntöä mikäli haluat välttää johdonmukaisuuden hyväksikäyttöä.

Johdonmukaisuuden rooli tulee näkyviin, kun teet julkisen lupauksen toimia tietyllä tavalla. Lupaus vahvistaa toimintaasi identiteettisi vaalimisen kautta. Voit käyttää julkista lupaustasi hyväksesi, kun haluat saada tehtyä jonkin asian. Mitä useampi ihminen on ollut lupaustasi todistamassa sitä herkemmin sen pidät. Julkisia lupauksia tehokkaampi tapa vahvistaa johdonmukaisuutta on hankkia tai tehdä lupaus kirjallisena. Kirjallinen lupaus vaatii enemmän vaivannäköä kuin suullinen. Mikäli haluat, että joku toinen pitää lupauksensa, pyydä lupaus julkisesti kirjallisena. Mitä enemmän lupaaja näkee vaivaa sitä suurempi arvo sillä on hänelle.

Johdonmukaisuutesi yksi suurimmista vaaroista on se, että keskityt oppimiisi asioihin niin, että ajattelet vain yhdestä näkökulmasta. Tämä näkyy luovan ongelmaratkaisukykysi heikkoutena. Etsit ratkaisuja oman tieteenalasi ongelmiin vain omaasi pohtimalla, vaikka muita tieteitä hyödyntämällä voisit saada parempia ratkaisuja. Vältä liiallista johdonmukaisuutta kouluttautumalla laaja-alaisesti. Insinöörien tulee ymmärtää humanistien näkemyksiä monimutkaisten teknisten tuotteiden käyttöliittymistä. Toinen tapa välttää liiallista johdonmukaisuutta on muodostaa tapa, jossa yrittää aina todistaa olevansa väärässä.

Johdonmukaisuus on oikein käytettynä erinomainen asia. Sinä voit luoda hyviä tapoja, joiden avulla käytät johdonmukaisuuttasi hyväksi. Hyvät tavat, niiden luominen ja huonojen tapojen muuttaminen paremmiksi tuottavat sinulle suuren hyödyn johdonmukaisuutesi kautta. Samalla säästät energiaa, koska aivosi tarvitsevat tapojen muodostumisen ja toistojen jälkeen sitä koko ajan vähemmän. Oikeita tapoja hyödyntämällä kehität itseäsi paremmin. Toistot ovat ainut mahdollisuutesi kehittää johdonmukaisuuttasi.

3.2.7 Vastavuoroisuus

Vastavuoroisuus-periaate sanoo, että sinun tulee yrittää vastata sinulle tehtyyn myönnytykseen, palvelukseen, lahjaan, kutsuun tai muihin tekoihin. Ilman vastapalvelusta sinä rikot periaatetta ja se voi johtaa siihen, että palveluksen tehnyt henkilö hyljeksii sinua. Vastavuoroisuus on hyödyttänyt ihmiskunnan kehitystä siten, että olemme voineet luopua jostain meille tärkeästä, kuten ruoasta, suojasta tai energiasta ilman pelkoa ponnistelujemme tai resurssiemme menetyksistä. Ihmisyhteisöt tuskin olisivat kehittyneet tälle tasolle ilman vastavuoroisuus-periaatetta. Säännön rikkominen on johtanut yksilön hylkäämiseen omasta yhteisöstään.

Mikään ei ole ilmaista. Kun sinulle tarjotaan jotain ilmaiseksi niin takana on muu motiivi kuin hyväntekeväisyys, vaikka sellaisena asia usein esitetäänkin. Kun kaupassa tarjotaan maistiaisia niin toivotaan, että ihminen vastavuoroisesti ostaa ilmaiseksi tarjottua tuotetta. Kalliimpien palvelujen myyjät voivat tarjota sinulle, vähemmän arvokkaita pikkupalveluksia, kuten kahvi- tai ruokatarjoilua myydessään palveluita ja tuotteitaan kovalla hinnalla. Ilmaisnäyte on lahja mikä tarkoittaa sitä, että vastavuoroisuus-periaatteen mukaan sinulle tulee tarve antaa vastalahja. Ilmaisnäytteiden tai -lahjojen tarkoitus on saada sinulta suurempi vastapalvelus.

Vastavuoroisuus-periaate on tehokas tapa saada sinut tekemään jotain mitä et muuten tekisi. Sinulle muodostuva henkinen kiitollisuudenvelka voi saada sinut myöntymään sellaisen ihmisen pyyntöön, josta et edes pidä. Tämä ei tarkoita automaattisesti sitä, että tekisit aina vastapalveluksen, mutta se lisää sen todennäköisyyttä. Ilmaisnäytteiden ja -palveluiden saaminen ja niiden tekemisen menestys ei johdu vain siitä, että on helppo tuottaa vastapalvelus vaan myös siitä, että on vaikea kieltäytyä lahjoista. Kun ilmaisnäytteet ovat sellaisia etteivät vastaanottajat niitä halua, kumoutuvat vastavuoroisuuden vaikutukset.

Vastavuoroisuus-periaatetta käytetään usein ihmisten muiden psykologisten taipumusten kanssa. Yksi tehokkaimmista tavoista hyödyntää periaatetta on hyödyntää ihmisten taipumusta vastakohtaisuuksiin sen kanssa. Tämä tarkoittaa sitä, että sinulle pyritään tekemään kaksi toisistaan poikkeavaa pyyntöä, joista jälkimmäiseen pyritään saamaan myönteinen vastaus.

Hyväntekeväisyysjärjestön edustaja pyytää ensin yritykseltä kymmenentuhannen euron lahjoitusta. On selvää, että aika harva yritys tähän myöntyy. Ensin tulee kielteinen vastaus. Tämän jälkeen pyydettävää summaa lasketaan selvästi. Tällöin pyynnön vastaanottaja on saanut pyytäjältä myönnytyksen joka lisää pienemmän lahjoituksen saamisen todennäköisyyttä. Sama periaate toimii, kun menet ostamaan jotakin.

Myyjän kannattaa ensin viedä sinut katsomaan kalliimpaa tuotetta kuin mitä sinulle ollaan myymässä. Mikäli olet ostamassa uutta televisiota, kannattaa myyjän ensin viedä sinut katsomaan kallista tuotetta ja esitellä sinulle sitä. Tämä ei automaattisesti tarkoita sitä, että ostat halvemman tuotteen, mutta lisää sen todennäköisyyttä.

Tämä hanki ensin kieltäytyminen ja tee sen jälkeen myönnytys tekniikka toimii, koska se vihjaa hienovaraisesti sinulle, että on sinun vuorosi tehdä myönnytys. Toinen syy siihen miksi tämä toimii on taipumuksesi kontrastien tuottamaan vertailuun. Kun jälkimmäinen pyyntö on pienempi kuin ensimmäinen, toimii pyyntöjen välinen kontrasti tekijän hyväksi. Kontrastin toimimisen yksi syy on se, että tulet tyytyväiseksi saadessasi toisen osapuolen myöntymään näkemykseesi.

Vastavuoroisuus-periaatteen negatiivisten vaikutusten välttäminen ei onnistu aina, koska periaate on syvällä selviytymisvaistoissasi. Suurimman osan ajasta vastavuoroisuus toimii hyväksesi, joten älä näe sitä vain pahana asiana. Tuhannen euron kysymys tässä asiassa on se kuinka voit välttää vastavuoroisuuden negatiiviset vaikutukset talousasioidesi hoidossa. Ympäristösi hallinta on sinulle paras tapa. Sinun kannattaa välttää paikkoja, joissa joudut tekemisiin mm. myyntimiesten kanssa. Toinen tapa on se, että teet kotiläksysi etkä anna asiakaspalvelijan tarjota sinulle muita vaihtoehtoja. Sanot myyjälle mitä haluat ja pyydät päästä katsomaan sitä.

Kun olet keskittymässä isompaan asiaan, kannattaa sinun kieltäytyä Ilmaisnäytteistä tai -palveluista. Asuntolainaa tai muuta isompaa talousasiaa hoitaessa sinun kannattaa kieltäytyä ilmaisesta kahvista, pullasta tai vastaavista tarjoiluista ja keskittyä asiaan. Tämä voi tuntua mitättömältä asialta, mutta se ei ole sitä isoja päätöksiä tehtäessä. Kontrastin käytöltä suojautuminen ei ole helppoa, mutta sinun tulisi miettiä jokaista pyyntöä pitkään ennen myöntymistä. Tämä on helpommin sanottu kuin tehty, mutta sinun pitää pyrkiä siihen. Pomminvarmoja tapoja ei ole olemassa, eikä sinun kannata kieltäytyä kaikesta.

Vastavuoroisuus on enimmäkseen hyvä asia. Tuottamalla toiselle ihmiselle miellyttäviä kokemuksia, saat niitä todennäköisesti takaisin. Tuottamalla lisäarvoa saat todennäköisesti asiakkaan hankkimaan uuden tarjoamasi tuotteen tai palvelun. Kahden ihmisen tutustuttaminen toisiinsa, auttaa myös sinua kontaktien luomisessa. Vastapalvelusta ei kannata pyytää erikseen vaan luottaa siihen, että sellainen tulee. Jos pyydät vastapalvelusta erikseen, suhtautuu toinen siihen vastahakoisemmin.

3.2.8 Tykkääminen/vihaaminen

Sanot mieluummin niille ihmisille kyllä, joista pidät. Pidät enemmän ihmisistä, jotka tuovat sinulle hyviä uutisia ja vihaat niitä, jotka kertovat sinulle asioita, joista et pidä. Sinä uskot enemmän uutisia, joista pidät kuin niitä joista et pidä. Pitämiesi ihmisten vaikutus päätöksiisi toimii myös, kun kyseinen ihminen ei ole läsnä. Heidän suosituksensa aiheuttavat sinulle tarpeen hyödyntää niitä.

On selvää, että sanot niille ihmisille kyllä joista pidät. Se mikä ei ole yhtä selvää on se millaisista ihmisistä pidät. Heillä on yhtäläisyyksiä, kuten fyysinen viehättävyys, samankaltaisuus kanssasi ja heidän sinulle kertomansa kohteliaisuudet. Lisäksi sinulla on taipumus pitää enemmän ihmisistä, joiden kanssa vietät aikaa. Sinä aliarvioit usein fyysisen viehättävyyden vaikutusta kun mietit miksi joillakin ihmisillä on sinuun suurempi vaikutus. Tämä pätee molempiin sukupuoliin yhtä paljon. Sinä onnistut yhdistämään fyysisen viehättävyyden moniin sinulle tärkeisiin ominaisuuksiin, kuten älykkyyteen, lahjakkuuteen, ystävällisyyteen ja rehellisyyteen.

Fyysisellä viehättävyydellä ei ole suoraa yhteneväisyyttä minkään ominaisuuden kanssa. Viehättävät ihmiset saavat keskimäärin enemmän palkkaa ja heidät palkataan helpommin. He saavat myös viestinsä helpommin perille kuin muut. Myyntimiehet panostavat fyysiseen viehättävyyteen enemmän kuin monet muut. Fyysisen viehättävyyden lisäksi pidät enemmän niistä ihmisistä, jotka ovat kaltaisiasi. Samankaltaisuus voi olla myös fyysisten ominaisuuksien yhdistelmä tai tapa pukeutua samanlaisiin vaatteisiin. Pidät niistä ihmisistä enemmän, jotka omaavat samanlaiset elämänarvot, asuvat samassa ympäristössä tai omaavat samat harrastukset. Sinä hakeudut myös samankaltaisten ihmisten seuraan.

Myyntimiehet yrittävät löytää kanssasi yhteisen puheenaiheen ja voivat esittää omaavansa samanlaisen taustan. Lisäksi monet menestyvät myyntimiehet osaavat mukauttaa eleensä vastapuolensa mukaan. Sinun kannattaa muistaa, että samankaltaisuus voi olla esitystä. Se voi toimia myös negatiivisesti mikäli yhdistät samankaltaiset piirteet ihmisiin, joista et pidä.

Sinä pidät enemmän niistä ihmisistä, jotka osaavat kehua sinua. Sinä haluat tuntea itsesi älykkääksi, komeaksi tai muuten vain merkittäväksi. Haluat olla erityinen kuten muutkin. Toisen kehuminen toimii paremmin kuin luulet. Sinäkin pidät kehuista, vaikka ne eivät olisi totta. Sinä varmasti muistat ainakin kerran elämässäsi tunteneesi itsesi erityiseksi, kun olet saanut kehuja. Toisen ihmisen kehuminen nostaa todennäköisyyttä saada myytyä jotain hänelle. Liialliset kehut voivat saada mittasi täyttymään eikä ylenmäärinen kehuminen johda mihinkään. Harrasta kehumista säästeliäästi. Silloin kehuilla on positiivisempi vaikutus.

Et pidä niistä ihmisistä, jotka tuovat sinulle huonoja uutisia tai sanovat asioita, joista et pidä. Heidän ei tarvitse edes itse olla syypäitä. Et pidä ihmisistä, jotka sanovat sinulle ettei sinulla ole varaa johonkin tai kertovat ettet osaa hoitaa raha-asioitasi. Et pidä poliitikoista, jotka ilmoittavat ettei valtiolla ole rahaa maksaa sinulle niitä tulonsiirtoja, joita olet saanut. Et pidä ihmisistä, jotka kertovat sinulle suorien osakesijoitusten vaativan kovaa työtä. Sinä et pidä myöskään niistä ihmisistä, jotka kertovat sinun olevan huonompi sijoittaja tai olet tehnyt huonompia sijoituksia kuin luulet. Sinä et pysty täysin välttämään vääriä johtopäätöksiä, joita olet tehnyt, koska olet pitänyt toisesta. Fyysinen viehättävyys voi vaikuttaa sinuun niin voimakkaasti ettet näe metsää puilta, vaikka yrittäisit. Välttääksesi vääriä vaikutuksia sen takia, että pidät viestin tuojasta tai itse viestistä, on sinun keskityttävä tunteisiin joita ne/he herättävät. Kun huomaat innostuvasi viestistä voimakkaasti, tulee sinun miettiä sitä miksi pidät siitä niin paljon. Mikäli pidät viestintuojasta vain hetken tuttavuuden jälkeen, tulee sinun miettiä mitä sillä hetkellä tapahtuu. Kysy itseltäsi oletko innostunut liikaa sen takia, että olet kuullut tai nähnyt sen minkä haluat.

Tarjoamalla hyvää palvelua ja tuotteita tuotat lisäarvoa. Saat asiakkaasi tykkäämään sinusta. Kasvatat myyntiäsi. Huonosta palvelustasi tai tuotteestasi seuraa negatiivinen vastareaktio. Sinun on vaikeampi muuttaa huonosta palvelustasi muodostettu negatiivinen mielipide kuin positiivinen. Parhaat asiakkaasi ovat ne uskolliset, jotka maksavat palvelustasi yhä uudestaan.

3.3 Kuluttamisen psykologia

Kaikkea voidaan käyttää ja käytetään sinua vastaan. Lausahduksen tarkoitus on herättää sinut ymmärtämään, että kuluttaessasi rahaa sinun alitajuntaasi käytetään hyväksi. Sinä et pysty vastustamaan kaikkia ympäristön kuluttamiseen liittyviä impulsseja. Tällaisia superihmisiä ei ole. Tulet välillä omalta osaltasi hyväksikäytetyksi tehdessäsi kulutuspäätöksiä. Kuvittelet pystyväsi hallitsemaan alitajuntaasi, vaikka se on vahvempi kuin järjellinen puolesi.

3.3.1 Niukkuus

Niukkuus-periaate tarkoittaa asioiden olevan arvokkaampia, kun niiden saaminen on rajoitettua. Niukkuuden voima perustuu haluusi selvitä ilman tappioita. Sinut on helpompi motivoida keskittymällä tappioosi enemmän kuin hyötyysi. Tuotteitaan kauppaavat yritykset käyttävät hyväkseen mielikuvaasi tavaran saatavuuden vaikeudesta myydäkseen tuotteitaan parempaan hintaan.

Niukkuuden voima tulee kahdesta lähteestä: Ensimmäinen on taipumuksesi kehittää oikoteitä. Halutut tavarat edustavat niitä sinulle, koska oletat haluttavuuden tarkoittavan laatua. Toinen syy niukkuuden vaikutukselle on pelkosi vapaudenmenetyksestä. Tavaran loppuessa sinulta menee vapaus päättää kannattaako sitä ostaa vai ei. Tarpeesi säilyttää vapautesi saa sinut haluamaan tuotetta enemmän. Halu voi turmella päätöksentekokykysi.

Yksi tapa nostaa tuotteen hintaa on tehdä siitä harvinaisuus eli teettää tavanomaisesta tavarasta erikoispainos, jota myydään tietty määrä. Tämä voi nostaa mielikuvaasi siitä, että tuote on parempi kuin normaali. On totta, että harvinaisemmat asiat maksavat enemmän, mutta paremmaksi tuotteet eivät harvinaisuutensa vuoksi muutu kuin aivoissasi. Tähän kategoriaan kuuluu kauppiaiden tapa asettaa kaupanteolle takaraja. Tämä voi perustua siihen, että sinulle luodaan vain yksi mahdollisuus ostaa.

Niukkuus-periaate on rakennettu sisällesi. Aivotoimintasi kiihtyy ja sinussa voi esiintyä fyysistä kiihtyneisyyttä. Fyysiset reaktiosi sekoittavat pääsi ja antavat alitajunnalesi vallan. Opettele tunnistamaan tunnepohjainen reaktio ja luo itsellesi varoitusjärjestelmä. Niukkuudesta kärsivän tavaran omistaminen on tärkeämpää kuin sen käyttäminen. Saat siitä suurimman ilosi. Mieti miksi haluat tavaran. Mikäli kyse on statuksesta, on sinun muistettava ettei tavaran harvinaisuus vaikuta sen tuomiin hyötyihin tai sinulle luotuun arvoon rajoitetun saatavuuden vuoksi. Keskity hyötyihin miettiessäsi hintaa.

3.3.2 Yliarvioit omistustesi arvoa

Olet siitä kummallinen olento, että arvostat omistamaasi esinettä usein enemmän kuin pitäisi. Seurauksena keräät turhuuksia kaappeihisi ja pahimmassa tapauksessa tarvitset isomman asunnon. Tämän sijaan aliarvioit henkilökohtaisten suhteidesi ja haasteidesi merkitystä. Rakastat sitä mitä sinulla on ja pidät sitä arvokkaampana kuin ostohetkellä. Ostohetken jälkeen arvo kasvaa, vaikka järjellä ajateltuna arvon pitäisi olla sama. Mikäli alat myymään tavaraasi niin mietit heti muistojasi sen kanssa.

Sinä keskityt enemmän asioihin, joita voit hävitä kuin tavaranmyymisen hyötyihin. Laittaessasi tavaran myyntiin alat kärsiä tulevaa tappiotasi. Tappiosi mahdollisuuden vuoksi voit pyytää poskettomia hintoja. Kuvittelet toisten arvostavan tavaroitasi yhtä paljon. Kuvittelet heidän pystyvän hankkimaan yhtä suuren kiintymyksen tavaraasi ennen omistamista. Uskot samojen asioiden olevan yhtä tärkeitä muille. Kuvittelet tavaran tiettyä ominaisuutta, kuten puhelimen näyttöä muille yhtä tärkeäksi.

Tavaran arvo voi nousta mielessäsi kun laitat sen hankkimiseen, kokoamiseen tai korjaamiseen ison työpanoksen. Arvo on pienempi, kun sen kokoaminen ja käyttöönotto on helppo suorittaa. Yksi syy miksi IKEA:n huonekalut tuntuvat laatuunsa nähden arvokkaammilta, on vaikeutesi saada ne käyttökuntoon. Usein ikkunashoppailu tekee sinusta osaomistajan, vaikka et olisi maksanut senttiäkään. Tämä on yksi syy miksi mainokset tehoavat paremmin kuin uskotkaan. Hyvä tapa vähentää tavaroidesi määrää on markkinointiponnistusten pääsyn pienentäminen aisteihisi. Tämä tapahtuu vähentämällä medioille ja ostosparatiiseille altistumista.

Kyse ei ole vain luopumisen tuskasta vaan sinun on myös vaikeaa hankkia jotain vähemmän arvokasta tilalle. Tämä voi johtua tavaran hajoamisesta tai siitä ettei sinulla ole varaa kalliimpaan tavaraan. Sinä pyrit hankkimaan tai haluamaan jotain parempaa kuin mitä sinulla on ollut. Usein vanhempi tavara on parempi kuin uusi. Itse omistan vanhanaikaisen näppäinpuhelimen joka sopii paremmin kuin älypuhelimet siihen mihin puhelinta tarvitsen.

3.3.3 Hinnan vaikutus ostopäätöksiin ja saatuun arvoon

Sinulle on luotu mielikuva siitä, että hinnalla on merkitystä ja sillä usein onkin. Tässä ei ole mitään ihmeellistä. Oleellisempaa on se, että järjelläsi on usein pienempi rooli asiassa kuin kuvittelet. Alitajuntasi on usein se ajuri joka muodostaa mielikuvasi järjellisestä hinnasta ja jopa ostoksestasi saadun arvon. Kävin rahan psykologia osuudessa läpi sitä kuinka vertailet kaikkea ympärilläsi toisiin asioihin. Tuotteiden hinta kuuluu tähän kategoriaan. Sinä ankkuroidut tiettyyn lukemaan kun ostat tuotteen ensimmäistä kertaa.

Otetaan esimerkiksi nuori joka saa ensimmäistä kertaa kesätöissä palkkaa. Hän ostaa ensimmäistä kertaa tienatuilla rahoillaan uuden kännykän tai tabletin viidelläsadalla. Tämän seurauksena uutta kännykkää hankkiessaan nuori menee kauppaan ja todennäköisesti ostaa kännykän, jonka hinta on noin viisisataa. Tämä ankkurointiprosessi ei vaikuta vain seuraavaan ostopäätökseen vaan myös tulevaisuudessa.

Luot itsellesi odotuksia. Olet luonut mielikuvan ennen ostamista. Mielikuva vaikuttaa siihen paljon olet valmis maksamaan ja kuinka paljon tunnet ostoksen sinua hyödyttävän. Tämä tapahtuu lähes aina ja automaattisesti. Se vaikuttaa myös hinnan ollessa kallis tai halpa. Näet ja saat mitä haluat. Valitettavasti mielikuvat ovat usein väärässä. Sinä odotat kalliin hinnan usein olevan suoraan verrannollinen tuotteen hyvyyteen tai huonouteen.

Professori Dan Ariely kirjassaan ennustettavasti järjetön käy läpi kokeen, jossa yliopisto-opiskelijat ostivat energiajuomaa normaalilla ja alennetulla hinnalla. Tämän jälkeen opiskelijat nauttivat juomansa. Sen jälkeen heille annettiin viidentoista kohdan sanaristikko. Heidän piti ratkaista mahdollisimman monta kohtaa. Tulokset olivat seuraavat: normaalihinnalla energiajuoman ostaneet opiskelijat ratkaisivat keskimäärin yhdeksän kohtaa viidestätoista ja alennuksella juoman ostaneet kuusi ja puoli.

Ariely jatkoi koesarjaa: Hän testasi ihmisiä ilman energiajuoman nauttimista ja keskimääräinen tulos oli sama yhdeksän kappaletta. Energiajuomalla ei ollut vaikutusta. Tämän jälkeen asiaa testattiin lisäämällä seuraava tieto koeryhmien näkyville ennen koetta: Juomat kuten xxx parantavat aivotoimintaa, kuten sanaristikoiden ratkaisemista. Seurauksena oli se, että normaalihinnalla juoman ostaneiden tulokset paranivat keskimäärin 3.3:n tehtävän verran. Alennushinnalla tulokset paranivat 0.6:n verran. Tämä tarkoitti sitä, että viesti ja hinta vaikuttivat enemmän testattavien suorituskykyyn kuin juoma.

Ariely on tehnyt muita tutkimuksia joiden pohjalta on saatu johtopäätöksiä tavaroista saatuun hyötyyn, kun hintoja on muutettu. Voit muuttaa hintojen vaikutusta kokemuksiisi. Tämä vaatii sinulta tietoista prosessia. Mieti hinnan ja laadun suhdetta tarkoituksella. Mieti ostoprosessia etukäteen. Tämä tapahtuu parhaiten menemällä ostoskeskukseen silloin, kun olet jo päättänyt mitä ostat ja mihin hintaan.

Todisteet siitä, että hinnat vaikuttavat ostopäätöksiisi sotivat rationaalisen päätöksenteon mallia vastaan. Ihmisten ostohaluja on suhteellisen helppo manipuloida hintojen avulla. Niitä säätämällä yritykset pystyvät vaikuttamaan kulutuspäätöksiin. Pystyt joskus vaikuttamaan päätöksiisi, mutta se vaatii tietoista prosessia.

3.3.4 Ilmainen voi tulla kalliiksi

Köyhällä ei ole varaa ostaa halpaa ja vielä vähemmän hänellä on varaa ilmaiseen. Tämä voi sinusta kuulostaa kummalliselta, koska sinulla voi olla käsitys, että kaikki ilmainen kannattaa ottaa vastaan. Ilmainen tavara saa sinut hyppimään riemusta ja se tuntuu hyvältä. Elämäsi on täynnä valintoja ja kaikki niistä maksavat. Kun saat jotain ilmaiseksi niin kustannuksesi tulee muussa muodossa, kuten aikasi tai tilasi puutteena.

Mainitsin aiemmin rahan psykologia osiossa sinun pelkäävän tappioita, koska ne ovat tulleet toisenlaisessa ympäristössä kalliiksi. Ensimmäinen sentti tai euro on henkisesti kallein. Sen jälkeen tappio pienenee. Saadessasi jotain ilmaiseksi ei henkistä tappiota muodostu aivoissasi. Se tuntuu siksi hyvälle. Ilmaisen riemu on riippumatonta asiasta. Hyödyttömimmätkin tavarat voivat tuntua lottovoitoilta. Lahjat ovat hyviä sosiaalisen kanssakäymisen edistäjiä.

Ilmainen tavara tuntuu sinusta paremmalta kuin käteisen saaminen, vaikka käteismuodossa annettu raha onkin tehokkain tapa auttaa toista. Viettäessäsi säännöllisesti aikaa kahvilassa kavereidesi kanssa henkisesti pienintä tuskaa tuottaa tapa, missä jokainen maksaa vuorollaan. Jokaisen maksaessa erikseen kokonaistuskan määrä on suurempi. Ilmaisen tavaran kustannus tulee monessa eri muodossa, kuten tilasi ja aikasi menetyksinä. Ilmaiset ja isot tavarat voivat maksaa tilanmenetyksinä tuhansia euroja. Ajanmenetys tapahtuu usein jonottamisen seurauksena. Kun näet jonon niin kysy itseltäsi onko jonotusaikasi vaivansa väärti?

Voit kysyä itseltäsi minkä rahasumman arvoinen on yksi tunti elämästäsi. Sinä et saa aikaa takaisin, joten se on arvokkainta mitä sinulla on. Mikäli lyhyen hetken jälkeen ilmaisen jonottaminen tuntuu sinusta hyvälle idealle niin anna mennä. Ilmaiset tavarat joita tarjotaan isomman ostoksen yhteydessä voivat aiheuttaa virhehankintoja. Tällöin valinta tapahtuu kahden samanlaisen tavaran välillä. Jos vertaat ilmaista lahjaa ostoksen hintaan niin se on yleensä suhteellisen pieni. Muutaman elokuvan lisääminen television mukana ilmaiseksi voi kallistaa päätöksesi toiseen, vaikka toinen tuottaisi enemmän lisäarvoa.

Mikäli haluat myydä jotain muille niin ilmaisen lahjan lisääminen kauppaan tuottaa lisäarvoa tarjouksen vastaanottajan aivokopassa, vaikka se olisi ilmainen. Sinun on ymmärrettävä, että ilmainen on usein sitä vain nimellisesti. Asiakas maksaa aina kaiken tai yritys menee konkurssiin pidemmällä aikavälillä.

3.3.5 Muita tapoja vaikuttaa kuluttamiseesi

En ala käymään muita vaihtoehtoja tarkasti läpi, koska kirjan pääasia ei ole kulutuspäätöksiisi vaikuttaminen. Käyn läpi eri vaihtoehtoja. Sinä olet laiska eläin ja kauppiaille on tärkeää helpottaa taakkaasi tuomalla kaupaksi haluttavia tuotteita hyvin esille. Suurin osa parempikatteisista tuotteista on kaupoissa silmiesi korkeudella, jotta sinun on helpompi huomata ne. Huonompikatteiset tuotteet ovat piilossa.

Useimmiten ostetut tuotteet ovat mahdollisimman kaukana sisäänkäynnistä, jotta voit tehdä heräteostoksia raahautuessasi niiden luo. Tästä syystä helvetin esikartanon kokoisissa hypermarketeissa maitojen luo saa kävellä pitkän matkan.

Auktoriteettien hyväksikäyttö on yleistä vaikuttaessa ostopäätöksiisi. Tämä tarkoittaa tuntemasi menestyneen henkilön käyttöä mainostamisessa. Vielä paremmin tätä tehostetaan yhdistämällä henkilö tuotteeseen, josta on ollut hänen uralleen hyötyä. On helpompaa uskoa Teemu Selänteen juoneen maitoa kuin kaksikymmentä vuotta kaduilla majailleen Reiskan. Maito on siitä hauska esimerkki, että viime vuosikymmeninä sitä ovat mainostaneet mm. Matti Nykänen ja Ben Johnson. Ensimmäinenhän taisi huippuvuosinaankin juoda kaikkea muuta kuin maitoa ja toinen taas veti kemikaaleja suoniinsa, kuten muut juovat maitoa.

Kiihottuessasi sanot helpommin kyllä. Se vaikuttaa myös ostopäätöksiisi. Miehenä sinun on helpompi tehdä ostopäätös, kun kaunis nainen myy jotain verrattuna siihen kun samaa tuotetta myy DDR:n kouluttama naiskuulantyöntäjä. Naisena sinun on helpompi tehdä ostopäätöksesi, kun hyvin pukeutunut komea mies myy tavaraa verrattuna flanellipaitaisen, amisviikset omaavan ja pahalta haisevan myymänä. Viimeksimainittujen lisäksi voidaan mainita myyjän mukavuus, johdonmukaisuus ja vastavuoroisuus.

Sinua on helppo ohjata tekemään päätöksiäsi myyjien kannalta haluttuun suuntaan. Mahdollisuuksia on paljon ja taitavimmat myyjät käyttävät niitä. Kaikki asiat eivät päde kaikkiin eikä sinun tarvitse vältellä kaikkea. Sinun on hyvä olla tietoinen eri mahdollisuuksista, jotta et joudu pahimman hyväksikäytön kohteeksi. Kun kaikki tavat hyväksikäyttää ihmisten heikkouksia kuluttaa kerätään yhteen, voi niistä muodostua suuria ongelmia.

3.3.6 Ympäristönhallinta paras tapa hallita kulutusta

Sinä olet altis ympäristösi vaikutuksille. Tahdonvoimasi on niin riittämätön, että kun altistut riittävästi houkutuksille niin sinä repsahdat. Sinun on vältettävä turhia kulutusimpulsseja. Tämä ei ole helppoa, koska sinä voit välttää niitä vain sulkeutumalla kotiisi ilman tiedotusvälineitä. Nykymaailmassa onnistut siinä vain ollessasi omavarainen eli kasvatat ja keräät omat ruokasi ja teet omat pesuaineesi, jne. Tämä on nykymaailmassa järjetöntä, joten realistisempi vaihtoehto on kohtuullisuus.

Sinun ei ole helppo muokata ympäristöäsi vähempiä kulutusimpulsseja varten. Se ei koske vain paikkoja joissa käyt tai tiedotusvälineitä, joille altistut vaan myös ihmisiä joiden kanssa olet tekemisissä. Et pysty varautumaan kaikkeen. Liika kulutusimpulssien välttely johtaa siihen, että elämänlaatusi heikkenee. Se mikä on järkevää vaihtelee. Sinä et ole yhtä altis samoille impulsseille kuin toiset. Sinun täytyy tehdä omat johtopäätöksesi. Ympäristön vaikutukset voidaan jakaa kolmeen eri osaan: muihin ihmisiin, mainostamisesta tuleviin impulsseihin ja niihin paikkoihin joissa liikut. Nämä kaikki voivat yhdistyä.

Toisten ihmisten vaikutusten minimoiminen

Sinulla on valtaa päättää millaisten ihmisten kanssa olet tekemisissä. Et voi kontrolloida muiden liikkeitä, mutta omiasi voit. Sinulla on ympäristössäsi ihmisiä joilla on erilainen rahatilanne. Se miten he vaikuttavat elämääsi vaihtelee. Suurin ongelma on se, että vertaat itseäsi muihin. Asian tiedostaminen vähentää automaattisesti tarvettasi tehdä tiedostamattomia päätöksiä. Ne ovat seurausta seurastasi, joka käyttää rahaa sinua holtittomammin.

Sinulla on hetkiä heidän seurassaan, jolloin olet pahiten altis tekemään päätöksiä, joita et muuten tekisi. Itselläni heikkoja hetkiä tulee humalassa ja matkustamassa. Yksi syy siihen, että suosin matkustamista ilman seuraa on kulutuksen pysyminen hallussa. Se ei ole autuaaksi tekevä ratkaisu, koska matkustaessa tulee oltua harvoin kokonaan yksin. Sinun on vaikeampaa sanoa tuntemattomien kanssa ei tilanteille, joissa käytät rahaa enemmän.

Sinun tulisi ottaa asia esille seurasi kanssa. Tämä asia on vaikea, koska usein ihmiset eivät uskalla puhua rahasta. Tämä on sinulle välttämätöntä, jos sinulla on ongelmia liiallisen kulutuksen kanssa. Pienet hairahduksesi, joissa kulutat olemattomia summia rahaa eivät ole vaarallisia. Et pysty niitä täysin välttämään, vaikka yrittäisit. Jos sinulle tapahtuu hairahduksia usein tiettyjen ihmisten seurassa, on sinun vältettävä heidän seuraansa.

Markkinointi

Kulutuspäätöksiisi yritetään vaikuttaa joka suunnasta eri medioiden ja myyntimiesten osalta. Suurimmat vaikutukset tulevat pidemmällä aikavälillä. Teet harvoin suoria päätöksiä tietyn mainoksen vuoksi. Nykypäivänä markkinointi Internetin kautta on yleisin vaihtoehto tavallisten printtimedioiden, radion ja television roolien alkaessa pienentymään. Tämä trendi jatkuu tulevaisuudessakin, koska Internet on kustannustehokkain vaihtoehto. Markkinointi-impulssien vähentäminen ei ole sinulle vaikeaa, vaikka se vaatiikin omatoimisuuttasi. Impulssien radikaaliin vähentämiseen ei mene kauaa.

Internetin lisäksi suurimmat markkinointi-impulssien syöttäjät ovat mediat, kuten televisio ja radio. Näistä kahdesta televisio on tehokkaampi, koska se tuottaa sekä näkö- että äänihavaintoja aisteillesi. Paras tapa on pitää televisio suurimman osan ajasta suljettuna tai luopua siitä kokonaan. Omien kokemusteni mukaan suurin osa ihmisistä altistuu eniten radiomainonnan vaikutuksille työpaikallaan. Tämä voi olla ongelma, koska kaikki eivät saa valita työympäristöään.

Monet julkisorganisaatiomme jakavat tietojasi korvausta vastaan mikäli et sitä kiellä. Niitä ovat mm. Ajoneuvohallinto ja väestörekisteri keskukset. Väestörekisterikeskus jakaa tietojasi lähinnä yrityksille. Ajoneuvojesi tiedot ovat ostettavissa ajoneuvohallintokeskukselta. Väestörekisterikeskuksen tietojen luovutuskiellon voit rekisteröidä osoitteesta www.vaestorekisterikeskus.fi. Ajoneuvojesi ja osoitteesi luovutuskiellon voit tehdä osoitteessa www.trafi.fi.

Puhelinmyynnin lopettamisen voit suorittaa asiakkuusmarkkinointiliiton Robinson-palvelusta. Jotkut puhelinmyyjistä eivät kieltoa aina noudata. Suurin osa puhelinmyynnistä loppuu. Robinson-palveluun voit liittyä soittamalla seuraavaan numeroon: 0600 13404. Puhelu maksaa 0.39€+pvm. Palvelu on voimassa kolme vuotta. Voit irtisanoutua myös nimellä lähetettävästä suoramarkkinoinnista pyytämällä lomakkeen postista. Esto on voimassa kolme vuotta.

Lisäksi sinä voit estää kotiin kannetun mainospostin laittamalla oveen "ei mainoksia" lapun. Pyyntö velvoittaa postinkantajan jättämään jakelematta mainoskirjeet, joissa ei ole saajan nimeä. Internetin kautta tulevan markkinoinnin vaikutusten vähentäminen tapahtuu hankkimalla ohjelmia, jotka tuottavat mainosestoja. Internet-markkinoinnin vaikutusten vähentäminen on omien toimien varassa. Mikäli tilaat jatkuvaa uutispostia tai satut klikkaamaan voin vastaanottaa mainoksia kohdat, et välty siltä. Pystyt parhaiten vähentämään sähköpostijätettä jättämällä uutiskirjeet tilaamatta.

Ympäristön vaikutusten välttäminen

Sinun ei kannata mennä ostoskeskuksiin vain hengaillaksesi siellä mikäli haluat vähentää kulutusimpulsseja. Sinulla on ongelmakohtasi, kuten minullakin rakkauteni kirjoja kohtaan. Minulle voi tarttua niitä mukaan käydessäni kirjakaupassa, vaikka minulla ei olisi aikomusta ostaa mitään. Toisilla ihmisillä kyseessä voi olla vaatteet, tekniset vempaimet tai urheiluvälineet.

Yksi paha hetki mennä käymään ostoskeskuksissa tai erikoiskaupoissa on tilanne, jossa verensokeri on alhaalla. Tämä lisää impulsiivisia ostospäätöksiä ja koskee muitakin tilanteita kuin ruokakaupassa käymistä. Tahdonvoimamme on rajallinen. Mitä enemmän altistat itseäsi huonojen päätösten tekemiselle sitä varmemmin niitä teet. Verensokerin ollessa alhaalla tahdonvoimasi on vähissä. Älä mene väsyneenä kauppoihin ja varsinkaan niihin, jotka ovat heikkoja kohtiasi.

3.4 Yhteenveto

Tunteet ovat tuloksentekoketjusi toinen osa. Ensimmäinen osa on ajattelu, josta seuraa tunteita. Usein ajattelusi jää vähemmälle ja tunteesi ottavat vallan. Seurauksena on tuloksia, joihin tunteesi vaikuttavat. Ne ovat useimmin oikeassa, mutta välillä myös väärässä. Tunteesi ovat oikein hyödynnettynä tehokas työkalu. Väärinkäytettynä ne voivat viedä sinut pahasti metsään. Sinulla, kuten kaikilla muillakin ihmisillä on psykologisia taipumuksia, joita voit joko käyttää hyväksesi tai kärsiä niistä.

Sinulla on perustarpeesi. Ne ratkaisevat kuinka paljon vähintään tarvitset rahaa pystyäksesi tyydyttämään ne. Pienin kuukaudessa tarvitsemasi rahasumma on perustarpeidesi tyydyttämiseen menevä määrä. Perustarpeisiisi kuuluvat mm. turvallisuus, vaihtelu ja kasvu. Harva keskittyy vain perustarpeisiinsa ja sinäkin tarvitset sen vuoksi todennäköisesti enemmän rahaa.

Psykologiset taipumukset esiintyvät harvoin yksittäisinä ilmiöinä. Toimiessasi sinuun vaikuttaa useampi taipumus. Sinuun vaikuttaa moni asia ympäristössäsi. Lähipiirisi sekä kotona että työpaikalla tuottavat sinulle tarpeen toimia, kuten hekin tai heidän halujensa mukaan. Ajattelemalla etukäteen taipumustesi vaikutuksia, hyödyt niistä paremmin. Tällöin pienennät muiden mahdollisuuksia hyödyntää taipumuksiasi väärin.

Nykyajan yhteiskunta on luotu kuluttamista suosivaksi. Sinua piiritetään jatkuvilla impulsseilla, jotka kehottavat sinua kuluttamaan. Ne tuottavat sinulle tunteita, joiden myötävaikutusten vuoksi voit ostaa tavaraa, jota et tarvitse. Et voi välttää kaikkia impulsseja, mutta voit vähentää niiden vaikutusta opettamalla itsesi toimimaan niitä vastaan. Kaikessa voit käyttää hyväksesi psykologisia taipumuksiasi. Voit käyttää niitä myös yleisen hyvän luomiseen. Käytä taipumuksia siten, että kaikki voittavat.

4 TULOT

Rahan ja sen psykologian jälkeen sinun onkin syytä miettiä kuinka saat tienattua sen verran rahaa, että sinulla on sitä tarpeeksi sekä nyt että tulevaisuudessa. Rahan määrää mitataan usein määrällisin termein. Sinun tulisi ajatella määrällisten termien sijaan rahaa suhteellisin termein, koska rahaa tulee sinulle harvoin automaattisesti ilman työtäsi ja siihen käytettyä aikaasi.

$$ROI = \frac{Tuotto}{Panostus}$$

Kaava 2 Suhteelliset tulot

Suhteelliset tulot tarkoittavat sitä, kuinka paljon tienaat rahaa verrattuna työaikaasi. Työ tarkoittaa osaamisesi ja aikasi vuokraamista muille. Olit työntekijä tai yrittäjä. Mitä enemmän osaamisellasi on käyttöä ja mitä harvemmalla joukolla sitä on tarjota halukkaille, sitä enemmän voit siitä pyytää. Suhteellinen tulosi kasvaa. Ajankäyttöä lisäämällä suhteellinen tulo ei nouse ja hyötysi ei kasva. Keskity enemmän tuottojesi kuin panostuksiesi lisäämiseen.

Tulosi voidaan jakaa aktiivisiin ja passiivisiin ponnistelujesi mukaan. Aktiiviset tulosi ovat niitä, jotka tienaat työnteollasi. Ansaitset passiiviset tulosi laittamalla alkupanostuksen, jonka jälkeen odotat. Passiivisten tulojen rooli on tärkeä, koska sinulla on rajallinen määrä aikaa. Ne vaativat aikaisemman työpanoksen. Sinun on tärkeätä muistaa tämä asia, koska kuvitelma rahan tippumisesta taivaasta on väärä. Joku muu on tienannut perintösi tekemällä työtä, joten nekään eivät tule ilmaiseksi. Passiiviset tulot vaativat keskimäärin pidemmän aikavälin kuin aktiiviset. Ne usein moninkertaistuvat vasta vuosikymmenien saatossa. Monien rikkaiden sukujen rahat ovat kerääntyneet vuosisatojen aikana. Suurimmalla osalla on yksi tulonlähde. Se on päätoiminen työ. Yksi ainut tulonlähde on liian vähän. Sinä tarvitset useampia tulonlähteitä ja suurimman osan niistä tulisi olla passiivisia. Passiiviset tulosi ovat aluksi pienet. Niiden rooli kasvaa ajan myötä. Koska passiiviset tulonlähteet ovat aktiivisen työsi tuloksia, on sinun ensin tehtävä työtä tulojen hankkimiseen. Sinä voit saada passiivisia tuloja tuotteistamalla aktiivisia tulonlähteitäsi.

4.1 Aktiivinen tulo

Aktiiviset tulosi voidaan jakaa kahteen eri luokkaan. Ne ovat työskentely itsellesi omassa yrityksessäsi ja työskentely muille. Tulonlähde on yleensä joku muu kuin sinä itse, vaikka voitkin maksaa itsellesi palkkaa. Nyrkkisääntönä aktiivisessa tulossa on se, että Suomessa jokaista euroa kohtaan on tienattava vähintään kaksi, jotta kannattaa maksaa palkkaa. Tämä johtuu suurimmaksi osaksi siitä, että nykyjärjestelmässä tulee mm. eläke- ja sairasvakuutusmaksuja työnantajan maksettavaksi palkan lisäksi. Kun otat huomioon, että palkkaamisestasi on muitakin kuluja niin se tarkoittaa sitä, että palkkasi noustessa sata euroa täytyy tuottamasi lisäarvon nousta kaksisataa. Todellisuudessa pienempi osa palkansaajista tuottaa suurimman osan lisäarvosta. Se tarkoittaa sitä, että heille voisi maksaa paljon enemmän ja suurinta osaa ei kannattaisi palkata ollenkaan.

4.1.1 Joku vetää sinulta ison osan välistä

Suurin ongelma työskentelyssäsi muille on se, että joku muu vetää välistä suuren osan, kun kuulut lisäarvontuottajiin. Nykyajan tietotyöläinen vuokrataan työnantajan toimesta asiakkaille. Hänen tuntipalkkansa oletetaan kolmeksikymmeneksi euroksi, jonka työnantaja maksaa. Toiset kolmekymmentä euroa menee sivukuluihin. Tämä kuusikymmentä euroa on se minimi millä sinua voi harkita vuokrattavaksi.

Nykyajan tietotyöläistä vuokrataan vähintään sadalla eurolla, koska kapitalistit haluavat voittoa. Raha on lähempänä sataaviittäkymppiä kuin satasta ja se on moninkertainen summa, jos vertaa siihen mitä sinä saat. Tästä lähtee vielä kuluja, joita yritykselle vuokraamisestasi tulee. Tehottomat työntekijät ovat suuri kuluerä. He vaikuttavat siihen miksi sinun vuokraamisestasi pitää saada suuri summa rahaa. Mikäli työskentelet itsellesi niin suurempi osa valuu taskuihisi. Sinun on huomioitava sivukulut myös työskennellessäsi itsellesi.

Tämän lisäksi sinun on hyvä muistaa ettei arvoasi mitata vain rahassa. Valitettavasti henkistä arvoa työpaikalle on vaikea määrittää. On vaikea mitata uuden työntekijän henkistä panosta työpaikan hyvinvointiin ja sitä kautta työtehokkuuteen. Ainoa määre, mikä pystytään mittaamaan on rahasumma, jonka myyntimies tai vuokratyöläinen tuo yritykselle. Henkistä lisäarvoa on vaikea määritellä. Lähes aina on kyse arviosta. Se ei ole tarkka määre vaan mielipide, joka voi vaihdella tekijän näkökulmasta ja siitä kuinka paljon sinusta pidetään.

Toinen asia mikä tökkii muille työskentelyssä on myös se, että et usein voi päättää miten aikasi käytät. Tämä asia on suurin syy miksi en ole hypännyt oravanpyörään. Muille työskennellessäsi olet heidän armoillaan ja tämä pätee yrittäjänä työskentelemiseen ja siihen, että maksat palkkaa itsellesi. Yksi suuri ero on siinä, että itsellesi työskennellessäsi olet vastuussa useammalle ihmiselle kuin pomollesi, mikäli sinulla on monta asiakasta. Tämä ehkäisee joutumista sellaisen ihmisen armoille jota ei kiinnosta sinun asiasi.

Yksityisyrittäjänä ja itsellesi palkkaa maksavana voit paremmin hallita sitä kenelle työtä teet. Mitä suuremmasta yrityksestä on kyse sitä vähemmän se sinusta välittää, olit alihankkija tai työntekijä. Suurin osa pomoista miettii lähinnä sitä miltä alaiset saavat heidät näyttämään. Varmat työpaikat ovat harvinaisia. Ennen turvallinen julkinen puoli alkaa olla siinä tilassa ettei epävarmuudelta välty kukaan. Sinun ei kannata tuudittautua paikkasi säilymiseen vaan panostaa ammattitaitoosi. Yksityisellä puolella tasaiseen tahtiin tulevat yt-neuvottelut ovat arkipäivää suurelle osalle työntekijöistä. Pelkkä ammattitaitokaan ei ehkä riitä mikäli työpaikastasi päättävä pomosi tai hänen pomonsa eivät arvosta sinua tai pidä sinusta.

4.1.2 Suhteellinen hyöty tärkein

Kyseessä on työhön käytettävän ajan ja siitä saatavan hyödyn suhde. Usein hyötyä mitataan rahassa, mutta sinun on huomioitava myös muita asioita, kuten työn mielekkyyttä. Mielekkyys on yksilöllinen asia, joten sinun tulee itse muodostaa käsityksesi siitä.

Työllistämällä itsesi keräät hyödystä suuremman osan itsellesi ja muille tehdessä joudut usein luovuttamaan ajastasi saamaasi hyötyä väliportaille ja yrityksen omistajille. Suhteellinen hyöty Suomessa vähenee myös verottajan ottaessa suuremman osan palkasta mikä tulee lisääntyneen työajan tai palkan myötä. Sinun on tuotettava muille työskennellessäsi enemmän kuin työnantajan investointi palkkaan ja työllistämisen sivukuluihin tai vakuutettava työnantajasi omasta panoksestasi.

Harvat työntekijät tuottavat suurimman hyödyn. Mikäli aiot säilyttää paikkasi nykyisen kaltaisessa taloustilanteessa, tulee sinun kehittää itsesi korvaamattomaksi tekijäksi. Asian sisäistäminen on vaikeaa. Se usein kostautuukin työpaikan menettämisenä. Työnantajat voivat olla myös huonoja valitsemaan kuka joutuu lähtemään, joten älä oleta olevasi korvaamaton. Sinun erinomaisuutesi voi olla muille tunnistamaton käsite.

Yksi tapa parantaa työstään saatua suhteellista hyötyä on työajan lyhentäminen etätöiden avulla. Paikasta riippuvaisessa työssä tämä ei ole mahdollista. Etätöiden lisääminen on mahdollista tietotyöläisille, koska työnsä voi usein hoitaa saapumatta työpaikalle. Jotkin työnantajat tätä jo suosivatkin, mutta Suomessa tämä on liian vähäistä. Etätyöt ovat usein neuvottelukysymys ja niistä sopiminen voi vaatia koeajan. Sinun on käytettävä se tehokkaasti, koska etätyön hyötyihin on työnantajilla usein nihkeä asenne. Harjoittele etätöiden tekemistä ennen koeaikaa, jotta työnantaja saa siltä hyviä tuloksia.

Älä jätä tilaa epäonnistumiselle, koska toista koeaikaa voit joutua odottamaan kauan. Olet paremmassa neuvotteluasemassa hyvien tulosten jälkeen, kun keskustelet jatkosta. Suorita jatkossakin etätyösi ilman häiriöitä ja tee tarpeelliset asiat tehokkaasti. Työnantajat eivät anna mahdollisuutta mikäli ne eivät saa suurempaa hyötyä kuin normaalityöstä.

Etätöiden hyödyt näkyvät parhaiten mahdollisuudessasi keskittyä tärkeimpiin töihisi ilman keskeytyksiä. Keskeytykset tarkkuutta vaativissa työtehtävissä aiheuttavat pakollisen uudelleenkeskittymisesi tehtävään, mikä voi kestää jopa 45 minuuttia. Tämä johtuu aivojesi uudelleenohjelmoinnista, mikä vaatii aikansa. Tämä riippuu työtehtäviesi vaativuudesta. Turhat keskeytykset vievät tutkimusten mukaan jopa neljänneksen työpäivästäsi. Niiden eliminointi etäpäivänä vähentää keskimäärin kaksi tuntia normaalin työpäiväsi pituudesta. Sinun tulee löytää paikka, jossa keskeytyksiä ei tule. Tämä ei ehkä ole sinulle oma kotisi, koska siellä on häiriötekijöitä, jotka ovat usein itseaiheutettuja. Lapset, puolisot, ja lemmikit aiheuttavat yhtä paljon keskeytyksiä kotonasi kuin muut ihmiset työpaikallasi.

Toinen mekanismi, joka parantaa etätöiden teossa suhteellista hyötyäsi on se, että voit itse valita työtehtäväsi ja tehdä ne silloin, kun parhaiten sopii. Voit karsia turhuudet pois, kun saat itse valita tekemisesi. Vältyt turhilta kokouksilta etätöissä helpommin kuin työpaikallasi. Etätöissä sinun ei tarvitse keskittyä muiden tarjoamiin vähemmän hyödyllisiin työtehtäviisi, kun olet tehokkaimmillasi. Tämä pätee niihin työntekijöihin, jotka joutuvat ottamaan käskyjä muilta.

Kolmas mekanismi on se, että saat valita miten ja missä teet työsi. Monilla työpaikoilla on vakiintuneita ja tehottomia työtapoja, joita on käytetty iät ja ajat. Kaikki työtavat eivät sovellu sinulle ja etätöissä pääset valitsemaan paremmin miten työsi teet. Se missä teet työsi ei ole samantekevää. Sinulla on paikka, jossa työntekosi sujuu parhaiten. Se voi olla myös työpaikkasi. Sinun täytyy itse löytää se. Kokeile monia paikkoja ja tee omat johtopäätöksesi. Etätöissä paikan valinta on työntekijän.

Etätöiden suurin haittapuoli on suurempi vastuu, koska se ei sovi kaikille. Etätöiden teko vaatii sinulta enemmän kuin työskentely ilmapiirissä, jossa vastuu on muilla. Sinua ei ehkä ole luotu ottamaan vastuuta pitkiä ajanjaksoja. Lisäksi etätyöskentely voi vähentää ulkoisista tekijöistä saatuja impulsseja, mitkä ovat hyödyllisiä luovilla aloilla. Toisaalta etätyön lisäämä vapaa-aikasi parantaa mahdollisuuksia hakea impulsseja muualta.

Laskutoimituksia etätöistä

Koska ihmisten asuinpaikat ja työmatkaan käytetty aika sekä työteho etätöissä vaihtelevat on pakko tehdä oletuksia, kun laskee etätöiden tekemisen suhteellista hyötyä. Seuraavassa taulukossa oletan etätöihin käytettävän ajan olevan puolet työpaikalla käytetystä. Tämä on seurausta sekä suuresta työtehon noususta että pienemmästä työmäärästä, koska poissa työpaikalta on helpompi keskittyä oikeisiin asioihin. Päivittäinen työaika on kahdeksan tuntia. Suurin hyöty tulee työtehon noususta. Laskujen liikkuvia osia ovat etätyöpäivien määrä ja ajansäästö työmatkoista.

etäpäivät/työmatka(h)	0,5	1	2
1	10,6	11,1	12
2	21,2	22,2	24

Taulukko 1 Etäpäivien suhteelliset hyödyt

Näet taulukosta 1 etäpäivien hyödyt. Mitä kauempana työpaikastasi asut sitä enemmän hyödyt niistä. Laskutoimituksissa ei pystytä huomioimaan kaikkea, koska silloin niistä tulisi liian vaikeita. Tämän takia luvut ovat yksinkertaistettu. Tee laskelmasi esimerkkien pohjalta. Yksi etäpäivä ei anna suuria suhteellisia hyötyjä, mutta kaksi etäpäivää antaa niitä jo enemmän. Jos pystyt hoitamaan kaikki työsi etätöinä on suhteellinen hyöty huomattava. Kaksi etäpäivää viikossa on realismia lähes kaikille tietotyöläisille. Tee johtopäätöksesi siitä kannattaako sinun pyytää etäpäiviä pomoltasi.

Yrittäjälle suhteellinen hyöty on eri asia, koska hän maksaa voitoistaan yhtä paljon veroa voittojen lisääntyessä. Yrittäjän täytyy huomioida työntekijöistä tulevat kustannukset miettiessään kenet palkkaa. Jokaisen työntekijän täytyy saada tuotua enemmän tuottoja kuin mitä he kuluttavat työnantajan resursseja. Suomessa summa on noin kaksinkertainen maksettuun palkkaan verrattuna ja palkkaamisen kynnys on suurempi kuin monissa muissa maissa.

Vaikka suurimman osan työntekijöistä pitäisi tuottaa lisäarvoa tuottamiinsa kustannuksiin nähden niin näin ei ole. Pieni osa työntekijöistä tuottaa suurimman lisäarvon. Mikäli kuulut lisäarvontuottajiin niin muista pitää huoli siitä, että työantajasi tietää sen. Älä odota mainetta ja kunniaa vaan pidä huoli, että saat kunnian saavutuksistasi. Yrittäjän on mietittävä sitä tuovatko asiakkaat enemmän tuottoja kuin mitä he tuhlaavat resursseja. Pareton periaatteen mukaan pienin osa asiakkaista tuottaa suurimmat voitot ja tappiot yritykselle. Tämä pätee myös yksittäisiin tuotteisiin ja palveluihin.

4.1.3 Tuottavuus vs tehokkuus

Tuottavuusmantran ja tuottavuuden parantamisen oletetaan nostavan jakovaraa. Tuottavuutta on vaikea mitata varsinkin julkisen talouden kohdalta. Sinun tuottavuutesi nousee kun teet asian paremmin kuin ennen. Tehokkuuttasi mietittäessä tarkoitetaan sitä kuinka pääset nopeammin päämäärääsi. Ero näillä kahdella asialla on se ettei sinun tarvitse aina parantaa tuottavuutta, koska sinun on mietittävä tarvitseeko asiaa tehdä ollenkaan. Tehokkuuden nostaminen tarkoittaa selektiivistä laiskuutta eli päätät olla tekemättä asioita, joista ei ole hyötyä tai teet välttämättömyyksiä mahdollisimman vähän.

Ihmiset voidaan jakaa karkeasti neljään eri ryhmään työmoraalin ja älykkyyden suhteen. Laiska ja tyhmä ihminen ei ole hyödyllinen, mutta on muistettava älykkyyttä olevan monenlaista. Hänestä voi saada irti enemmän oikealla tavalla toimittuna. Vaarallisin yhdistelmä on ahkera ja tyhmä, koska hän saa vahinkoa aikaan keskittymällä vääriin asioihin. Vääriin asioihin keskittyminen tuottaa kuormaa ilman hyötyä. Seurauksena voi olla virheitä joiden aiheuttamia ongelmia on vaikeaa ellei mahdotonta korjata. Tehty työ ei ole tärkeää mikäli hoitaa turhat hommat hyvin. Käyttämällä paljon aikaa turhuuksiin ei luo lisäarvoa. Ahkera ja tyhmä, kun ei osaa ajatella loogisesti.

Laiska ja älykäs ihminen on parasta a-ryhmää, koska hän optimoi tekemisensä paremmin kuin muut ihmistyypit. Hän ei halua tehdä turhaa työtä vaan hoitaa hommansa tehokkaasti. Laiska ja älykäs on hyvä yhdistelmä, koska hän tekee harvemmin suuria virheitä. Ongelma ahkerien ja älykkäiden kanssa on se, että he tekevät enemmän turhia asioita kuin laiskat ja älykkäät.

Tehokkuuden optimointi tapahtuu keskittymällä asioihin jotka tuottavat suurimman hyödyn. Pyri tehokkuuden maksimointiin. Tämä vaatii ajattelemista ennen toimintaa. Edes laiskat ja älykkäät eivät aina tajua tärkeimpiä asioita. Usein tämä johtuu siitä ettei ihminen ajattele aina rationaalisesti vaan tunteet vaikuttavat. Usein ensimmäinen intuitio on oikeassa ja yliajatteleminen voi aiheuttaa tehottomuutta.

4.1.4 Kenelle ja kenen kanssa työskentelet on tärkeämpää kuin mitä teet

Työskentele yritykselle tai asiakkaalle, joka antaa sinulle tuottamastasi lisäarvosta suuren osan. Lisäksi sinun tulee työskennellä niiden ihmisten kanssa, jotka pystyvät panoksellaan nostamaan myös sinun työsi tuottamaa arvoa. Nämä kaksi asiaa nousevat ylitse muiden siinä kuinka voit nostaa työstä saamaasi suhteellista hyötyä.

Keskity siihen, että saat tekemästäsi tuloksesta suuren osan itsellesi. Paremmat mahdollisuudet tähän on työskentelemällä ensisijaisesti itselleen. Pidä huolta siitä, että työnantajasi tai asiakkaasi maksaa ensisijaisesti tuloksista. Pidä myös huoli siitä, ettet yrittäjänä haali liikaa asiakkaita. Keskity vähempiin asiakkaisiin ja pidä huoli siitä, että ne ovat isoja. Pidä huoli, että asiakkaasi tekevät pidempiaikaisia sopimuksia. Näiden asioiden lisäksi asiakkaittesi tulisi olla niitä, jotka keskittyvät tärkeimpiin asioihin. Pareton periaatteen mukaan muutamasta asiakkaasta saadut tulot ovat suuremmat kuin muista. Älä koskaan panosta yhteen ainoaan asiakkaaseen ja jätä muita vähemmälle huomiolle.

Jos olet työntekijä niin sinun on tärkeää olla työssä, jossa arvostetaan lisäarvon tuottajia. Sinulla on parempi mahdollisuus saada tulostesi mukaista palkkaa. Sinun täytyy myös työskennellä paikassa, jossa sinulla on mahdollisimman paljon valtaa työhösi. Silloin voit keskittyä asioihin joista sekä yrityksesi että sinä saatte suurimman hyödyn. Vapaus saada tehdä työnsä niin kuin parhaaksi näkee on iso asia. Jos sinulla ei tätä ole ja joudut koko ajan kysymään muilta mitä saat tehdä tai miten jokin asia on tehtävä, on sinun vaikea työskennellä tehokkaasti. Keskity tuloksiin panostusten sijaan. Työskentele paikassa, jossa keskityt tuloksentekoon.

Se kenen kanssa työskentelet on tärkeää, koska vapaamatkustajat vaikuttavat myös työhösi ja tuloksiisi. Ihmisten työtehokkuudessa on valtavia eroja. Huippusuorituksiin pystyvä ylin prosentti saa paljon enemmän aikaan kuin tehottomin prosentti. Huipputekijät tekevät myös loistavaa tulosta verrattuna keskinkertaisuuksiin. He saavat aikaan enemmän kuin uskotkaan. Pääsemällä heidän kyytiinsä ja oppimalla heiltä, myös sinä voit päästä lähemmäksi heidän suorituksiaan. Vaikka et niihin yltäisikään niin silti pystyt heidän kanssa työskennellessäsi parempaan.

Otetaan esimerkiksi urheilujoukkue. Jos kanssapelaajasi ovat huonompia kuin sinä niin myös mahdollisuutesi vaikuttaa lopputulokseen muuttuu rajalliseksi vastustajien ollessa tasoisiasi. Jos pelaat itseäsi parempien kanssa niin huomaat itsekin kuinka muutut paremmaksi. Vaikka joukkue on yhtä vahva kuin sen heikoin lenkki niin muiden tuella se heikoin lenkkikin paranee.

Huippusuoriutujien tehokkuudesta on tehty tutkimuksia ja yksi merkittävä tutkimus käsitti tuhansia työntekijöitä postinkantajista suurten lakitoimistojen osakkaisiin. Tutkimuksen tekivät John Hunter Michiganin osavaltion yliopistosta sekä Frank Schimidt ja Michael Judiesch Iowan yliopistosta. Tutkimuksessa vertailtiin huippusuorituksia tekeviä tehottomimpaan prosenttiin ja keskivertotyöntekijöihin. Tutkimuksessa havaittiin, että huippusuoriutujien arvo kasvaa ammatin vaativuuden myötä. Tutkimuksen tulokset löytyvät seuraavalta sivulta.

- Yksinkertaisissa tehtävissä kuten koneenkäyttäjien ja toimistorottien ammateissa parhaaseen prosenttiin kuuluvat saivat aikaan kolme kertaa enemmän kuin huonoimpaan prosenttiin.

- Kohtuullisen vaikeissa tehtävissä, kuten vähittäismyynnissä ja mekaanikon ammatissa, parhaimmisto oli kaksitoista kertaa tehokkaampi kuin huonoin prosentti.

- Vaativimpia ammatteja, kuten vakuutusedustajia, myyntineuvottelijoita, lääkäreitä ja lakimiehiä tutkittiin vertailemalla tehokkainta prosenttia keskiverto-osaajiin. Tälläkin tavalla saatiin aikaan 127:n prosentin ero.

- Varsinkin monia suomalaisia huipputekijöitä koskettava ammatti tietokoneohjelmoija erottaa jyvät akanoista. Parhaaseen prosenttiin kuuluvat ohjelmoijat ovat peräti 1272 prosenttia keskimääräistä tehokkaampia.

Kuten luvuista näet niin ainakin tämä tutkimus todistaa väitteen siitä, että muutamat tehokkaimmat työntekijät ovat ylivoimaisesti suurimpia nettoarvon tuottajia. Heidän työpanostaan kannattaa vaalia ja heille pitää maksaa tehokkuutta vastaava määrä palkkaa. Tämä asia hukkuu palkkatasa-arvovouhotuksen alle. Se miten kukin ansioidensa mukaan palkkaus todellisuudessa menee, on toinen asia. Parhaimman prosentin kannattaa kerätä itse hyöty omasta tehokkuudestaan. Prosentti tarkoittaa yhtä henkilöä sadasta, joten sinun ei kannata luulla kuuluvasi tuohon ryhmään mikäli et pysty sitä todistamaan. Pelkkä "musta tuntuu" ei ole todiste. Hakeudu mieluummin sellaisen ihmisen vaikutuspiiriin joka sitä varmasti on.

Mikäli toimit yrittäjänä niin sinun on tähdättävä huippusuorittajien löytämiseen mikäli haluat laajentaa yritystäsi ja kasvattaa tuottojasi. Huippusuorittajien tulokset ylittävät selkeästi kustannuksensa. Sinun on maksettava paljon, koska he ovat haluttuja. Toinen mahdollisuus on löytää ihmisiä, joiden potentiaalista nousta huipputekijöiksi on todisteita. Heistä sinä voit saada suuremman hyödyn. Huipputekijöillä on omalaatuisia ajatusmalleja ja he ovat usein keksineet muita parempia tapoja tehdä asiat. Älä hylkää ihmistä joka käyttäytyy ja ajattelee oudosti.

Pomoilla on merkitystä

Kaikilla on pomonsa. Toimitusjohtajan pomoja ovat osakkeenomistajat ja alempien kerrosten edustajilla on omat pomonsa. Sinulle pomosi on tärkein ihminen itsesi lisäksi. Hyvä pomo saa paljon aikaan ja antaa myös sinun loistaa. Hän antaa sinulle rakentavaa kritiikkiä, kun hommasi menevät pieleen. Jokaisella pomolla on pahat päivänsä, mutta niiden ei pitäisi näkyä työntekijöiden panostuksessa työntekoon.

Sinun tulee löytää parhaat puolesi esiin tuova pomo itsellesi. Kannaltasi on tärkeää, että voit luottaa pomoosi ja katsoa häntä ylöspäin. Pahimmat pomot kuluttavat äärettömän määrän työntekijöidensä aikaa turhiin projekteihin ja tehtäviin. Pahimmassa tapauksessa huono pomo hukkaa monen työntekijän vuosittaisen panoksen. Volometrix-yhtiö on selvittänyt yli 25:n yrityksen työtapoja ja on löytänyt johtajia, jotka ovat onnistuneet tuhlaamaan työntekijöidensä aikaa 400 tuntia viikossa. Suurin osa ajasta meni turhiin kokouksiin ja sähköposteihin vastaamiseen. Eniten turhuuksista kärsivät työntekijät heidän pomojensa selvitessä vähemmällä.

Pienet ryhmät, viisaat ihmiset

Jos haluat saada enemmän aikaan, on sinun panostettava pieniin työryhmiin, joissa ei ole ylimääräisiä työntekijöitä. Lisäksi sinun on syytä pitää huoli siitä, että työskentelet vain viisaiden ihmisten kanssa. Ideaalitilanne on sellainen, jossa työskentelet vain itseäsi viisaampien kanssa. Lisäksi ryhmien jäsenten tulisi täydentää toistensa osaamista. Parhaat lopputulokset saat työskentelemällä ryhmässä, jossa ihmisillä on erilaiset vahvuudet ja heikkoudet. Ne on pidettävä pieninä, koska mitä enemmän ihmisiä on sitä enemmän heidän välillä kuluu aikaa viestintään.

Jokaisella ryhmän jäsenellä pitää olla selkeä syy osallistua työntekoon. Jokaisella pitää olla kriittinen rooli. Ilman kriittistä roolia työntekijää ei tarvita. Pienemmät ryhmät tuottavat keskittyneempää tekemistä. Tietyn ihmismäärän jälkeen asiat muuttuvat monimutkaisiksi. Helpoin tapa kohdistaa huomionsa vääriin asioihin on lisätä turhia ihmisiä tekemään töitä niiden eteen. Isompi ryhmä ihmisiä hukuttaa helpommin hyvät ideat siihen etteivät kaikki hyväksy niitä. Pienemmän ryhmän on helpompi saavuttaa yksimielisyys.

Ei ole olemassa tarkkoja nyrkkisääntöjä siitä kuinka monta ihmistä voi olla ryhmässä, mutta 5-8 alkaa olla maksimimäärä tehokkaan viestinnän kannalta. Suuremmat määrät kuluttavat liikaa aikaa viestintään. Tietyn määrän jälkeen jokainen lisätyöntekijä hukkaa ryhmänväliseen viestintään aikaa enemmän. Joidenkin tutkijoiden mukaan kyseessä olisi kahdeksan ihmistä, joten voit olettaa tämän määrän olevan jotain 6-10:n ihmisen välillä, riippuen työntekijöistä ja projekteista. Suomalaisittain lähihistorian merkittävimmässä johtoryhmässä eli Nokian Jorma Ollilan niin sanotussa dream teamissa oli viisi jäsentä.

Järkevät ihmiset ovat tärkeämpi resurssi kuin ihmisten määrä. Iso ryhmä ei tuota lisäarvoa työnteolle vaan hukkaa aikaa ja kykyä huomioida olennaiset asiat. Työnlaatu kärsii isommista ryhmistä, joten ne täytyy pitää pieninä. Päivittäisessä työnteossa pitää aina olla mukana vastuuhenkilö, jonka ei tarvitse hyväksyttää päätöksiä ylemmillä tahoilla kuin harvoin. Hierarkiatasoja ei voi olla kahta useampaa mukana.

Voit käyttää ryhmätyöskentelyyn paria tehokkuuteen liittyvää nyrkkisääntöä.

1. Työnteon tehokkuus ja laatu ovat tietyn pisteen jälkeen käänteisesti verrannollisia ryhmäkokoon. Mitä enemmän ihmisiä sitä tehottomampaa ja laadultaan huonompaa työtä saadaan.
2. Päätöksentekijän jatkuva osallistuminen ryhmän työskentelyyn on suoraan verrannollinen työnlaatuun ja tehokkuuteen.

Suurimmista yrityksistä ainakin Apple pyrkii yksinkertaistamaan ja virtaviivaistamaan jatkuvasti omia työskentelytapojaan. Pienemmät työryhmät vähentävät tehokkaasti tuhoisaa byrokratiaa, mikä vaikuttaa tuloksiiin niitä heikentäen. Pidä huoli siitä, että sinulla on aina kriittinen rooli omassa ryhmässäsi. Tämän lisäksi sinun tulee jatkuvasti pyrkiä vähentämään byrokratian roolia työssäsi.

4.1.5 Tee vain sitä mikä tuottaa suurimman arvon

Sinun tulee miettiä olisiko sinulla mahdollisuus olla riittävän hyvä, jotta kuuluisit parhaimpaan yhteen prosenttiin. Mikäli vastauksesi on kyllä, olet todennäköisesti lahjakas siinä mitä teet. Jos et, niin sinulla on edessäsi pitkä ja rankka tie siihen pyrkiessäsi eikä sinulle voi tarjota yksinkertaista vastausta, jonka voisit kirjasta lukea. Jos siihen olisi helppo vastaus niin edellämainittua yhtä prosenttia ei olisi. Huippusuoriutuminen tarkoittaa huipputehokkuutta. Se myös johtaa siihen, että voit tienata enemmän rahaa työskentelemällä vähemmän. Tämä tapahtuu tekemällä oikeita asioita. Oikeat asiat kasvattavat lisäarvoa eniten sinulle ja muille.

Sinä et ole jokaisessa asiassa joita teet hyvä, joten sinun on pakko tehdä viisaita valintoja. Sinulle on tärkeämpää osata muutamia asioita hyvin kuin osata monia keskinkertaisesti. Sinun on parempi tietää joistakin asioista muita enemmän kuin tietää monista saman verran. Keskity muutamaan ydinosaamisalueeseesi ja pyri parantamaan kyvykkyyttäsi niissä jatkuvasti. Sinä et ole koskaan valmis. Mikäli jäät paikoillesi, menevät muut sinusta ohi. Nykymaailma vaatii jatkuvaa uusiutumista.

Nykyään puhutaan paljon siitä, että ollaksesi huippuluokkaa sinulta vaaditaan harjoitteluun kymmenentuhatta tuntia keskittynyttä ja tarkoituksenmukaista harjoittelua. Jossakin määrin yhdyn tähän ajatukseen. Uskon, että on mahdollista löytää oikoteitä jotka vähentävät tuntimäärää. Uskon myös siihen, että ilman lahjakkuutta et edes kymmenellä tuhannella tunnilla kuulu parhaimpaan yhteen prosenttiin.

En usko siihen, että jatkuvalla harjoittelulla moni pystyy pääsemään huipulle ilman intohimoa siihen mitä tekee. Sinun on keskityttävä intohimojesi kohteisiin, koska ne tuottavat sinulle suurimman hyödyn ja ilon. Siten voit nauttia hyvien asioiden oravanpyörästä ja pysyä motivoituna huippusuorituskyvyn tavoittelussa. On olemassa aina poikkeuksia, kuten Andre Agassi, jonka isä pakotti hänet harjoittelemaan lapsena tennistä niin paljon, että hän oppi vihaamaan sitä. Suosittelen Agassin elämänkertaa, jossa hän käy kaikki tunneskaalat hyvin läpi.

4.1.6 Hanki tulosi tulosten perusteella

Otsikossa mainittu toteamus koskee lähinnä lisäarvon tuottajia. Jos et voi saada koko palkkaasi tulosten perusteella niin sinun on pyrittävä saamaan tulosperusteisesti osa siitä. Monilla yrityksillä on bonusjärjestelmä, jossa kaikille maksetaan jotain. Tällöin osa bonuksista menee heille, jotka eivät niitä ole ansainneet.

Tämä ei ole sinun kohdaltasi haluttua kehitystä mikäli kuulut niiden joukkoon, jotka ansaitsisivat suurimman osuuden. Jatkuva tasainen palkanmaksu tuottaa turvallisuudentunnetta. Joudut maksamaan siitä mm. vaurastumisen mahdollisuuden pienenemisenä ja mahdollisena tilanteena, jossa tienaat vähemmän kuin ansaitsisit. Joku vetää aina välistä, mutta mitä vähemmän sinun osastasi, sitä paremmin sinulla menee.

Paras tapa saada tulosten perusteella palkkaa on perustaa oma yritys joka laskuttaa asiakasta mm. prosenttiosuuksina liikevaihdon kasvusta tai välityspalkkioina. Veroprosenttisi pienenee ja välistäveto vähenee. Tässä tapauksessa sinun on huomioitava parikin seikkaa. Ensimmäisenä neuvotteluasemasi, joka on yleensä seurausta tuloksistasi. Mitä korvaamattomampi olet sitä suurempaa osaa tuloksista voit pyytää. Toiseksi, sinun on huomioitava asiakkaasi taloudellinen asema. Prosenttiosuuksien pyytäminen on järkevämpää kuin kiinteät välityspalkkiot. Myös tuloksentekokykysi tulee paremmin esiin.

4.1.8 Sivutöistä lisätuloa

Sinulle voi tulla aktiivisista tuloa monesta lähteestä. Todennäköisesti sinulla on yksi aktiivisen tulon lähde eli työpaikkasi. Vakituisen työpaikan lisäksi sinä voit hankkia sivutuloja. Aktiivisissa tuloissasi, on kyse aikasi tai työpanoksesi vuokraamisesta palkkaa vastaan. Käytä aikasi tehokkaasti, koska se on tärkein hyödykkeesi.

Suomessa on progressiivinen verotus. Mitä enemmän tienaat rahaa sitä enemmän maksat suhteessa veroja. Seurauksena on se, että mitä enemmän vuokraat aikaasi, sitä pienempi suhteellinen hyöty siitä sinulle syntyy. Poikkeuksena ne henkilöt, jotka voivat laskuttaa osakeyhtiön kautta lisätulojaan ja joiden veroprosentti päätyöstä on suurempi kuin yhteisövero. Tämäkin hyöty menee, kun oman osakeyrityksen kautta tienaa yli 7502€:a vuodessa. Se on raja, jonka jälkeen maksat eläkemaksuja. Sinusta tulee myös arvonlisäverovelvollinen, kun yrityksesi tulot ylittävät 8500€:a vuodessa. Sivutuloilla on toinenkin positiivinen vaikutus lisärahan saamisen kanssa. Ne vähentävät riippuvuuttasi vakituisesta työpaikastasi. Nykypäivänä työpaikkasi ei ole varma, joten sivutulosi pienentävät mahdollisia vahinkoja. Tämä parantaa mahdollisuuksiasi olla vähemmän muiden ihmisten, kuten pomosi armoilla. Useammat tulonlähteet helpottavat sopeutumista yllättäviin muutoksiin, joten senkin vuoksi sivutulot ovat hyvä asia.

Ensimmäinen kysymys joka sinun tulee itsellesi esittää ajatellessa sivutuloja on: **Mistä joku on minulle valmis maksamaan?** Sinun täytyy tyydyttää toisen ihmisen tarve, jotta voit saada lisätuloja. Sinä maksat jatkuvasti palveluista, joten myös sinä voit tarjota niitä. Et ehkä osaa vastata suoraan ensimmäiseen kysymykseen, joten kysy itseltäsi vielä kolme asiaa:

1. Mistä asioista minä pidän?
2. Missä minä olen hyvä?
3. Minkä ongelmani olen ratkaissut menestyksekkäästi?

Palaa näiden kysymysten jälkeen uudestaan ensimmäiseen kysymykseen. Vastatessasi sinun kannattaa yhdistää vastauksesi edellämainittuihin kysymyksiin. Niiden yhteisvaikutus lisää hyötyjäsi. Mikäli et itse osaa vastata kysymyksiin niin käänny ystäviesi ja perheesi puoleen.

Koska hyödyt lisätuloistasi vähemmän sitä mukaa kun ne lisääntyvät, on sinun hankittava niitä asioista, joista pidät. Syy tähän on se, että ilman intohimoa on sinun vaikea käyttää aikaasi riittävästi, jotta lisätuloja syntyy. Poikkeustapauksissa lisätuloja voi tippua heti, mutta ne ovat yleensä tapauksia, joissa kilpailu ei ole niin kovaa kuin muissa vaihtoehdoissa. Esimerkkinä voi olla taksin ajaminen. Mikäli et tiedä mistä pidät niin mieti asioita, joista olit kiinnostunut lapsena. Lapsena sinulla ei ollut samanlaisia estoja kuin vanhempana. Myöhemmin olet voinut tukahduttaa mielihalusi. Mikäli sinulle ei tule mitään mieleen, mene lähimpään kirjakauppaan ja katso mille osastolle menet. Menet todennäköisimmin osastolle, jonka kirjat kiinnostavat sinua.

Sinulla voi olla harrastuksia, joista tykkäät enemmän kuin ansiotyöstäsi. Ensisijaisesti sinun kannattaa ajatella kuinka voisit saada omista harrastuksistasi sivutuloja. Jos pidät musiikista, voit ehkä tienata sen opettamisella rahaa. Voit tehdä myös rahaa keikkailemalla oman bändisi kanssa. Keskity ensisijaisesti saamaan harrastuksistasi elämyksiä. Mikäli saat niistä samalla tuloja niin mikäs sen hienompaa! Sivutulot eivät ole oikotie onneen. Ne eivät ratkaise rahaongelmiasi.

Vastaamalla kysymykseen missä sinä olet hyvä, selviät mistä ihmiset ovat sinulle valmiita maksamaan. Sinun on helpompi saada kunnon korvaus, kun tuotat lisäarvoa. Korkealaatuista palvelua tuottamalla sinä voit hinnoitella itsesi korkeammilla hinnoilla. Ne takaavat sinulle myös laadukkaammat asiakkaat. Matalilla hinnoilla löydät asiakkaat, jotka etsivät halvinta hintaa suurimman hyödyn sijaan. He myös yrittävät tinkiä ja neuvotella enemmän ja kuluttavat enemmän aikaasi.

Laatuun panostavat asiakkaat ovat valmiimpia maksamaan enemmän kuin hintaan huomioonsa kiinnittävät. Heille ratkaisevat ensisijaisesti tuloksesi ja he ovat valmiita maksamaan niistä. He tietävät saavansa vastinetta rahoilleen. Mikäli hoidat asiasi hyvin, tulevat he jatkamaan asiakkainasi. Kunnon korvaus käyttämällesi ajalle on tärkeä, koska progressiivinen verotus vähentää suhteellista hyötyäsi. Anna potkut huonoimmille asiakkaillesi mikäli he eivät ole ainoat asiakkaasi. Mikäli et saa kunnon korvausta käyttämästäsi ajasta, ei sinun kannata jatkaa asiakkuussuhdetta.

Voit saada kunnon korvausta myös tarjoamalla palvelua, jolle on enemmän kysyntää kuin tarjontaa. Mikäli olet ainut remonttitaitoinen lähiseudullasi, voit pyytää osaamisestasi suurempaa hintaa kuin alueella, jossa on paljon remonttitaitoisia henkilöitä. Tarpeellisten niukkuushyödykkeiden tarjoaminen halukkaille on erinomainen tapa kasvattaa suhteellista hyötyään. Älä myy palvelua, josta on ylitarjontaa.

Yksi hyvä tapa keksiä mitä myydä on ajatella mitä ongelmia on lähiaikoina ratkaissut. Sinä olet varmasti ratkaissut jonkin ongelmasi menestyksekkäästi. Toisilla voi olla sama ongelma ratkaisematta. Sinä voit myydä ratkaisusi heille. Ystäväni rakennutti talon pk-seudulle. Hän aloitti sen tyhjästä eikä tiennyt etukäteen kuinka paljon siinä on työtä mm. lupaviranomaisten kanssa. Hän voisi myydä osaamistaan mikäli haluaisi. Joku samaa projektia harkitseva maksaisi mielellään aikaa ja rahaa säästävistä neuvoista. Muista dokumentoida ongelmanratkaisuprosessi tarkasti. Professorini tapasi sanoa "mikäli jotain ei ole dokumentoitu, ei sitä ole tehty." Dokumentointi helpottaa myymistä.

Ensimmäinen askeleesi on yhden henkilön yhden ongelman ratkaiseminen. Ratkaise tämän jälkeen sama toisen henkilön ongelma. Mitä useamman ihmisen ongelman pystyt ratkaisemaan sitä enemmän tienaat rahaa. Keskity siihen, että asiakkaasi hyötyy vähintään yhtä paljon kuin sinä ansaitset. Molempien voittaessa asiakkuudesta tulee todennäköisemmin jatkuva. Lisäksi voit saada tyytyväisiltä asiakkailta suosituksia, jotka auttavat saamaan lisää työtä. Pyydä aina palautetta, jotta voit käyttää sitä sekä parantaaksesi työnlaatuasi että saadaksesi lisää asiakkaita.

Mene asiakkaiden luo. Kaikkien aikojen menestyksekkäin jalkapalloilija Pele keräsi rahaa palloon kiillottamalla kenkiä. Hänen äitinsä käski Pelen menemään ensin slummeihin, mutta sieltä hän ei saanut asiakkaita. Tämän jälkeen Pele meni isänsä jalkapallopelien aikaan stadionin lähelle, jossa kulki paljon asiakkaita. Nykyään Internetillä on suurempi rooli asiakkaiden haussa. Luo itsellesi ekosysteemi ja tuota siten lisäarvoa. Voit myös kommentoida muiden blogeja tai muita palveluja. Panosta kommenttiesi laatuun. Laadukkailla kommenteilla saat ehkä toiset ohjaamaan liikennettä myös sinun ekosysteemiisi.

Yhdistämällä kaikki kolme edellämainittua asiaa eli taitosi, mielenkiintosi kohteet ja kysynnän sekä tarjonnan epäkohdan, saat suurimman suhteellisen hyödyn sivutuloistasi. Näiden kaikkien yhdistäminen parantaa sekä työintoasi että työnlaatuasi. Näiden kahden asian seurauksena suhteellinen hyötysi kasvaa myös paremman palkan muodossa. Mikään ei estä sinua vaihtamasta sivutyötäsi päätyöksi mikäli tienaat sillä riittävästi ja suhteellinen hyötysi on päätuloasi suurempi. Älä vaihda sivutyötäsi päätyöksesi mikäli et ole varma tulojen riittävyydestä. Tyhjän päälle hyppääminen on typerää.

Motivoi itsesi sivutulojen tekemiseen käyttämällä osa sivutuloistasi unelmiisi. Tätä myötä niiden toteuttaminen tulee lähemmäksi. Motivoidut paremmin laittamalla puolet verojen jälkeen saaduista sivutuloistasi unelmiesi lomamatkaan tai kalliimpaan luksustuotteeseen. Itse laitan osan sivutuloistani tulevaisuuden maailmanympärimatkaan. Tällä hetkellä tuo matka on kaukainen haave. Pelkät sivutulot, jotka menevät elämiseen eivät motivoi riittävästi. Sivutulojen tulee tuottaa enemmän huvia kuin hyötyä, jotta ne eivät muutu vain työksi. Motivaatiosi niiden tekemiseen voi muuttua ongelmaksi ja hyötysi muuttuu pakkopullaksi.

4.2 Passiivinen tulo

Tuntuuko sinusta usein siltä etteivät tulosi riitä, vaikka teetkin jatkuvasti ylitöitä? Tämä johtuu sekä liian suurista kuluista, että liian pienistä tuloista ja välistävetäjistä. Passiivinen tulo on ratkaisu pidemmällä aikavälillä, koska et itse tee töitä alkupanostuksen jälkeen. Valitettavasti et ole ehkä koskaan ajatellut passiivisia tuloja tai pidät niitä liian suurena riskinä. Ne eivät tuota tuloksia nopeasti kuin poikkeustapauksissa. Parhaat tuotot tulevat vuosikymmenien tai vuosisatojen aikana.

Anna rahojesi tai jonkun muun tehdä osa töistäsi niin sinun ei tarvitse tuhlata kallista aikaasi niin paljon. Passiiviset tulot ovat mahdollisia kaikille, joten ei kannata luulla etteivät ne koske sinua. Sinun pitää aloittaa pienemmillä rahasummilla. Mitä aiemmin aloitat sitä vähemmän tarvitset alkupanostukseksi. Passiivinen tulo voidaan jaoitella sijoituksiin ja liiketoimintaan. Sijoituksiin lasketaan osakkeet, rahastot, korot ja kiinteistöt. Liiketoiminnoiksi voidaan laskea mm. seuraavat asiat:

- Omistamasi yritykset, joissa et ole aktiivisesti mukana
- Tekijänoikeusmaksut: kirjasi, musiikkisi, patentit, lisensoidut yritysideat,
- Automaatit, kuten rahapelit
- Vuokraamasi esineet tai tavarat

Liiketoiminnasta saatavat tulot eroavat sijoituksista mm. siten, että niistä saatavat tulot alkavat vaikuttamaan nopeammin alkupanostusten jälkeen. Liiketoiminnan kautta kerätyt tulot vaativat sinulta suuremman alkupanostuksen kuin sijoittamisen. Liiketoiminnan kehittäminen ja siitä tulojen saaminen on hankalampaa kuin sijoitusten. Kilpailu on kovempaa ja epäonnistumisprosentti on suurempi. Palkinnotkin ovat suuremmat.

Passiivisten tulojen yksi suurimmista eduista on niiden skaalautuvuus. Meillä on rajallinen määrä aikaa. Aktiivisissa tuloissa on rajoituksensa ajan suhteen, mutta passiivisten tulojen skaalautuvuus eli itsensä monistaminen lisää tuloja ilman suurempia ponnisteluja. Kun saat myytyä lisenssin, liikeidean tai patentin niin saat immateriaalioikeuksiesi myymisestä jatkuvia tuloja. Kun niiden ympärille perustettu liiketoimintasi kasvaa, saat oikeuksien haltijana lisätuloja myymisen jälkeen. Jokaisella on mahdollisuus keksiä sijoittamisen lisäksi aktiviteetti, josta voi saada skaalautuvia tuloja. En sano, että se on helppoa, mutta sinun tulisi miettiä kuinka voisit saada niitä.

4.2.1 Korkoa korolle -ilmiö

Korkoa korolle -ilmiön ymmärtäminen on tärkein yksittäinen asia tulojenhankinnassa. Sinä et voi sivuuttaa korkoa korolle -ilmiötä päättäessäsi siitä mihin rahasi pistät. Ilmiö ei näy rahatilanteessasi nopeasti, vaikka sinulla voikin käydä sijoituksiesi kanssa onnea. Parhaimmillaan tämä ilmiö on vuosikymmenien vieriessä eteenpäin. Monet ihmiset eivät ole kärsivällisiä ja luovuttavat liian aikaisin. Allaolevassa kuvassa on nähtävissä kuinka hitaasti tämä ilmiö vaikuttaa rahatilanteeseesi.

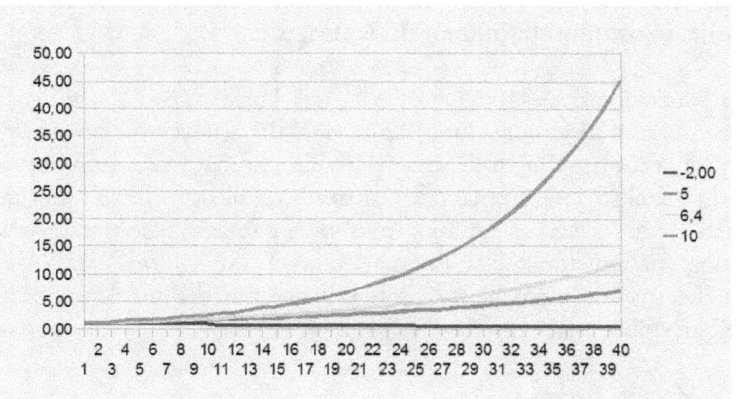

Kuva 1 Korkoa korolle -ilmiö

Kuvassa olevista käyristä alin kuvaa kahden prosentin inflaation vaikutusta säästöihisi. Toisiksi alin viiden prosentin tuottoa joka kuvaa aktiivisesta osakerahastosta saatavaa keskimääräistä tuottoa kulujen jälkeen. Toisiksi ylin kuvaa indeksirahastosta kulujen jälkeen saatua tuottoa eli 6.4:%ia, ja ylin kuvitteellista kymmenen prosentin tuottoa osakesijoituksista.

Sinun on helppo nähdä graafista kuinka ensimmäisen kymmenen vuoden aikana ei selkeitä eroja näy kunnes niiden kasvuvauhti alkaa pikkuhiljaa kiihtymään. Sinun tehtäväsi passiivisten tulojen keräämisessä on hyötyä korkoa korolle -ilmiöstä mahdollisimman paljon. Suuri osa taloudellisista toimijoista pyrkii saamaan suuren osan korkoa korolle -ilmiön sinulle tuomasta hyödystä. Erityisen hyvin tämä näkyy sijoittamisessa.

Sinulle paras neuvoni on se, että pidät huolen etteivät välistävetäjät saa suuria osia hyödystäsi. Inflaatio, maksetut prosenttiosuudet tai korot ovat pahimmat vihollisesi. Suurimmat hyödyt ilmiöstä saat minimoimalla kulut ja maksimoimalla sinulle maksetut korot. Tämä ei ole niin yksinkertainen asia kuin tässä esitän, joten palaan ilmiöön monesti uudelleen. Itselleni paras tapa hyötyä on joko indeksirahastoihin sijoittaminen tai suorat

osakesijoitukset. Sinä voit valita itsellesi sopivimmat vaihtoehdot.
Korkoa korolle -ilmiö on tärkein yksittäinen asia joka vaikuttaa taloustilanteeseesi. Sinun tulee tehdä tasaisin väliajoin tilannekatsaus sen vaikutuksista sinuun. Itse tarkistelisin tilannetta joka vuoden lopussa, mutta päätä asiasta tarpeidesi mukaan. Kirjaa kaikki ilmiön vaikutukset. Tämä koskee niin negatiivisia kuin positiivisia vaikutuksiakin.

Negatiiviset: lainojesi korot, hallinnointipalkkiot rahastoista, luottokorttisi, inflaatio, jne.

Positiiviset: Sijoituksesi, lainaamistasi rahoista saadut korot, säästöjesi korot, mahdollinen deflaatio, jne.

Sinun lähtökohtasi tässä täytyy olla se, että korkoa korolle -ilmiöstä saadut hyötysi ovat suuremmat kuin haittasi. Mitä suurempi on hyötyjesi ja haittojesi erotus, sitä todennäköisemmin hoidat talouttasi hyvin. Älä lannistu mikäli ensimmäinen tilannekatsauksesi olisi negatiivinen. Tarkistellessasi asiaa useammin, pyri parantamaan tilannettasi jatkuvasti. Jokainen epäonnistuu välillä, joten älä masennu mikäli teet tappiota. Ilmiön vaikutukset voivat myös heitellä, joten tilanteen hetkellinen huonontuminen ei ole hälyyttävä asia.

4.2.2 Yritys työssä

Sijoittamisesta tulee oma osionsa, joten käsittelen nyt vain liiketoiminnasta tulevaa tulovirtaa. Tekijänoikeusmaksuja tulee joko kertasummina tai jatkuvina puroina. Aiemmin ihmiset tarvitsivat enemmän välikäsiä, jotka ottivat prosenttiosuutensa, jolloin tekijälle saattoi jäädä pieni osa. Tämä on monille arkipäivää, vaikka mahdollisuudet vähentää välikäsiä paranevat. Harvat haluavat myydä omaa lahjakkuuttaan tai uskovat olevansa kyvyttömiä siihen.

Nykyajan mediat ovat avanneet ihmisille ympäri maailmaa mahdollisuuden myydä itseään pienempiä prosentteja ottavien välikäsien kautta kuin levy-yhtiöt tai kirjojen kustantajat. Kuka tahansa voi julkaista levyjä tai kappaleita mm. Youtuben, Twitterin tai Facebookin kautta. Kirjojen julkaisu mm. e-kirjoina on lähes ilmaista ja kaikkien ulottuvilla. Tämä parantaa myös kuluttajien mahdollisuuksia saada kaikki halvemmalla.

Sinun on huomioitava piraattiversiot. Lähes kaikki kappaleet, levyt tai kirjat julkaistaan niinä. Sinun on mietittävä miten asia vaikuttaa sinuun. Kilpailun koveneminen on itsestään selvää. Sinun täytyy olla parempi siinä mitä teet kuin aiemmin tai sinun pitää tarjota muille jotain muista poikkeavaa. Kilpailun ollessa olematonta on myös syytä olla lahjakas, koska lahjakkuuden arvostus on kasvussa.

Patenttien ja liikeideoiden myynti ovat vaikeammin toteutettavissa olevia asioita, mutta korvauksetkin ovat toista luokkaa. Mikäli keksit hyödyllisen asian, oli kyse tuotteen parantamisesta tai kilpailevan yrityksen mahdollisuuksien vesittämisestä, voivat tulosi olla turvattu seuraavan vuosikymmenen. Parhaassa tapauksessa rahatilanteesi on turvattu loppuelämäksi. Tämä on vaikea tie, joten hyötyjenkin pitää olla sen mukaiset.

4.2.3 Hanki useampi passiivinen tulonlähde

Monimiljonääreillä on keskimäärin seitsemän eri tulonlähdettä. Osa niistä on aktiivisia, mutta suurin osa passiivisia. Älä huolehdi mikäli olet tilanteessa, jossa sinulla ei ole kuin yksi aktiivinen tulonlähde ja passiiviset tulot puuttuvat. Sinun tulee kerätä niitä pikkuhiljaa lisää. Kyse ei ole vain sijoitustuotoista. Sinä voit muuttaa aktiivisia tulonlähteitäsi passiivisiksi tuotteistamalla osaamistasi. Sinun on lisäksi muistettava se, että lähes kaikki muutkin ovat joutuneet aloittamaan aktiivisilla tulonlähteillä, joiden avulla he ovat saaneet passiivisia tuloja.

Monimiljonäärien useammat tulonlähteet on saavutettu aktiivisilla tulonlähteillä, sijoitustuotoilla, immateriaalikoikeuksilla, kuten kirjojen kirjoittamisella ja monilla muilla tavoilla, kuten mainostuotoilla. Suurin osa monimiljonäärien tuloista on tehty muutamalla tavalla, mutta lisäksi heillä on useita pienempiä tulonlähteitä, jotka on tehty tuotteistamalla oma osaamisensa tai sijoittamalla.

Sinun on helpompi tuotteistaa osaamisesi, kun sinulla on näyttöä osaamisestasi. Sinulla ei ole oikoteitä. Harva ostaa sinulta mitään mikäli sinä et ole pystynyt vakuuttamaan muita osaamisestasi. Tuotteistaminen mahdollistaa tulojesi skaalautuvuuden eli monistamisen. Tätä myötä aktiiviset tulosi muuntuvat vähintään osittain passiivisiksi. Skaalautuvuus ei ole oikotie onneen, koska sinun pitää saada myytyä oma tuotteesi tai palvelusi.

Sinä et ehkä usko riittävästi kykyihisi markkinoida itseäsi. Suomessa tätä katsotaan pahalla silmällä, vaikka maailmalla nähdään asiat toisin. Jokainen tekosi on markkinointia niin hyvässä kuin pahassa. Älä lupaa liikoja vaan lupaa mieluummin vähemmän ja tuota enemmän lisäarvoa. Tällä tavalla sinä saat tyytyväisempiä asiakkaita, jotka ovat valmiita luottamaan sinuun uudestaan. Markkinointi ja myynti eivät ole minun asiantuntemustani, joten sinun kannattaa etsiä joku ihminen joka asian hallitsee. Suosittelen tutustumista menestyneisiin start-up yrittäjiin. Mieluummin niihin, jotka ovat onnistuneet useampaan kertaan.

Tee tilannekatsaus tuloistasi. Sinun tulee listata sekä aktiiviset että passiiviset tulonlähteesi ja verrata niitä keskenään. Sinulla ei ole merkittäviä passiivisia tuloja aloittaessasi vaurastumisen. Passiiviset tulosi kasvavat mikäli onnistut hankkimaan ylijäämää pitämällä menosi pienempänä kuin tulosi.

Aktiiviset tulosi: Palkkatyösi ja kaikki sivutyösi

Passiiviset tulosi: Sijoituksesi, lainaamistasi rahoista saadut korkosi, säästöjesi korot, immateriaalioikeutesi, jne.

Mieti listan tehtyäsi miten voisit tuotteistaa aktiiviset tulosi saadaksesi passiivisia. Mieti lisäksi miten voisit saada kasvatettua passiivisia tuloja. Mieti voitko mahdollisesti lisätä niitä tekemällä asiat viisaammin.

4.3 Yhteenveto

Tulosi voidaan jakaa kahteen eri ryhmään. Aktiivisiin ja passiivisiin. Aktiivisissa tuloissa sinä teet kaiken työn. Passiivisissa joku muu tekee työt. Sinulla on aktiivisten tulojen tekemiseen rajallinen määrä aikaa vuorokaudessa, joten sinä tarvitset myös passiivisia tuloja. Passiiviset tulosikin vaativat alkupanostuksen. Sinä tarvitset niiden luomiseen jonkin aktiivisen tulonlähteen, kunnes ansaitset passiivisia tuloja niin paljon, että ne maksavat kaikki kulusi pienentämättä pääomiasi.

Työnteko tarkoittaa aikasi ja osaamisesi vuokraamista muiden käyttöön. Monet mittaavat osaamistaan kokonaistuloilla, mutta tärkeämpi mittari on suhteellinen tulo. Sitä mitataan vertaamalla työhön käytettyä aikaa siitä saatuun palkkaan. Mitä suuremmat suhteelliset tulot sinulla on sitä tehokkaammin käytät aikaasi tulojenhankintaan. Parhaiten nostat tehokkuuttasi passiivisten tulojen lisäksi tekemällä omilla ehdoillasi niitä asioita, joista pidät. Pyri vähentämään välistävetäjien ottamia osia. Yritä saada mahdollisimman suuri osa tuloistasi tulostesi perusteella mikäli tuotat enemmän lisäarvoa kuin kokonaiskustannuksesi palkanmaksajalle.

Älä tee liikaa töitä. Anna ylimääräisten rahojesi tehdä osa töistäsi. Aluksi niiden tuottamien passiivisten tulojen määrä ei ole merkittävä. Niiden merkitys kasvaa tulevien vuosikymmenien aikana. Ole kärsivällinen. Älä odota tuloksia heti. Hanki tuloja useasta lähteestä, jotta olet niiden suhteen mahdollisimman riippumaton. Useampi tulonlähde antaa sinulle enemmän valinnanvaraa toimia suurimman suhteellisen hyödyn mukaan.

5 KULUTTAMINEN

Elät yltäkylläisyydessä joka ei sovi aivoillesi. UCLA:ssa työskentelevä neurotutkija Peter Whybrow väittää kirjassaan Amerikkalainen Mania, että ihmisten aivot ovat kehittyneet vuosituhansien aikana ympäristössä jota määritteli niukkuus. Hänen mukaansa sinulla on liskon ydinjatkos ja tämän ytimen ympärille kiedottu nisäkäskerros, johon on liitetty äidinvaisto ja sosiaalinen vuorovaikutus. Sen ympärille on kierretty kolmas kerros joka mahdollistaa muistisi toiminnan ja kykysi abstraktiin ajatteluun. Liskon ydin liikuttaa intohimojasi ja virittää sinut hankkimaan asioita, joita pidät vaikeasti saatavina niin paljon kuin mahdollista.

Lyhytaikaisten halujesi vaikutus näkyy ytimen valtana nautintojen vallatessa aivosi. Vallan seurauksena et pysty säätelemään tekojasi niin tehokkaasti kuin mahdollista. Tämän kollektiivisen harhan seurauksena muodostuvat niin kuplat kuin romahduksetkin. Romahduksien jälkiseuraamuksena suurin osa meistä ei voi elää yltäkylläisyydessä. Sinun on uudelleenohjelmoitava itsesi mikäli haluat pärjätä. Tämän luvun tarkoitus on selvittää sinulle kuinka voit harrastaa vastuullista kuluttamista. Tietyn kulutuspisteen jälkeen koet elämäntyyli-inflaation.

Elämäntyyli-inflaatio on käsite joka on ymmärrettävissä, kun saa seurata asiaa välimatkan päästä. Itsensä kohdalta sitä on vaikea hahmottaa. Se tarkoittaa kulujesi kasvamista tulojesi kasvua vastaavassa vauhdissa. Seurauksena on se ettet hyödy lisätuloistasi vaan ylimääräiset rahasi menevät kuluttamiseen. Seurauksena on suurempi rahankäyttösi. Tämä ei tarkoita elämänlaatusi paranemista vaan elintasosi kasvua, mikä ei tunnu paremmalta tietyn pisteen jälkeen. Tietyn rahamäärän jälkeen et paranna henkistä tilaasi vaan kasvatat oravanpyörääsi, jossa saat polkea entistä nopeammin ja pidempään.

5.1 Eri maksutavat

Kuluttaminen ja sen vaikutukset ovat riippuvaisia maksutavoistasi. Varsinkin luotolla kuluttaminen voi olla haitallista. Tämä riippuu tuloistasi ja varallisuudestasi. Luotolla ostaminen on osalle typerä tapa, jonka kustannukset ovat suuret. Luoton lisäksi voidaan maksaminen jakaa käteisen ja maksukorttien käyttöön.

Käteismaksut ovat kustannustehokkain tapa kuluttaa. Tämä johtuu osittain siitä, että silloin psykologinen kuorma on suurin. Rahaa antaessasi menetyksesi konkreettisuus paljastuu ja tunnet tuskanpiston päässäsi tai sydämessäsi. Käteisen käyttö vaatii sinulta eniten ponnistelujasi ja harkintaasi. Usein sinulla ei ole niin paljon rahaa mukanasi kuin heräteostoksesi voivat vaatia. Matka pankkiautomaatille voi merkitä riittävää harkinta-aikaa.

Käteisen käyttö on hyvä ratkaisu, koska olet paremmin tietoinen rahatilanteestasi tilin saldon näkyessä rahaa nostaessasi. Käteisen käyttö ei tuota sinulle juurikaan kuluja korkojen tai kuukausittain menevien maksujen muodossa, toisin kuin muut tavat. Käteistä käyttäessäsi rahanmenosi on vähäisempää edellämainittujen syiden vuoksi. Jos liikakuluttaminen on ongelmasi on käteinen sinulle paras tapa maksaa kulutuksesi.

Maksukortit ilman luotto-ominaisuutta ovat seuraavaksi parhain tapa. Kortit eivät kuluiltaan juuri eroa käteismaksamisesta, mutta voivat maksaa pari euroa kuukaudessa. Usein käteisnostot ja maksukortit kuuluvat samaan pakettiin. Korteilla maksaminen on vaivattomampaa kuin käteisellä ja niiden helppous on sekä hyödyksi että haitaksi. Helppous lisää turhaa kulutustasi, mutta se kuluttaa vähemmän aikaasi kuin automaatilla ramppaaminen. Tavallisilla maksukorteilla on se huono ominaisuus ettet niitä käyttäessäsi ehkä tiedä rahatilannettasi. Lisäksi samanlaista tuskaa kuin käteismaksamisessa ei ole. Tämä on kaksipiippuinen juttu, koska tappion aiheuttaman lisätuskan vähentäminen ei ole aina huono asia. Mikäli sinulla on hyvät rahankäyttötavat, pärjäät hyvin maksukorttien kanssa etkä tarvitse käteistä.

Luottokortit ovat vihoviimeinen tapa hoitaa kuluttaminen mikäli olet normaalituloinen. Suuret tulot ja hyvät rahankäyttötavat omaavalle ihmiselle luottokortit voivat olla kätevä tapa maksaa ostoksensa. Rikkaat saavat etuja luottokorttiyhtiöiltä. Tämä johtuu siitä, että luottokorttiyhtiöt hyötyvät suurien rahamäärien liikkumisesta, koska saavat provisiot maksuista. Luotolla maksaminen on kallein tapa, koska se yleensä sisältää sekä jatkuvia kuukausittaisia maksuja että korkoja.

Kuukausittaiset maksut ovat muutamia euroja ja korot vaihtelevat. Jatkuvasti luottokorttia käyttämällä joudut maksamaan korkoja, jotka tuottavat pitkällä aikavälillä suuren loven rahatilanteeseesi. Maksa myöhemmin, maksa enemmän on luottokorttien suurin ongelma huonosti asiansa hoitaville. Luottokorttia käyttäessäsi kuvittelet sinulla olevan enemmän rahaa kuin todellisuudessa. Liian suuren asuntolainan jälkeen luottokortit ovat yksi suurimmista syyllisistä rahavaikeuksiin. Ne voivat tuottaa liiallista mielihyvää. Niitä käyttäessäsi saat hankittua tavaraa ilman tappiontuntua. Luottokortit omaavat myös sen ongelman, että niitä käyttäessäsi voit joutua maksamaan suuremmat rangaistusmaksut mikäli et pysty maksamaan riittäviä summia tilillesi.

Sinun tulee ottaa huomioon rahatilanteesi parasta maksutapaa valitessasi. Vaikeassa rahatilanteessa sinun on parasta pysyä käteismaksuissa. Terveet rahankäyttötavat ja kohtuullinen rahatilanne mahdollistavat ilman luotto-ominaisuutta olevan maksukortin käytön. Jos sinulla on hyvät rahankäyttötavat ja isompi omaisuus, voit huoletta käyttää luottokorttiakin. Se voi olla sinulle kokonaisuutta ajatellen viisain tapa.

Poikkeuksia edellämainittuun sääntöön maksutavan suhteen on olemassa kaksi. Ensimmäinen on matkailu ulkomailla, jolloin luottokortin käyttö on turvallisempaa. Toinen on tavaroiden tilaaminen nettikaupoista. Voit maksaa luottokortilla samasta syystä. Luottokorttiyhtiöt pitävät huolta rahoistasi etkä huijaustilanteissa joudu maksumieheksi. Pidä näissäkin tapauksissa huoli siitä ettet osta asioita joihin sinulla ei ole varaa.

5.2 Säästäminen

Säästäminen tarkoittaa kuluttamisen siirtämistä eteenpäin. Mikäli pidät säästösi pankkitileilläsi niin saat pankeilta tuottoja korkojen verran. Suurempien summien säästäminen on järjetöntä, koska inflaatio syö enemmän tuottoja kuin mitä koroilla saat. Toiminta on kannaltasi miinussummapeliä, jossa pankki vie suurimman hyödyn lainatessa tililläsi olevia rahoja eteenpäin. Inflaation ollessa kahden prosentin korvilla lähtee sinulta puolet ostovoimasta kolmessakymmenessä vuodessa. Säästäminen ei tarkoita sitä, että ostat tuotteen puolet halvemmalla. Se vain tarkoittaa sitä, että kulutat puolet vähemmän sillä kertaa.

Elät suurimman osan elämästäsi inflaatiossa ja saat turpiisi suhteellisen tasaista vauhtia. Vain deflaation iskiessä säästämisesi muuttuu voitolliseksi. Tämä on harvinainen ilmiö eikä sinun kannata laskea sen varaan. Deflaatio on häiriö normaalitalouksissa, mutta tällä hetkellä euroalueella todennäköinen vaihtoehto. Rahat tililläsi ovat deflaatiossa plussummapeliä. Vaikka inflaatio syökin säästämisesi hyödyt niin sinulla on syytä olla säästössä käteistä pahan päivän varalle. Sitä varten sinun kannattaa hankkia vararahasto. Pidä sen lisäksi ylimääräistä rahaa käyttötililläsi. Itselleni optimisumma on noin tuhat euroa, mutta sinulle se voi olla jotain muuta.

Joskus voi kalliimpi käyttötavarasi hajota, kuten tietokoneesi tai puhelimesi, jonka tilalle sinun on saatava korvaaja. Tällöin ylimääräinen tuhat euroa helpottaa elämääsi eikä sinun tarvitse koskea vararahastoosi. Kyseessä ei ole hätätilanne vaan normaali tavaranhajoaminen.

5.2.1 Vararahasto

Sinun kannattaa säästää pahan päivän varalle. Paras vaihtoehto on kerätä vararahasto. Sijoita se muualle kuin käyttötilillesi. Käyttämisen on oltava vaivan takana. Muuten sinun on helppo ottaa siitä tarpeen vaatiessa kulutukseen rahaa, jolloin rahastosi tarkoitus heilahtaa päälaelleen.

Yksi mahdollisuus rahastosi keräämiseen on pankkien säästötilit, joille saat normaalia käyttötiliä korkeammat korot. Voit nostaa rahojasi kaksi kertaa vuodessa ilman lisämaksua. Tätä useammin menee maksu joka tuntuu hieman ja rajoittaa turhia nostojasi. Voit käyttää myös luottokorttiasi, kun et sitä muuten käytä. Vararahastosi voi olla myös monen välineen yhdistelmä. Voit yhdistää käteisen, luottokortin ja likvidit varasi, kuten korkorahastot tai osakkeet vararahastoksesi.

Rahastosi koko on yksilöllinen ja riippuu monesta asiasta. Huollettavien määrä on yksi tärkeä vaikuttava tekijä. Jos sinulla on lapsia, tarvitset enemmän rahaa säästöön. Tarvitset sinkkuna pienemmän summan, jos sinulla ei ole suurempaa rahamäärää vaativia menoja, kuten omaa kotia tai asuntosijoituksia varten otettuja lainoja. Sinulla tulee olla vararahastossa enemmän käteistä tai suurempi nostoraja luottokortissasi mikäli sinulla on auto jota tarvitset.

Mitä enemmän sinulla on kiinteitä menoja sitä suurempi rahasto on tarpeen. Rahantarpeesi vaihtelee menojesi mukaan. Alaraja on kuukauden menosi ja yläraja vuoden. Voit säästää enemmän mikäli koet sen tarpeelliseksi. Tämä heikentää sijoitustuottojasi. Kun mietit vararahastosi säästämistä ja sen kokoa niin sinun on syytä ajatella keskimääräisiä menojasi. Jotkut asiantuntijat neuvovat laskemaan menoiksesi vain pakolliset menosi. Itse en lähtisi tälle tielle, koska et ole todennäköisesti valmis luopumaan mistään ennen kuin sinun on pakko. Edes työpaikkasi menettäminen ei saa sinua todennäköisesti muuttamaan kulutustasi radikaalisti.

Mitä suurempaa vararahastoa tarvitset sitä vaikeampaa sen kerääminen on. Jos olet normaali keskituloinen, joka tienaa bruttona 3000€/kk ja nettomenosi veroineen ovat 2400€/kk niin vararahaston kerääminen kestää nelinkertaisen ajan. Tämä voi tarkoittaa säästämisesi kestävän mitä tahansa neljästä kuukaudesta neljään vuoteen. Tällöin on kyse sinulle merkittävistä rahasummista. Niiden kerääminen voi olla työn ja tuskan takana.

Sinulla on monia vaihtoehtoja ja jokainen niistä sisältää sekä hyviä että huonoja puolia. Lyhyellä aikavälillä vararahastosi tuottaa enemmän hyötyjä kuin pitkällä. Tämä johtuu siitä, että inflaation syömät rahasi eivät tunnu pahoilta menetyksiltä, ja turvallisuudentunteesi helpottaa elämääsi. Jotta saisit kuvan siitä paljon hätäkassalla häviät on tehtävä laskutoimituksia. Ne löytyvät hieman myöhemmin.

Sinun ei tarvitse pitää kaikkia vararahastossasi olevia pääomia pankkitililläsi inflaation syötävänä. Osa niistä voi olla helposti rahaksi muutettavissa omaisuuserissä. Nämä voivat olla lyhyen koron rahastoissa olevia rahoja tai osakkeita. Jos mietit vararahastosi käyttötarkoitusta niin se on hätätilanteita varten. Sinun kannattaa myydä näitäkin osia varallisuudestasi äärimmäisessä hädässä. Mikäli sinulla on sairaus joka vaatii kalliita hoitoja, voit myydä muutakin omaisuutta. Vararahaston koko voi olla pienempi mikäli helposti rahaksi muutettavaa sijoitusvarallisuutta on enemmän.

Hätäkassa on sinulle yksi väline luodessasi taloudellista turvaa eikä se ole tärkein. Voit unohtaa kikat ja välineet mikäli et omaa terveellisiä rahankäyttötapoja. Tässä tapauksessa pystyt hankkimaan rahallista ylijäämää lähes joka kuukausi. Riittävän suuri vuosittainen ylijäämä on välttämätön, jotta taloudellinen turvasi on riittävällä tasolla. Kiinteiden kulujen pitäminen pieninä verrattuna tuloihin on paras vaihtoehto saavuttaa ylijäämät. Sinä voit säädellä vaihtuvia kulujasi helpommin tarpeen vaatiessa. Sinun on aina muistettava hätäkassan keräämisen ja sen koon olevan yksilöllinen asia. Älä kopioi muita.

Laskutoimituksia vararahastosta

Mennään ääripäihin eli neljän kuukauden ja neljän vuoden säästämiseen:

- Neljässä kuukaudessa summaksi tulee 600€*4=2400€
- Neljässä vuodessa summa on 600€*4*12=28800€

Säästetyissä summissa ei ole huomioitu inflaatiota asioiden yksinkertaistamiseksi. Tarkoitus ei ole laskea tarkasti paljon rahaa tarvitaan vaan kuinka järkevää sitä on pitää käteisenä tai sijoituksissa.

Seuraavaksi on vuorossa inflaation vaikutus vararahastoihin mikäli niitä pidetään säästötilillä. Kymmenessä vuodessa vararahastojen reaaliarvot ovat kahden prosentin inflaatiolla seuraavat:

- 2400€*0.98^10=1961€
- 28800*0.98^10=23532€

Kymmenessä vuodessa inflaatio on ehtinyt nakertaa hieman yli 18%:ia rahan arvosta

Seuraavaksi lasketaan mitä teoriassa voi kymmenessä vuodessa saada indeksirahastoista. Jos oletamme keskimääräisen reaalituoton olevan 7%:ia ja kulujen olevan 0.5% vuodessa saamme seuraavat laskutoimitukset:

- 2400€*1,065^10=4505€
- 28800*1,065^10=54062€

Tällöin sijoitukset indeksirahastoihin tuottavat kymmenessä vuodessa teoriassa 88%:n tuoton. Jos vertaat lukuja, huomaat kuinka tehoton tapa hätäkassan pitäminen käteisenä on. Sinun on järkevää pitää vain pientä hätäkassaa käteisenä, koska hukkaat tuottoja isompaa käteissummaa kerätessäsi. Pidä suurempaa hätäkassaa vain, jos olet sijoittanut huonosti rahaksi muutettaviin omaisuuslajeihin, kuten asuntoihin.

Hätäkassan tarkoitus ei ole korvata maksuvalmiuttasi normaalitilanteissa, kuten pesukoneesi tai tietokoneesi hajotessa. Pidä aina ylimääräistä käteistä käyttötililläsi. Voit toki käyttää luottokorttiasi maksuvalmiuden ylläpitoon. Tarvitset hätäkassaasi suurempia ongelmia, kuten työttömyyttä kohdatessasi. Sinun ei kannata kerätä erillistä hätäkassaa todellisia katastrofeja, kuten vakavaa sairautta varten mikäli sinulla on paljon helposti rahaksi muutettavaa omaisuutta, kuten osakkeita. Älä lyö överiksi hätäkassan keräämistä. Kolmen kuukauden menosi ovat riittävät vain tähän tarkoitukseen.

Sinun kannattaa jakaa hätäkassasi useampaan osaan. Älä pidä sitä vain käteisenä ellei se ole pieni summa verrattuna helposti rahaksi muutettavaan omaisuuteesi. Käteinen ja luottokortti voivat korvata kuukauden menosi ja sinun kannattaa pitää loppu vararahastostasi nopeasti käteiseksi muutettavassa omaisuudessa. Älä sekoita maksuvalmiuttasi hätäkassaan. Pidä sitä hätäkassan lisäksi koko ajan yllä. Tämä sillä edellytyksellä ettei sinulla ole merkittävää hätätilanteita synnyttävää omaisuutta, kuten sijoitusasuntoja, jotka vaativat suurempia pääomia.

5.2.2 Säästönäpertely hyödytöntä isommassa kuvassa

En ole niitä ihmisiä, jotka säästävät kaikessa, jatkuvasti ja näperrellen olemattomia hyötyjä. Kitupiikkiys syö elämänlaatuasi. Eksymällä iltapäivälehtien sivuille voit löytää vinkkejä siitä kuinka voit säästää kaikessa. Tällainen tapa nussia pilkkua kuluttaa tahdonvoimaasi. Se on luonnonvarasi jota menetät joka kerta kun käytät sitä.

Harvat saavat nautintoa siitä, kun keksivät tavan säästää kymmenen senttiä kuukaudessa esimerkiksi ottamalla puhelimen laturin pois seinästä akun täyttymisen jälkeen. Tällainen näpertely on harmitonta mikäli siitä ei tule pakkomiellettä. Jossakin iltapäivälehdessä säästämisen asiantuntija käski ihmiset juomaan työpaikallaan pahanmakuista automaattikahvia, jotta he voisivat säästää rahaa. Tämä on yksi typerimmistä ideoista. Säästät rahaa tällä tavalla, mutta seuraus voi olla jatkuva ketutus työpaikan kahvitunnilla. Siitä koituva henkinen harmi ja tahdonvoiman kuluttaminen on suurempi ongelma isommassa kuvassa.

Säästäminen on yksi osa suurta kuvaa. Näperteleminen aiheuttaa henkistä pahoinvointia ja on suurempi paha kuin pienet kulut asioissa, joilla ei ole merkitystä. Näpertelijät usein laittavat rahansa hukkaan pitämällä rahojaan pankkitilillä inflaation nakertaessa niiden ostovoimaa. Tätä viisaampaa olisi pitää rahoja tuottavassa toiminnassa, kuten sijoituksissa. Säästönäpertelyn sijaan sinun tulisi keskittyä kuluttamaan vähemmän isoissa asioissa, kuten siinä onko kodissasi ylimääräisiä huoneita. Käytätkö työhuonettasi riittävän usein? Muutaman kerran kuukaudessa ei ole tarpeeksi. Toinen iso rahasyöppö on auto. Mieti tarvitsetko sinä juuri tätä autoa mikä sinulla on? Voisitko sinä vaihtaa sen halvempaan malliin, minkä käyttökustannukset ovat pienemmät?

Älä laita säästämiselle suurta painoarvoa, koska sillä on rajoituksensa. Hyötysi jäävät maksimissaan kulutuksesi tasolle, kun tienaamalla enemmän voit moninkertaistaa rahamääräsi. Mitä enemmän säästät sitä pienempi hyöty siitä seuraa työmäärääsi nähden. Toisin sanoen, mitä enemmän vähennät kulutustasi sitä vaikeammaksi jokaisen euron säästäminen sinulle tulee.

5.3 Velka

Velka voidaan määritellä siten, että se on lupaus maksaa lainaamasi raha myöhemmin. Velkaa ottaessasi käytät tämän päivän kulutukseen tulevaisuuden kassavirtojasi. Maksun siirtäminen tulevaisuuteen on velan houkuttelevuuden suurin syy. Valitettavasti velan seurauksena on korko joka sinun on maksettava. Velallisena maksat velkojallesi suuremman summan kuin mitä hän on alunperin maksanut. Tämä asia tekee velasta huonomman vaihtoehdon sinulle kuin velkojallesi. Negatiivista kassavirtaa tuottava huono velka tarkoittaa sitä, että sinä vähennät tulevaisuudessa käyttämäsi rahan määrää maksamasi koron vuoksi.

Sinä maksat velkasi lähes aina takaisin. Sinun on muistettava se tosiasia, että mikäli sinulla ei ole varaa maksaa sitä niin se ulosmitataan. Pahimmassa tapauksessa ulosmittauksesta seuraa sinulle niin paljon kuluja, että velanmaksusi vaikeutuu. Yleensä joudut laittamaan vakuudeksi omaisuuttasi, joka voidaan pakkomyydä surkealla hinnalla. Silloin sinä olet pitkän aikaa ongelmissa ja omaisuutesi on lunastettu. Tästä esimerkkinä on 1990-luvun alku, jolloin pankit pakkolunastivat vakuutena ollutta omaisuutta. Ne myivät sen naurettavaan hintaan. Joskus jopa suoraan pankinjohtajalle. Jos sinä et pysty maksamaan velkojasi niin olet pankin armoilla eikä se ole sinun tai rahojesi paras ystävä.

Hyvät ja pahat ovat jaoitteluni veloille. Velkoja kutsutaan monilla eri nimillä, mutta tämä jaoittelu on riittävän yksinkertainen yksinkertaiselle ihmiselle, kuten minulle. Myös sinun tulisi jaoitella velkasi täten. Hyvä velka tarkoittaa sitä, että siitä seuraava sinulle tuleva rahavirta on suurempi kuin velkasi kustannus. Hyvä velka tuottaa sinulle positiivista kassavirtaa. Sen ottaminen on vaikeaa. Itse näkisin hyvän velan ottamisen tarkoittavan asuntosijoittamista. Osakesijoittamiseen velan ottaminen on enemmän kiinni siitä mitä muut tekevät, jos sitä vertaa asuntosijoittamiseen. Osakesijoittamisessa muutosvauhti ja markkinoiden arvaamattomuus on vaikeasti arvioitavissa. Hyvienkin yritysten pörssikurssit voivat mennä niin kauan väärään suuntaan, että lainanantaja haluaa sinulta omansa pois.

Asuntosijoittamisessa muutosvauhti on hitaampi. Se on suhteellisen turvallista, jos olet tehnyt kotiläksysi. Sijoita asuntoihin, kun niistä tulevan positiivisen kassavirran todennäköisyys on puolellasi. Silloin asuntosijoittaminen on turvallisempaa. Suomessa asuntosijoittajalla on monta etua verrattuna lainaa hyödyntävään osakesijoittajaan. Esimerkiksi sossun maksama asumistuki tarkoittaa usein varmaa maksajaa vuokralle. Tämä tarkoittaa sitä, että markkinatalous kärsii ja vuokraloordit voivat pyytää korkeampia vuokria. Mikäli harkitset asuntosijoittamista niin sinun kannattaa huomata ettei vuokratuen maksamiseen ole julkisella sektorilla pitkään varaa. Asuntojen hinnat laskevat ja varma vuokranmaksu loppuu.

Sinun tulisi pitää hyvän velan määrä sellaisena ettei sinulle tule kohtuuttomia taloudellisia vaikeuksia mikäli epäonnistut. Tämä pätee niin asunto- kuin osakesijoittamiseen. Sinun on pidettävä huoli velkasi kohtuullisuudesta. Älä ota osakesijoittamiseen velkamäärää jota et voi hävitä kokonaan. Asuntosijoittamisessa häviää harvoin suuren osan sijoitetusta pääomasta. Normaalisti puhutaan kymmenistä prosenteista. Useiden kymmenien prosenttien tappiot asuntosijoittamisessa tulevat yleensä syrjäseuduilta.

Paha velka maksaa sinulle enemmän korkoina kuin mitä tuleva kassavirta tuottaa. Täten on luonnollista, että suurin osa ottamastasi velasta on pahaa. Tämä on tosiasia jota et ehkä hyväksy. Erityisesti omien kotien asuntolainoja pidetään hyvinä lainoina. Ne eivät tuota positiivista kassavirtaa velalliselle. Ne ovat vähiten pahoja lainoja velkamäärien ollessa kohtuullisia. Asiat ovat tapauskohtaisia, joten tarkempaa erittelyä on mahdotonta tehdä. Kohtuullinen määrä asuntolainaa on yksi parhaimmista tavoista ottaa huonoa velkaa.

Velkojesi pahuusasteet riippuvat koroista. Mitä suurempi korko sitä surkeampi laina. Ensisijaisesti huonoutta tulisi mitata todellisella vuosikorolla, johon on laskettu velasta aiheutuvat kulut mukaan. Se ei ole ainut tapa. Polvi-Peteiltä lainaamasi raha voi olla huonompaa lainaa kuin pikavipit. Tämä johtuu siitä, että Polvi-Peteiltä otetut lainat ovat vaarallisempia terveydellesi kuin muut. Vuosikorkojen huonous riippuu yleisestä taloudellisesta tilanteestasi, joten sinun on pidettävä siitä huolta.

Lisäksi velkojen huonousastetta tulisi mitata siten, että kuinka kauan ne ovat voimassa ja mikä seuraus niiden maksamatta jättämisellä on. Mitä vähemmän sinulla on aikaa maksaa lainasi takaisin sitä huonommassa tilanteessa olet. Velkojen perintäkulut voivat kasvattaa taakkaasi enemmän kuin ottamasi velan maksaminen. Parinkympin puhelinlaskuun voi tulla perintäkuluja moninkertainen määrä. Jokaisen velan huonous on yksittäistapaus.

Asuntolainan lisäksi kohtuullinen määrä opintolainaa on sinulle yksi parhaimmista tavoista ottaa huonoa lainaa mikäli sillä on valtiontakaus. Jos sinulla ei ole muuta omaisuutta, voit ottaa kohtuullisen määrän lainaa, koska riskisi ovat pienet. Tällöinkin sinun on muistettava se, että sinun pitää maksaa lainasi takaisin. Itse otin opintolainaa lähtiessäni vaihto-opiskelijaksi Espanjaan. Rehellisyyden nimissä on tunnustettava, että osa siitä meni sijoituksiin eikä elämiseen. Tämä olisi ollut typerä riski, jos olisin ottanut suuren lainan. Kyseessä oli noin 2000 euroa ja taisin tehdä sillä hieman rahaa. Oikeasti kyseessä oli enemmän typerää peliä, jossa järjenkäyttö oli vähäistä. Toisaalta minulla oli rahaa velkojenmaksuun, vaikka spekuloinnista ei olisi tullut mitään.

Liian suuren velan ottaminen on sinulle helpoin tapa tuhota tulevaisuutesi. Liian suuren kulutusluoton tai omiin tuloihinsa nähden liian suuren asuntolainan ottaessasi pilaat tulevaisuutesi vuosikymmeniksi. Epämääräisiltä tahoilta otettavat velat voivat pilata koko loppuelämäsi tai pahimmassa tapauksessa lyhentää elämänlankaasi. Velkaorjuus ei ole järkevä tapa elää ja sinun kannattaa pitää huoli velkamääräsi kohtuullisuudesta mikäli sinulla on veloille tarvetta. Velkojen järkevä määrä on yksi olennainen osa terveitä rahankäyttötapoja.

Kun olet veloissa niin sinun kannattaa aloittaa velkojesi maksaminen pienimmistä ja helpoimmin maksettavista veloista. Saavuttaessasi pieniä voittoja helpot velat maksamalla, saat aikaan onnistumisten kierteen. Vaikka taloudellisesti on järkevämpää maksaa suurimmat korot omaavat velat ensin pois, on henkisesti helpompaa aloittaa helpoimmin takaisinmaksettavista lainoista. Kun matematiikka ja psykologia riitelevät, voittaa psykologia lähes aina. Matematiikasta ei ole apua, jos psykologiset lainalaisuudet eivät päde. Motivaatio parantuu sitä myötä mitä useammin onnistuu. Jos aloittaa ensin suurista asioista ja epäonnistuu niissä, jää pienemmätkin asiat hoitamatta ja tämä kierre pahentaa velkaisen asemaa.

5.4 Tavara

Yltäkylläisyyden ajan yksi tärkeimpiä kysymyksiä on haluatko elää tavarataivaassa vai jätekasojen keskellä. Tämä ei ole yksinkertainen asia, koska mielestäsi joku tavara voi olla kullanarvoinen, kun toiselle se on ongelmajätettä. Tämä johtuu erilaisista tunnesiteistä. Itselleni kullanarvoinen tavara on leikkikenguru, jonka sain isältäni viimeisenä jouluna, kun hän oli elossa. Vaikka se on kärsinyt vuosikymmenien saatossa ja jonkun mielestä se pitäisi heittää roskiin niin minulle se on arvokkaampi kuin muut leikkikaluni. Sinulla voi olla tuhansia tavaroita, joihin olet luonut tunnesiteen. Tämä side on enemmän kuviteltu kuin todellinen. On liioiteltua väittää sinun tarvitsevan tuhansia tavaroita, kun oikea tarpeesi on alle parinsadan.

5.4.1 Tavaroiden kustannukset

Voit ajatella tavaroiden kustannusten loppuvan ostohetkellä, mutta usein ostohinta ei ole lähellä kokonaiskustannustasi. Hinnan lisäksi siihen kuuluvat säilytyskustannuksesi eli tila jonka esine vie, ylläpito, mahdollinen tarpeesi hankkia kalliimpi tavara tilalle, mahdolliset varkaudet ja vaikeus päästä niistä eroon. Hinnat voivat vaihdella kymmenistä senteistä miljooniin. Mitä kalliimman tavaran ostat sitä suuremman menetyksen tunnet. Suhteellinen menetyksesi pienenee eurojen lisääntyessä. Hinta ei suoraan tarkoita tavaralle laitetun arvon kasvamista vaan kallis tavara voi olla jätettä. Ostopäätöstäsi tehdessä sinun tulisi miettiä onko esine kustannuksiasi arvokkaampi koko käyttöajan.

Et voi mitata hintaa vain rahassa, koska omistaminen kuluttaa myös psykologisia voimavarojasi. Tavaran viemän tilan hinta on Suomessa suuri, koska asuminen on kallista. Mitä suurempi tavara on sitä kalliimmaksi tila tulee. Tilanviemisen lisäksi sinun on mietittävä massaa, koska voit siirtää tavaraa paikasta toiseen.

Tavaroiden ylläpito ja huolto voivat tulla kalliiksi tuotteen elinaikana. Autosi käyttöön tarvitset polttoainetta, vakuutuksen, arvonalennukset, huollot, jne. Auton ostohinnan lisäksi virkamiehemme ovat laskeneet käyttökustannuksiksi noin 45 senttiä per kilometri. Käyttökustannuksiksi tulee vuosittaisella 10000 kilometrillä 4500 euroa joka tarkoittaa sitä, että kymmenessä vuodessa on rahaa mennyt käyttökustannuksiin 45000€:a joka on iso summa. Tämä pätee pitkälti uudempiin autoihin, joten voit selvitä halvemmallakin.

Portti vahvempiin huumeisiin. Voit potea tarvetta kalliin älypuhelimen hankkiessasi pysyä tekniikan kehityksen perässä. Luot tarpeen ostaa viimeisimmän huippumallin sen ilmestyessä markkinoille. Tarve vahvistaa itse itseään jokaisen puhelimenvaihtosi myötä. Joku toinen voi varastaa tavaran tai se voi hajota. Varkaudet ovat Suomessa harvinaisia, mutta muissa maissa yleisempiä. Kallein ja laadukkain tavarakin voi hajota käytössä. Tämä kustannus on enemmän oletus kuin fakta, mutta sinun on otettava sekin huomioon. Sinun on vaikea päästä tavaroista eroon. Tämä koskee henkistä tunnesidettäsi tavaraan. Sinulla on kaapit ja hyllyt täynnä tavaroita, joita et nyt tunne tarvitsevasi. Silti niistä luopumista miettiessäsi takaraivossasi usein käy: "entäs jos mä joskus tarvitsen tätä?" Mitä kalliimpi ja suurempi tavara on sitä vaikeampi sinun on päästä siitä eroon saaden rahaa takaisin. Kaikestahan pääsee eroon, mutta kyse on siitä paljon se maksaa. Laske kustannuksesi tavaran koko käyttöiältä, jotta osaat antaa sille oikean arvon. Ota kaikki kustannukset huomioon. Piilokustannukset ovat usein merkittävät ja ostohintaa suuremmat. Paras nyrkkisääntö tavaran ostamisessa on se, että käyttökustannuksiesi tulisi olla mahdollisimman pienet.

5.4.2 Mitä tavaroita kannattaa omistaa

Edellisestä kappaleesta sinun on helppo ponnistaa eteenpäin ja miettiä mitä sinun kannattaa omistaa. Yksi kriteeri ovat pienet kustannukset koko käyttöajalta. Tällöin tulet kriteeriin joka pitäisi ostaessasi olla mielessä eli laatuun. Sinun ei kannata omistaa laadukasta tavaraa mikäli sille ei ole jatkuvaa käyttöä. Laadun hyödyt tulevat näkyviin pidemmällä aikavälillä. Laatutavarat omaavat suuremman jälleenmyyntiarvon.

Sinun ei kannata omistaa kohtuuttoman suuria ja painavia tavaroita mikäli niitä käyttämällä et saa merkittävää hyötyä. Pesukone on tärkein enemmän painava tavara jääkaapin kanssa. Se voi olla myös tuottavuudeltaan parhain. Ilman sitä vaatteiden pesuun sinulta kuluisi tunteja päivässä. Sinä et kuluta sitä käyttämällä juuri kymmentä minuuttia kauempaa. Osta helposti huollettavia tavaroita. Niiden tavaroiden omistaminen on kannattavampaa, joita voit ylläpitää itse. Mahdollisuus huoltaa tavara käyttöpaikan lähellä on tärkeä mikäli et osaa itse huoltaa tavaraasi.

Tavara josta pääset helposti eroon myymällä, kierrättämällä tai heittämällä sen pois on järkevä omistettava. Paras vaihtoehtosi on tavara, josta saat lähes kaikki maksamasi rahat pois sen jälkeen, kun et sitä tarvitse. Kierrätettävyys ja poisheittämisen halpuus on järkevämpää kuin omistaa tavara, jonka luopuminen maksaa paljon.

Laatu maksaa paljon. Sinulla ei ole varaa ostaa kaikkea kerralla. Hanki huippulaadukkaita tuotteita harvemmin. Laatutuotteet tulevat pitkällä tähtäimellä halvemmiksi, koska niiden käyttöikä on pitkä. Muista etteivät uusimmat mallit ole aina laadukkaimpia. Niiden ongelmina ovat lastenvaivat. Nämä voivat aiheuttaa sinulle turhia ylläpitokustannuksia ja ajanhukkaa lastentautien vaatiessa ammattilaisten apua korjaamiseen.

Pahimmassa tapauksessa ongelmat aiheuttavat ketjureaktion, johon kuuluvat jatkuvat käyntisi huollossa.

Jos haluat hankkia huippulaadukasta tavaraa niin harkitse edellisvuoden malleja. Ne eivät eroa paljoa uusimmasta tekniikasta ja sisältävät vähemmän lastentauteja. Lisäksi edellisvuoden malleja ovat monet ehtineet käyttää ja voit oppia heiltä enemmän tavaroiden hyvistä ja huonoista puolista. Edellisvuoden mallit ovat usein halvempia ja niistä saat myös enemmän vastinetta rahoillesi.

Laadukas tavara on kestänyt vuosikymmenien ajan laadun symbolina, kuten sveitsiläinen monitoimiveitsi, jonka konsepti on pysynyt samana. Se, että veitsi on pysynyt haluttuna vuosikymmeniä on suurin laadun tae minkä voit saada. Mikäli sinulla on tarvetta tällaisille tavaroille niin ne ovat järkeviä ostoksia. Se, että jokin on haluttavinta tavaraa tänään, ei tee siitä suoraan laadukasta.

5.4.3 Tavaroiden hankkiminen

Sinun kannattaa miettiä muitakin vaihtoehtoja kuin tavaroiden ostamista uutena kotimaisista kaupoista. Voit käydä kirpputoreilla katsomassa löytyisikö niistä tarvitsemiasi tavaroita. Voit etsiä halvempia vaihtoehtoja ulkomaisista nettikaupoista. Voit saada laatutavaraa halvemmalla vähällä vaivalla. Käytä seuraavaa nyrkkisääntöä hankkiessasi uutta tavaraa: Kysy itseltäsi onko sinun järkevää hankkia jotain mitä et ole tähän asti tarvinnut? Sinä tajuat usein jo tässä vaiheessa ettei sinun kannata ostaa sitä. Usein lainaaminen on järkevä vaihtoehto. Sinun on turha kuluttaa rahojasi hetkeksi tarvitsemiisi tavaroihin. Kysele kavereiltasi löytyykö heiltä tavara lainaksi. Palauta se käytön jälkeen vähintään yhtä hyvässä kunnossa kuin se oli lainaamishetkellä.

Mieti miten voisit saada uuden tavaran ilmaiseksi vanhan hajotessa. Muista myös, että ilmaisellakin tavaralla on hintansa. Sen hakeminen kauempaa ei ole aina viisasta. Sinä voit kysellä kavereiltasi löytyisikö heiltä ylimääräistä. Usein muut ovat halukkaita luopumaan tarpeettomiksi jääneistä esineistään, kun he hankkivat uuden tilalle. Muuttaessaan toiseen asuntoon jää ihmisiltä tavaroita tarpeettomiksi. Itse sain kaveriltani ilmaiseksi kirjoituspöydän.

Sinun tarvitsee hankkia uutena vain harvoja tavaroita. Käytetty on keskimäärin paras vaihtoehto. Sinun ei kannata hankkia kaikkea käytettynä, kuten luistimia. Ne ovat aiemman käyttäjän jaloissa usein muotoutuneet hänen jalkojensa mukaan. Ne eivät sovi sen vuoksi hyvin sinun jalkoihisi. Monet jalkineet uppoavat tähän kategoriaan. Sinun pitää muistaa se tosiasia, että sinun kannattaa ensin miettiä voisitko korjauttaa vanhat jalkineesi järkevään hintaan.

Jos tarpeesi tavaralle yhdistyy ystäviesi kanssa niin voit miettiä sen hankkimista yhteiskäyttöön. Tarpeesi on harvoin samanaikainen muiden kanssa. Esimerkiksi ruohonleikkuri on tavara jonka hankkimista voisit harkita naapurin tai naapurien kanssa. Sitä ei käytä joka päivä kukaan. Älä harkitse tätä huonosti kanssasi toimeentulevien ihmisten kanssa.

Tavaroiden vuokraaminen on hyvä idea, kun tarpeesi käytölle on satunnainen tai ainutkertainen. Mieti onko mahdollisuus lyhyen välimatkan päässä. Kauemmas lähteminen kannattaa vain isomman, kalliimman ja harvinaisemman tavaran ollessa kyseessä. Joskus vuokraaminen on niin kallista, että ostaminen on järkevämpää. Vältä tavaroiden hankkimista täydellä hinnalla viimeiseen asti. Hyvin harvalla niistä on riittävästi käyttöä. Selvitä ennen tavaran hankkimista muita vaihtoehtoja tai tarvitsetko sitä ollenkaan. Muista ettei mikään ole ilmaista, koska asioissa on piilokustannuksia.

Vertaa kustannuksiasi nettotyötunteihisi

Mieti kuinka suuren vaivan sinulle jonkin tavaran hankkiminen tuottaa. Mieti kuinka paljon sinun pitää käyttää aikaasi, jotta voit maksaa ostohintasi. Mieti myös kustannuksiasi tavaran elinaikana. Käyttökustannuksesi voivat aiheuttaa suuren kustannuksen hankinnan lisäksi. Parhaina esimerkkeinä ovat suuret kulutushyödykkeet kuten asunto, autot ja muut kulkuvälineet, kuten moottoripyörät ja veneet. Mitä isommasta hankinnasta on kyse sitä vaikeammaksi tarkempien lukujen saaminen menee. Sinun on parempi olla suunnilleen oikeassa kuin täysin väärässä. Tee laskutoimituksia selvittääksesi asioiden suuruusluokat.

Nettotyötunnit tarkoittavat sitä kuinka monta tuntia sinun täytyy tehdä työtä, jotta saat maksettua tavaran tai elämyksen kustannukset koko käyttöajalta. Käytä nettotyötuntien laskemiseen sitä summaa joka sinulle jää yhdestä työtunnista verojen ja eläkemaksujen jälkeen. Mikäli verojen ja eläkemaksujen selvittäminen tuntuu vaikealta, unohda ne. Laskemistapoja on monia ja jotkut voivat käyttää pakollisten palkasta otettavien maksujen lisäksi pakollisia elinkustannuksia, kuten asumista. Sinuna en lähtisi tälle tielle, koska on vaikea määrittää sitä mitkä asiat ovat pakollisia. Laskusi monimutkaistuvat. Yksinkertaisemmat laskutoimitukset kertovat riittävällä marginaalilla todellisuuden. Laskujen monimutkaistaminen ei tuota riittävää hyötyä.

Esimerkki nettotyötuntien laskemisesta

Tuntityöntekijän palkasta jää verojen ja eläkemaksujen jälkeen 10€:a ja hän haluaa ostaa 60€:n lipun stadionkonserttiin. Oletetaan matkakustannuksiksi 10€:n seutuliput. Yhteensä hinnaksi tulee siis 70€:a. Pidetään asiat yksinkertaisina ja oletetaan ettei muita kustannuksia tule. Saamme nettotyötunneiksi 70€/10€/h. Nettotyötunteja tulee seitsemän. Sinun on

päätettävä itse onko seitsemän tuntia paljon töitä tästä elämyksestä.
Nettotyötunnit ovat paras mahdollinen työkalu mittaamaan sitä kuinka
paljon vaivaa sinun on nähtävä tavaran hankkimiseen. Voit käyttää niitä joka
hankintaan. Työkalun käytössä on omat rajoituksensa eikä niitä pidä
unohtaa. Mitä vähemmän kustannuksia asioilla on hankintahinnan lisäksi
sitä tarkemmat tulokset saat. Mitä pidemmästä aikavälistä on kyse sitä
tärkeämpää on ymmärtää ettei kyseessä ole tarkka lukema. Suuruusluokkien
ymmärtäminen riittää pitkälle. Monissa asioissa et voi keskittyä vain
rahanlaskentaan.

5.4.5 Tavaroista luopuminen

Pelkkä ajatus tavarasta luopumisesta voi olla tuskallinen. Tämä johtuu
evoluution luomasta häviönpelostasi. Tätä kohtaa kirjoittaessani iski
ahdistuneisuus päälle. Sitä ei ollut pari minuuttia sitten. Tämän vuoksi
sinunkin asuntosi on täynnä tavaraa, jota käytät vain mielikuvituksessasi.
Tavarasi ovat pilaantumassa nurkissa tai kaapeissa. Tavaranpaljous on
ongelma eikä siihen ole helppoa ratkaisua. Sinun pitää luopua tavaroistasi,
koska niiden määrän kasvulle ei ole loppua. Sinulle tulee pikkuhiljaa tarve
saada lisää säilytystilaa.

Tavaroidesi määrä kasvaa vuosikymmenien kuluessa. Lopulta niistä
luopuu toinen ihminen, jolla ei ole niihin tunnesidettä. Rakas mummoni
keräsi elämänsä aikana niin paljon tavaraa, että niistä luopuminen tuntui
loputtomalta suolta. Siihen meni pari viikonloppua ja tavaroista suurin osa
meni roskiin. Onneksi mummoni ei ollut näkemässä sitä.

Asunnossasi tavaraa on todennäköisesti tuhansia eri kappaleita etkä tätä
määrää rekisteröi. Sitä on vaikea huomata, koska käytät vain pientä osaa.
Paras tapa huomata asia on kirjata tavarat käyttötarpeidesi mukaan. Tällä
tarkoitan sitä kuinka usein tavaraa käytät. Jos sinulla on nauloja jossain
paketissa useita satoja niin älä laske niitä. Kirjoita suhteellinen arvio niiden
määrästä. Tarkoitus ei ole miettiä tarkkaa tavaramäärää vaan tavaroita, joita
et tarvitse. Tarkoitus on myös huomata se, että sinulla on niitä enemmän
kuin luuletkaan.

Jaoittele tavarasi seuraaviin ryhmiin:

1. Tavarat, joita olet käyttänyt tänään
2. Tavarat, joita olet käyttänyt viimeisen viikon aikana
3. Tavarat, joita olet käyttänyt viimeisen kuukauden aikana
4. Tavarat, joita olet käyttänyt viimeisen puolen vuoden aikana
5. Tavarat, joita olet käyttänyt viimeisen vuoden aikana
6. Tavarat, joita et ole käyttänyt viimeisen vuoden aikana
7. Mikä tämä on?

Ensimmäiset kolme ryhmää ovat tavarat, jotka sinun kannattaa säilyttää. Viimeiset kaksi ryhmää kuuluvat sellaisiin, joista sinun on luovuttava heti. Ryhmiä neljä ja viisi sinun on harkittava erikseen. Joitakin tavaroita, kuten luistimia tai suksia tulee miettiä tapauskohtaisesti. Mikäli on kesä, niin on selvää, ettet käytä suksia kuin talvella. Joskus voi etelä-Suomessa olla niin huonot kelit ettet ole päässyt talvella hiihtämään. Huomioi myös poikkeustilanteet. Muuten on hyvä luopua myös ryhmien neljä ja viisi tavaroista.

On olemassa tavaroita joita todella rakastat ja silloin tätä jaoittelua ei kannata käyttää. Minulle tällaisia on osa kirjoistani. Sinä et rakasta kaikkia tavaroitasi, joten älä valehtele itsellesi. Päätä **yksi** asia, josta sinä voit nauttia. Se on asia joka menee muiden edelle ja on sinulle rakkain. Tämä asia on tärkeä myös siinä mielessä, että se antaa sinulle suurimman nautinnon.

Kun olet listannut tavarat, joista haluat päästä eroon on sinulla vuorossa tuskainen taival. Aloita pienin askelin. Aloita niistä, joiden olemassaolosta sinulla ei ollut tietoa. Ensimmäisten tavaroiden luopumisen pitää olla helpointa. Heitä ne lähimpänä sinua olevaan roskakoriin. Pienikokoiset, hieman hajalla olevat tavarat, on helpointa viedä roskikseen, joten aloita niistä. Älä yritä luopua kaikista tavaroista kerralla, koska se ei ole mahdollista ilman tunnontuskiasi.

Tavaroista luopumiseen on vaihtoehtoja. Luopumiskustannukset ovat tärkeitä. Et voi heittää televisioita roskakoriin eikä kierrätyskeskusta aina ole lähettyvilläsi. Jos kyseessä on vanha mölytoosa niin et voi edes myydä sitä. Kysy tuttaviltasi olisiko sille tarvetta? He noutavat sen mielellään mikäli saavat sen ilmaiseksi. On myös olemassa palveluita, joiden kautta voi luopua tavarasta ilman kustannuksia, kuten UFF:n laatikot.

Asioiden myymiseen on monia vaihtoehtoja. Suuremmissa kaupungeissa on kirpputoreja lyhyiden välimatkojen päässä. Sinun on helppo laittaa niille tavaroitasi myyntiin. Niiden suurin heikkous on hinta. Myytävää tavaraa pitää olla paljon, jotta saat rahasi takaisin. Netin palvelut kuten tori.fi ja huuto.net ovat myös hyviä vaihtoehtoja. Niissäkin on vaivansa. Harkitse onko niiden käyttö järkevää kustannuksiin nähden. Tavaroiden postittamiseen voi kulua pitkäkin aika puhumattakaan kustannuksesta mikä sinulle voi tulla raahautuessasi lähimpään postiin. Muutaman euron hyöty tunnin työstä ei ole järkevä vaihtokauppa.

Keskimäärin paras idea on käyttää tavaraa, kunnes se on käyttökelvotonta. Myös yksinkertaiset huoltotoimenpiteet parantavat käyttöikää. Nahkakenkiesi lankkaaminen parantaa niiden kestoa. Kantalappujen vaihtaminen tulee myös halvemmaksi kuin uusien kenkien ostaminen. Voit ommella monet vaatteesi ilman korjaustoimenpiteiden näkymistä. Toisaalta, miksi sinun pitäisi välittää mikäli ompeleet näkyisivätkin? Tavaroista luopuminen on vaikeaa ja mitä suuremmasta määrästä olet luopumassa sitä vaikeammaksi asia tulee. Nyrkkisääntönä kannattaa pitää pieniä askelia, varsinkin aloittaessa. Luovu jostakin ennen kuin hankit toisen tavaran. Älä hanki luovutetun tavaran tilalle samanlaista, jos sille ei ole tarvetta.

5.5 Asuminen

Kotisi herättää sinussa eniten tunteita kuluttamisessa. Se on sinulle tärkein hyödyke ja suurin menoeräsi, jos et ole poikkeus. Ei ole olemassa ihmistä joka ei suhtautuisi kotiinsa suurella tunteella. Sinulle sen arvostus voi olla liian suuri ja se voi johtaa vaikeuksiin. Tässä luvussa yritän suhtautua asumiseen vain rationaalisesta näkökulmasta, koska jokaisella on tunteensa.

5.5.1 Sijainti

Asuntosi sijainti on tärkein asia. Keskity ensisijaisesti turvallisuuteen. Toiseksi tärkein asia on välimatkat paikkoihin, joissa vietät suurimman osan ajastasi. Suurimmalle osalle aikuisista paikka on työ kodin lisäksi. Sijaintisi työpaikkaan nähden pitää jakaa kahteen eri osaan. Ensimmäisessä osassa on kyse työmatkaan menevästä ajasta ja toisessa on kyse työmatkasi kustannuksista.

Kymmenen kilometrin työmatka voi kestää pidempään kuin viidenkymmenen. Et voita ajallisesti juuttuessasi ruuhkaan. Aika on tärkeä käsite, koska mitä pidempi aika sinulla menee työmatkaan sitä enemmän sinun pitää saada palkkaa, jotta suhteellinen hyötysi kasvaa. Tunnin työmatkasi yhteen suuntaan tarkoittaa sitä, että viikoittainen työhön käytetty aikasi kasvaa noin parillakymmenellä prosentilla työpaikan lähellä asumiseen verrattuna. Tämän verran enemmän sinun pitää saada palkkaa, jotta pidempi työmatka kannattaisi. Vaihtoehtoisesti asuntosi pitäisi maksaa saman verran vähemmän.

Et voi unohtaa vapaa-aikaasi. Myös sillä on merkitystä. Sinun pitää ehkä asua kaukana kaupunkisi keskustasta, jotta sinulla on mahdollisuuksia harrastaa. Esimerkiksi hevoset vaativat välimatkaa keskustoista. Sinun on vaikeampi löytää niistä myös lenkkipolkuja. Huomioi sijainnissasi välimatkasi tärkeisiin paikkoihin, kuten ruokakauppoihin. Ideaalitilanne on se, että löydät edullisen ruokakaupan kotimatkaltasi. Mitä useampaa henkilöä tarvitsee ajatella sitä monimutkaisemmaksi valinnat menevät. Perheillä ensisijaisena huolenaiheena ovat lapset, heidän turvallisuutensa ja koulumatkojen pituudet. Tämä voi olla vaikea yhtälö suurperheille. Tämän takia osuus on ajateltu lähinnä lapsettomien näkökulmasta.

5.5.2 Kustannukset

Sinun täytyy ottaa muitakin kustannuksia huomioon kuin hinta, hankkiessasi asuntoa. Oli kyse vuokraluukusta tai omistusasunnosta niin koko on suurin hinnanmäärittäjä sijainnin lisäksi. Asunnon ostohinta ja vuokran suuruus riippuvat lähinnä näistä asioista. Käyttökustannukset riippuvat enimmäkseen asunnon koosta. Sijainti on merkittävin tekijä neliöhinnalle. Neliöhinnat vaihtelevat kaupunkien sisällä. Mitä lähempänä keskustaa sitä kalliimpaa asuminen on. Pääkaupunkiseudulla neliöhinnoista puhuttaessa mennään parista tuhannesta eurosta ylöspäin. Taivas on rajana. Lukijoista harva ostaa asuntoa yli kymppitonnin neliöhinnalla tai maksaa vuokraa yli 30€:a per neliö.

Suurin syy asumisen kalleuteen on neliöiden hukkakäyttö. Hukkakäyttö syntyy hankkimishetkellä. Voit kuvitella tarvitsevasi työhuoneen, jossa voit tehdä omia projektejasi. Sille on harvoin todellinen tarve. Lisähuone on vähintään kymmenen neliötä. Se tarkoittaa parinkymmenen tuhannen euron lisähintaa ostettaessa tai noin sataa euroa kuukaudessa vuokratessa. Tämä on hinta siitä hyvästä, että sinulla on ylimääräistä tilaa. Se ei sisällä käyttökustannuksiasi.

Muut kustannuksesi lisätilasta ovat tapauskohtaisia. Lisätila yleensä sisustetaan eli sinun pitää hankkia täytteeksi tavaroita. Suomessa lämmityskulut ovat yleensä suurimmat jatkuvat kulut asunnon ylläpidossa. Suurin osa muista kustannuksista liittyy omiin valintoihin. Mitä isompi asunto sitä kalliimmaksi sen ylläpitäminen tulee. Ylläpitokustannusten, kuten sähkön säästäminen sammuttamalla valot, on näpertämistä verrattuna turhan lisätilan tuomiin kustannuksiin. Lisätilan hinta näkyy parhaiten korjauskustannuksissa, joita sinulle ei vuokralla suoraan tule. Suomalaiset neukkukuutiot tarvitsevat huoltotoimenpiteitä johtuen mm. olosuhteiden vaihtelusta. Ne tulevat kalliimmaksi kuin muut ylläpitokulut. Ylläpitokulujen laskeminen unohtuu lähes jokaiselta asuntoa hankkiessa.

5.5.3 Omistaminen/vuokraaminen

Omistaako vai vuokrata? Siinä on sinua mietityttävä kysymys. Pidemmällä aikavälillä suurin osa vuokralaisista voittaisi rahallisesti asunnon ostamalla. Tällä hetkellä hinnat ovat sen verran korkeat, että ero kokonaiskustannuksissa ei ole suuri omistusasunnon hyväksi ainakaan pääkaupunkiseudulla. Kustannuksiin vaikuttavat monet sinusta riippuvat asiat. Ne vaihtelevat paljon, joten on vaikea laskea keskimääräistä kustannusta.

Vuokratessasi suurimmat kulusi ovat vuokrasi ja ylläpitokustannuksesi, kuten sähkö, vesi ja muut pienemmät menot. Joskus nämä menevät suoraan vuokrastasi. Vuokrasi on suurin menoeräsi. Hyvä puoli vuokraamisessa on se ettei sinun tarvitse välittää korko- ja remonttikuluista, jotka kuuluvat omistusasujalle. Jos voit ostaa asunnon käteisellä ei sinun tarvitse maksaa korkokuluja. Harva siihen tosin pystyy tai sitä edes haluaa tehdä. Vuokraajana joudut maksamaan korko- ja remonttikuluista epäsuorasti oman osuutesi.

Et todennäköisesti asu kimppakämpässä mikäli et satu asumaan opiskelija-asunnossa. Itse olen havainnut ne hyväksi tavaksi asua varsinkin ulkomailla, jossa koko kämpän vuokraaminen voi tulla kalliiksi. Kimppakämpät lisäävät sosiaalista kanssakäymistäsi ja voivat parantaa asumisviihtyvyyttäsi. Huomioi niihin muuttaessa se, että ihmiset ovat erilaisia eikä sikaa säkissä kannata ostaa. Älä muuta asuntoon, josta sinulla ei ole etukäteistietoa. On parempi tuntea joku asukkaista etukäteen kuin muuttaa asumaan tuntemattomien kanssa.

Suurin hyöty vuokralla asumisessa on vapaus. Olet vastuussa vain vuokranmaksusta ja asunnon ylläpitämisestä. Sinun ei tarvitse olla naimisissa pankkisi kanssa vuosikymmeniä. Et voi todennäköisesti tietää omaa taloudellista tilannettasi pitkälle eteenpäin. Voit aina luottaa siihen, mutta nykyaikana eivät työnantajat ole kiinnostuneet samalla tavalla työntekijöidensä hyvinvoinnista kuin aiemmin.

Omistusasuminen säästää rahojasi pitkällä aikavälillä ja se on taloudellisesti tärkein syy omistaa asunto. Minulla ei ole mitään asuntoja ostavia henkilöitä vastaan. Se on myös viisas ratkaisu, vaikka itse en henkilökohtaisista syistä ostaisikaan asuntoa. Tästä huolimatta omistan perityn asunnonpuolikkaan enkä sitä ole myymässä. Ongelmasi ei ole omistusasunto vaan se, että sinulla on todennäköisesti sisäinen tarve virittää asuntolainasi tappiin saakka. Asuntolainat eivät usein kestä suuria muutoksia huonompaan suuntaan taloudellisessa tilanteessa.

Voit mennä pankinjohtajan puheille hattu kourassa hakemaan lainaa asuntoosi. Käytte läpi taloudellisen tilanteesi ja neuvottelette lainaehdoista. Tapahtuma voi sisältää pankin muiden tuotteiden myyntiä. Tuotteet eivät ole hintansa väärtejä eikä sinun kannata laittaa rahojasi niihin. Tuotteista hyötyvät lähinnä vain pankit ja sinä kannat riskit. Todennäköisesti tapahtuma on ihan mukava ja pankkikin yrittää olla auttavainen, jotta saisi sinusta laina-asiakkaan.

Todellisuus on se, että pankit ovat taloudellisia korppikotkia, jotka ruumiisi haistaessaan iskevät kiinni. Niiltä on turha toivoa hyvän asiakkaan lisää, kun taloutesi kärsii. Pidä huoli asuntolainasi koosta. Siihen on hyvä saada liikkumatilaa, koska elämä on arvaamattomampaa kuin etukäteen oletat. Minusta 20-30% bruttotuloista asumiseen kuukaudessa on keskimääräinen maksimisi riippuen muusta omaisuudestasi. Mikäli sinulla on sitä paljon, voit harkita isompaakin osuutta. Pidä huoli itse siitä ettei asuminen tule liian kalliiksi. Se on suurin kulueräsi. Kiinnitä siihen myös suurin huomiosi.

5.6 Liikkuminen

Sinut on luotu liikkumaan. Suurin rajoitus on aikasi rajallisuus. Sinulle on järkevää olla parikin eri mahdollisuutta liikkua julkisilla kulkuvälineillä kotoasi mikäli et omista autoa. Sinulla on syytä olla vaihtoehtoja työmatkaasi, koska junat eivät aina kulje säiden takia. Voit keskittyä ensimmäiseksi oman auton käyttöön. Tämä voi olla sinulle toisiksi suurin kuluerä asumisen jälkeen. Suureksi yllätyksekseni autovero tippuu ensi vuonna. Todennäköisesti sen pieneneminen maksatetaan autoilijoilla muulla tavalla, mutta se jääköön nähtäväksi.

Bensiinilitran hinnasta maksat veroa nykypäivänä noin euron. Tämä on noin 60%:a hinnasta. Myös autovero ottaa osansa pankkitililtäsi. Lisäksi maksat vakuutukset ja niiden arvonlisäverot. Tämä ennen kuin olet ajanut kilometriäkään. Et tämän vuoksi todennäköisesti osta uutta autoa. Sisäänajettu vaihtoehto on parempi ratkaisu. Oman auton lisäksi sinulla on muitakin vaihtoehtoja isoissa kaupungeissa. Yksi ja ainakin pk-seudulla järkevin, on julkiset kulkuneuvot. Riippuen siitä mihin rajataan pääkaupunkiseutu, tulee hinnaksi noin satanen kuukaudessa.

Et saa satasella autotallia nykypäivänä isojen kaupunkien keskustoista, joten vain sen takia julkiset kulkuneuvot voittavat. Liikkumiseen tarkoitetuista välineistä polkupyörä on paras vaihtoehtosi puolet vuodesta töiden salliessa. Noin viisitoista kilometriä on raja, jonka jälkeen sinun kannattaa turvautua muihin vaihtoehtoihin. Selviät matkasta alle tunnissa etkä kohtaa samanlaisia viivästymisiä kuin julkisilla kulkuvälineillä tai omalla autolla. Kävele lyhyet välimatkat, koska se käy samalla myös liikunnasta. Pyörällä ajaessasi näin lyhyet matkat eivät juuri ponnisteluasi vaadi. Kävely hyvässä säässä virkistää myös mieltäsi.

5.7 Ruoka

Käsittelen ruokaa lähinnä ostamisen näkökulmasta. Sinun pitää syödä ja käyt ruokakaupassa säännöllisin väliajoin. Kaupan valinta ei ole vähäpätöinen asia, koska Suomessa ruoka on kallista. Tärkeimmät asiat ovat hinta ja matkasi kauppaan. Otat todennäköisesti huomioon matkasi kauppaan, kun mietit missä asut. Hyvän ja kohtuuhintaisen ruokakaupan tulee olla nopean välimatkan päässä asunnostasi. Vartti alkaa olla liian pitkä matka ellei kauppa ole työmatkasi varrella.

Ymmärrän toki ettei pienemmillä paikkakunnilla ole mahdollista käydä niin nopeasti hyvässä kaupassa, joten siinä tapauksessa puoli tuntia suuntaan on kelvollinen aika. Sinun kannattaa ostaa mahdollisimman paljon kerralla ruokaa, jotta et tuhlaa aikaasi jääkaappisi täyttöön. Hinta-laatu-suhde on tärkein asia. Jos et ole vielä ymmärtänyt sitä tosiseikkaa, että s-bonuksesi ja plussapisteesi eivät tee ruoastasi halpaa niin mietipä uudestaan.

Sinä maksat pisteesi ja bonuksesi aina hinnassa ja se on ainut tosiasia niistä joka sinun pitää ymmärtää. Paras tapa saada halvempaa ruokaa on katkaista s- ja k-mafioiden kortit ja pakottaa ne luopumaan kanta-asiakasohjelmistaan. Niiden käyttö nostaa ruoan hintaa. Jos et ole kulinaristi, voit huoletta ostaa tuotteita, joissa ruoan viimeinen käyttöpäivä on joko sama tai seuraava kuin ostopäivä. Suurin osa tuotteista on hyviä. Tuoretta kalaa et saa muualta kuin suoraan kauppahallista, torilta tai kalastajilta. Kaupoissa myytävät kalat kulkevat hitaasti palvelutiskeille. Tuore kala on hintansa väärti, joten on syytä turvautua kalliiseen vaihtoehtoon, kun sitä tekee mieli.

Hyvä ruoka on aina hintansa väärti, mutta valitettavan harvoilla meistä on varaa ostaa aina tuoretta. Tämän takia joudumme tekemään kompromisseja. Niin pahoja kompromisseja ei kannata tehdä, että ostaa pelkkää roskaa, kuten valmisruokaa. Lyhyellä tähtäimellä se voi olla hyvä investointi, mutta pitkällä se on typerä idea. Sinä olet mitä syöt.

5.8 Palvelut

Palveluita on niin monia, että ne vaatisivat kokonaan oman kirjansa. Minulla ei myöskään riitä asiantuntemus, koska en käytä monia kuin satunnaisesti. Kiinteät kustannukset palveluissa eivät ole hyvä idea, koska käyttö jää usein vähiin. Voit säästää kustannuksissa kiinteällä kuukausimaksulla mikäli olet varma, että käytät palvelua.

Viestintä

Viestintä on yksi perustarpeistasi, joten en suosittele sen välttämistä kokonaan edes erakoille. Viestintään on monia eri tapoja. Netti, puhelimet, televisio ja radio sekä muut mediat. Maksat näistä joko vapaaehtoisesti tai väkipakolla, kuten YLE-veroa. Todellista hyötyä se ei sinulle tuota, vaikka joistakin ohjelmista voi iloa tullakin. Hankit ehkä puhelimesi kiinteällä kuukausimaksulla. Olet sen jälkeen naimisissa palveluntarjoajasi kanssa seuraavat vuodet ilman rangaistusmaksun kuittaamista. Tämä on typerä idea. Kaikki tarvittava tavara tulee hankkia rahoilla, jotka olet tienannut etukäteen. Jos sinulla ei ole varaa ostaa ilman luottoa niin älä hanki sitä! Älä syö kuormastasi etukäteen. Pahimmassa tapauksessa ostat televisiosi kuukausimaksulla, jossa on suuret korot.

Radio on medioista se joka ei sinulle maksa suoraan mitään lukuunottamatta YLE-veroa. Kaikki muu tulee kalliiksi. Valitettavasti muu roska, kuten mainokset, tulevat kaupanpäälle. Älä laita rahojasi Iltapäivä- tai sanomalehtiin. Niistä saatava hyöty on olematon hintaansa nähden. Edes medioiden nettisivuja ei kannata lukea. Netti on palveluista hyödyllisin vaihtoehto. Senkin käytössä pitää olla rajansa. Liikakäyttö hukkaa monta ihmiselämää. En ymmärrä miksi puhelimessa pitää olla netti, koska sitä selatessa ei voi keskittyä. Lyhyet tietopurskeet tuhoavat ihmisen keskittymiskykyä. Reaaliaikainen informaatio ei suurimmalle osalle ole olennainen tai tarpeellinen asia.

Kustannusten puolesta pidän järkevimpänä ei niin nopeaa, mutta laadukasta ja vähäkatkoista palvelua. Oli kyseessä 3G tai 4G niin tärkeintä on palvelun toimivuus. Hermojenmeno maksaa yhtä paljon kuin mitä lisänopeus hyödyttää. Kiinteä ja pidempi sopimus ei ole järkevä, koska huonosta palvelusta et netin kohdalla voi juuri valittaa ja vaikka voitkin niin sinun on vaikea päästä sopimuksista eroon. Itse kärsin huonosta palvelusta erään operaattorin netissä enkä sitä enää koskaan tule hankkimaan. Nykyinen nettini toimii hyvin, mutta käytänkin hitaampaa ja luotettavampaa palvelua.

Vakuutukset

Vakuutukset ovat kaksipiippuinen juttu, koska et voi tietää mitä sinulle tapahtuu tulevaisuudessa. Kotivakuutus on hyvä olla mikäli olet köyhä. Muut vakuutukset aikuisia varten ovat kyseenalaisia. Itselläni on tapaturmavakuutus ja urheiluvakuutuksia, joihin ei jostain syystä voi hankkia yhtä ainutta vakuutusta. Perheellisten on hyvä vakuuttaa lapsensa, koska he ovat tärkein asia. Rikkoontumisvakuutuksen hankkiminen kulutustuotteelle on typeryyttä, koska se on kallis hyötyihinsä nähden.

Perusperiaate vakuutusten suhteen on se, että häviät keskimäärin aina. Vakuutusyhtiöillä on tietoa todennäköisyyksistä, jotka kertovat kuinka paljon heidän tarvitsee pyytää rahaa sinulta, jotta sopimus on heille viisas. Pidä tämän takia vakuutusten määrä mahdollisimman pienenä.

Jos mietit taloudellista näkökulmaa ostopäätöksessäsi niin tärkein peruste on hinta. Ostamalla vakuutuksen maksat turvasta joka perustuu todennäköisyyksiin. Ne perustuvat isojen ihmisjoukkojen toimiin ja sinä olet yksi osa joukkoa. Sinulla on pieni todennäköisyys vakuutuksen todelliselle tarpeelle. Sen toteutuessa saat korvauksen. Koska todennäköisyydet ovat samat riippumatta palveluntarjoajasta, on hinta tärkein yksittäinen tekijä. Korvaukset ja omavastuut voivat vaihdella, mutta niiden ollessa suunnilleen samat on järjetöntä hankkia vakuutus muun kuin hinnan perusteella. Omavastuuta nostamalla voi laskea vakuutusten hintaa. Tätä kannattaa harkita mikäli on varallisuutta.

Muut

Palveluita on lukemattomia jopa Suomessakin, jossa tehdään pienille yrityksille kaikki vaikeaksi. Tämän vuoksi on annettava kunnia yrittäjille, jotka sitä tekevät. Muiden ihmisten työllistäminen on tehty kalliiksi. Tämän vuoksi harvat suomalaiset nauttivat palveluista. Muihin palveluihin pätevät samat asiat kuin edellämainittuihin. Kiinteät sopimukset eivät ole viisaita, jos et voi olla varma jatkuvasta käytöstä. Lisäksi sinun on syytä olla sitouttamatta itseäsi pitkin sopimuksin. Sinun voi olla vaikea päästä sopimuksistasi irti tarpeen vaatiessa. Sinun on turha maksaa sata euroa kuussa käydessäsi kuntosalilla satunnaisesti.

Hyvät palvelut ovat hintansa väärtejä, vaikka niiden maksaminen voi tuntua kalliilta. Tarkkaa määritelmää niistä on vaikeaa antaa, koska sinä koet asiat eri tavoin. Yksi tärkeä asia on niistä nauttiminen. Päätä itse mikä on hyvää palvelua. Itsepalvelu ei sitä ole. Hyvä palvelu voisi olla iso kilpailuetu mikäli sitä käytettäisiin. Joudut tekemään Suomessa lähes kaiken itse. Tämä on meidän asiakkaiden oma vika, koska emme vaadi palvelua.

5.9 Yhteenveto

Kuluttaminen ei ole paha asia mikäli teet sen järkevästi. Kuluttamalla järkevästi voit tuottaa elämyksiä, jotka kestävät muistoissasi koko loppuelämän. Voit nostaa elämänlaatuasi myös tekemällä järkeviä ostoksia. Voit tuottaa itsellesi suurta hyötyä ostamalla laatutuotteita tai palveluita. Sinun kannattaa maksaa laadusta paljon. Se tulee sinulle halvemmaksi pidemmällä aikavälillä. Älä maksa laadusta mikäli et sitä tarvitse.

Kulutuksesi järkevyys riippuu myös siitä mitä maksuvälinettä käytät. Maksuvälineen valinta taas riippuu siitä kuinka hyvin hoidat raha-asiasi. Rikkaille ja hyvin raha-asiansa hoitaville järkevin tapa on luottokortti, köyhille käteinen ja keskituloisten maksuvälineen valinta riippuu siitä miten hän osaa rahojaan käyttää. Järkevästi rahojaan kuluttava keskituloinen pärjää tavalllisella pankkikortilla, kun taas velkainen keskituloinen tarvitsee käteistä. Luottoa tulisi ottaa kulutukseen vain isoja kulutushyödykkeitä, kuten asunnon tai auton ostoa varten. Niidenkin ostamisessa on tärkeää huolehtia kustannusten minimoimisesta.

Sinä ostat paljon palveluita ja tavaroita, joita et käytä tarpeeksi. Niiden ostaminen ei ole perusteltua, koska suurin osa niistä perustuu enemmän kuviteltuun kuin todelliseen tarpeeseen. Ne perustuvat seuraaviin todellisuuksiin: sinä luulet käyttäväsi niitä tietyn määrän ajastasi, toivot käyttäväsi niitä tietyn määrän lisää ja todellinen käyttösi jää reilusti kahden edellisen määrän alle. Pidä ostamiesi tavaroiden ja palveluiden määrä mahdollisimman pienenä. Älä osta lisää, jos et samalla luovu jostakin.

6 SIJOITTAMINEN

Sijoittaminen tuottaa pitkällä aikavälillä suurimman hyödyn käyttäessäsi rahojasi. Sijoittaminen mahdollistaa suuremman kulutuksen myöhemmin. Tämä johtuu oletuksesta, että sijoituksesi tuottavat keskimäärin enemmän voittoa kuin rahanarvon lasku. Tämä ei pidä aina paikkaansa, koska sijoituksissa on riskinsä. Voit menettää rahasi tekemällä huonoja päätöksiä. Ostovoimasi kasvaa todennäköisesti pidemmällä aikavälillä sijoitustesi myötä. Sijoittaminen on lähes ainut tapa saavuttaa taloudellinen vauraus, koska säästäminen on kallista. Tämä johtuu inflaatiota pienemmistä koroista ja siitä, että verottaja vie suuremman osan suurista tuloistasi.

Sijoita vain rahaa, jonka voit hävitä, koska yllätyksiä seuraa jatkuvasti. Maailma on monimutkainen paikka. Rahasi voi aina viedä joku odottamaton asia. Tämä on tärkein muistettava asiasi ennen sijoittamisen aloittamista. Sinä et saa laittaa perheesi ruokarahoja sijoituksiin. Sinä et myöskään saa sijoittaa asunnonhankintaasi tai vuokranmaksuusi säästettyjä rahoja. Sinun elämäsi ei saa kärsiä sijoittamisesta. Älä sijoita ennen kuin sisäistät nämä asiat. Jos joku muu tekee näin, koska se on ainutlaatuinen tilaisuus, ei sinun pidä tehdä samoin. Ainutlaatuinen tilaisuus on todennäköisesti huijaus. Älä usko edes lähisukulaisesi neuvoja tässä tapauksessa. Tee omat päätöksesi tilanteesi mukaan.

6.1 Kohteet

Voit sijoittaa mihin tahansa muumimukeista isäsi vanhoihin kalsareihin, mutta tuotto-odotuksesi ovat olemattomat, varsinkin jälkimmäisissä. Ostovoimasi todennäköisesti laskee näiden sijoitusten myötä. Sinun on löydettävä ostovoimaasi nostavia kohteita, koska se on sijoittamisen suurin syy.

Sijoittaessasi osakkeisiin ostat osuuden yrityksestä. Yrityksillä on eri määrä osakkeita. Yksi osake on yksi osuus. Osakkeiden määrää ei ole rajoitettu, mutta mitä enemmän yrityksellä on osakkeita sitä pienempi on yhden osakkeen arvo verrattuna yrityksen kokonaisarvoon. Osakkeiden hinnat vaihtelevat kaupanteon mukaan. Voit sijoittaa osakkeisiin ja muihin kohteisiin myös rahastojen kautta.

Voit sijoittaa Suomessa myös metsään jota riittää jokaiselle. Metsän omistaminen on konkreettinen tapa sijoittaa, koska siellä käydessäsi näet koko ajan miten menee. Joudut myös pitämään huolta metsistäsi. Pitkällä aikavälillä metsään sijoittaminen on tehnyt noin viiden prosentin tuoton. Raaka-aineet, kuten kupari, sokeri, öljy, jne. ovat myös mahdollisia sijoituskohteita. Näiden fyysinen omistus on vaikeampaa kuin metsän. Raaka-aineiden onnistuminen sijoituskohteina riippuu maailmanmarkkinahinnoista.

Asunnot ja kiinteistöt toimivat myös sijoituskohteina. Niiden tuotot riippuvat pidemmällä aikavälillä sekä vuokratuotoista että arvonnousuista tai -laskuista. Pidemmällä aikavälillä voit olettaa hyvän tuoton olevan viiden ja kymmenen prosentin välillä. Voit sijoittaa myös eri valuuttoihin valuuttatilien muodossa. Niiden hinnanmuodostus on elektronista ja valuuttakurssi muodostuu osto- ja myyntitarjousten kohdatessa. Voit sijoittaa myös jalometalleihin, kuten kultaan ja hopeaan. Pitkällä aikavälillä jalometalleja käytetään säilyttämään rahojen ostovoimaa.

Korkosijoitukset ovat yksi suosituimmista sijoituskohteista vakaiden tuottojen takia. Sijoittajana toimit lainanantajana toiselle osapuolelle joka maksaa lainastaan korkokustannusta. Korkosijoitukset ovat siitä hyviä, että niistä odotettavat tuotot ovat ennakoitavissa ja yleensä tiedossa sijoitushetkellä. Niihin sisältyy vastapuoliriski joka tarkoittaa sitä, että mikäli vastapuoli muuttuu varattomaksi, lainatut rahasi tai osa niistä jäävät saamatta.

Erilaisia sijoituskohteita on rajattomasti. Keskityn lähinnä osakesijoittamiseen. Tämä johtuu siitä, että en voi muista tavoista tarjota laadukasta tietoa. Voin vielä ottaa kantaa yleisiin periaatteisiin matematiikasta, sijoituskohteiden järkevyydestä, jne.

6.2 aikavälit

Sijoittaminen on pitkän aikavälin eli vuosikymmenien puuhaa. Vasta viidentoista vuoden jälkeen korkoa korolle -ilmiö alkaa toimimaan kunnolla hyödyksesi. Ole varma siitä ettet tarvitse sijoittamiseen meneviä rahoja pitkään aikaan. Se ettei suurin osa sijoittajista pysty sitouttamaan rahojaan pitkäksi aikaa ei ole syysi toimia samoin. Päinvastoin toimimalla sinulla on paremmat mahdollisuudet saada hyviä tuloksia. Mitä lyhyemmästä ajanjaksosta on kyse sitä vähemmän on puhuttava sijoittamisesta. Vedonlyönti, jossa mahdollisuutesi ovat surkeat on lähempänä totuutta. Tämä ei koske jokaista, mutta tuhannesta ihmisestä ehkä yksi pystyy tekemään pitkällä aikavälillä rahaa lyhyillä kaupoilla. Jos luulet kuuluvasti tähän ryhmään niin siitä vaan. Kukaan ei estä sinua hukkaamaasta rahojasi. Olet vastuussa itsestäsi.

Lyhyen aikavälin spekuloinnista seuraa se, että pääset ennemmin tai myöhemmin eroon rahoistasi mikäli et satu olemaan kylmähermoinen tappaja. En tarkoita mafiatouhuja vaan sitä tosiasiaa, että sinä pelaat kylmähermoisia tappajia vastaan. Pelaat niitä vastaan, jotka ovat valmiita potkimaan sinua päähän, kun makaat verisenä maassa tappelun jälkeen. He eivät tunne sääliä sinua kohtaan vaan käyttävät virheesi hyväkseen. Jos et itse kuulu tähän ihmisryhmään niin sinulla ei ole mahdollisuuksia. Sama pätee ammattimaiseen pokerinpelaamiseen tai muihin uhkapeleihin joissa pelataan ihminen ihmistä vastaan.

Sinä joudut myös pelaamaan niitä organisaatioita tai ihmisiä vastaan, joilla on supernopeat yhteydet pörssiin. Tietokoneet rekisteröivät pörssin myynti- ja ostotarjoukset ihmissilmää nopeammmin ja nopeimmat yhteydet omaavat organisaatiot tekevät suurimmat voitot. Voittomarginaalit yksittäisissä kaupoissa ovat pienet, mutta kaupankäynnin määrä korvaa yksittäisten voittojen pienet prosentit. Sinulla ei ole mahdollisuutta pärjätä tässä touhussa, joten älä hukkaa aikaasi siihen.

Älä hukkaa rahojasi lyhyen aikavälin peleihin, koska pankit ja verottaja vievät myös niissä suurimman voittomahdollisuutesi. Mitä enemmän teet kauppaa sitä todennäköisemmin verottaja ja pankit vievät osansa. Tämän lisäksi enemmän päätöksiä tekemällä teet todennäköisesti myös keskimäärin tyhmempiä päätöksiä. Pankkien osa lyhytaikaisista peleistä on vaikea laskettava, koska se riippuu kaupankäyntikuluista. Verottajan osuus on helpommin nähtävissä. Koska verottaja ottaa tällä hetkellä 30%:ia voitoista, on helppo laskea kuinka paljon pitäisi lyhyen kaupan vuosituoton olla verrattuna pitkäaikaissijoittajaan. Ensiksi sinun tulee päättää mitä vuosituottoprosenttia käytät. Tämän jälkeen sinä voit jakaa sen verottajalta jäävällä prosentilla 70 eli tässä tapauksessa jaat vuosituottoprosentin 0.7:llä.

Esimerkki: vuosituotto 7%: 7%/0.7=10% eli 3 prosenttiyksikköä. Voit laskea samalla kaavalla minkä tahansa vuosituoton.

Mikäli olet täysi-ikäinen niin suosittelen rahojen ryyppäämistä tai pistämistä kalliiseen ulkomaanmatkaan, josta voi olla tuliaisina muitakin muistoja kuin hävityt rahat. Se tulee olemaan sinulle välttämätön lopputulema.

6.2.1 Nuoruus on etusi

Mitä aikaisemmin aloitat sitä helpommalla pääset. Albert Einstein ymmärsi sen väitetysti: "Maailmankaikkeuden voimakkain voima on korkoa korolle" Tämä tarkoittaa sitä ettei nuorempana tarvitse sijoittaa niin suurta summaa kuin vanhempana. Käytetään esimerkkinä seitsemän prosentin vuotuista tuottoa. Tämä on yhdysvaltain osakemarkkinoiden keskimääräinen reaalituotto viimeisen kahdensadan vuoden ajalta. Tällä tuotolla pääomasi kasvaa noin kaksinkertaiseksi kymmenessä vuodessa.

Parikymppisenä aloittaessasi sata euroa kuukaudessa vastaa keskimäärin neljäsataa euroa nelikymppisenä. Sata euroa on summa joka helpottaa sinua hahmottamaan luvut. Tämä voima toimii myös toiseen suuntaan. Kolmen prosentin vuotuisen inflaation vallitessa menettää käteisesi arvostaan kahdessakymmenessä vuodessa noin neljäkymmentäviisi prosenttia. Sadasta eurosta on jäljellä viisikymmentäviisi nelikymppisenä. Et ehkä säilytä käteistä pankkitililläsi parikymppisestä asti, joten kyseessä on teoreettinen esimerkki.

Nuoruus on etusi, vaikka harvalla nuorella on rahaa sijoitettavakseen suuria summia. Sijoittaminen ei kiinnosta kuin aniharvoja nuoria, mutta hyödyt paljon mikäli itse olet siitä kiinnostunut. Viisikymppiä kuukaudessa parikymppisenä riittää tuomaan vuosikymmenien saatossa suuria rahasummia. Tällä panostuksella ikävuosien 21-30 aikana tehdyt sijoitukset tekevät noin 50 000€ :a neljässä vuosikymmenessä. Tuotoksi on oletettu kuuden ja puolen prosentin keskimääräinen tuotto, mikä on ollut historiallinen SP500-indeksin tuotto olettamalla kulut puoleksi prosentiksi. 50 000 €:a siis tulee mikäli sijoitat 600€:a vuodessa kymmenen vuoden ajan ja sijoitushorisonttisi on yhteensä 40 vuotta. Laskuissa on otettu huomioon se, että sinun pitää ensimmäisenä vuonna kerätä 600€:a pääomaa ennen ensimmäistä sijoitusta.

6.2.2 Miljoonan tekeminen on teoriassa helppoa

Viisisataa euroa kuukaudessa neljänkymmenen vuoden ajan indeksirahastoon on reseptisi, jolla pitäisi miljoonan euron tekeminen sijoittamalla olla helppoa. Resepti syntyy korkoa korolle -ilmiöstä. Voit siis tehdä miljoonan ymmärtämättä muuta kuin sen, että se on mahdollista.

Usein tietämättömyys on siunaus. Indeksirahastot ovat paras tapa suurimmalle osalle ihmisistä. Mikäli et tiedä muusta sijoittamisesta mitään niin älä ota siitä selvää. Käytännössä näin yksinkertaisesta asiasta ei ole kyse. Tämä johtuu siitä, että historiallinen tuotto ei ole todiste tulevasta. Elät maailmassa, jossa minä en näe seuraavien vuosikymmenien tuovan keskimääräistä historiallista tuottoa. Seitsemän prosentin reaalituotto on epärealistinen. Realistisempi tuotto-odotus on jotain neljän ja viiden väliltä. Voin olla väärässä ja todennäköisesti olenkin. En tosin tiedä kumpaan suuntaan.

Viidensadan euron kuukausisäästäminen tuntuu olevan suurimmalle osalle ihmisistä mahdotonta. Tätä se on allekirjoittaneellekin tällä hetkellä. Miljoona euroa on niin iso rahasumma ettei sitä eläkepäivillään ehkä tarvitse. Toisaalta kukaan ei voi tietää kuinka kauan elää. Sinun olisi hyvä laittaa joku rahasumma sadan ja viidensadan euron väliltä kuukaudessa sijoituksiin. Päätä itse summasi ottamalla huomioon lähtökohtasi. Odotettavissa olevat tuottosi voit laskea jakamalla oma rahasummasi viidelläsadalla ja kertomalla se miljoonalla sijoitushorisontin ollessa 40 vuotta.

6.3 Onko oma asunto säästämistä tai sijoittamista?

Olet todennäköisesti eri mieltä kanssani ja mielestäsi kyse on säästämisestä. Jos olet erityistapaus pidät asiaa sijoittamisena. Uskallan olla eri mieltä. Voit päättää perusteluideni jälkeen mielipiteesi asiasta. Katto pään päällä tai suoja sääolosuhteilta kuuluu perustarpeisiisi. En kiistä kodin olevan yksi tärkeimmistä tarpeistasi. En usko sinun haluavan henkilökohtaiseen konkurssiin kotisi takia, joten luokittele se menoeränä. Tämä ajattelutapa vahvistaa taloudellisia mahdollisuuksiasi pärjätä pidemmällä tähtäimellä. Lyhyellä tähtäimellä kotisi voi tuntua korvaamattomalta etkä laske sille hintaa. Liian kallis koti on sinulle paras tapa joutua talousvaikeuksiin.

Sinun on maksettava oman kodin hankkimisen jälkeen sekä yhtiövastiketta että lainanlyhennyksiä mikäli tarvitset lainaa. Kustannuksesi eivät lopu lainan maksuhetkeen. Joudut usein maksamaan korjaustoimenpiteitä, jotka nostavat yhtiövastikettasi. Oman kodin hankkiminen ei tuota sinulle kassavirtaa vaan kuluja, kunnes olet myynyt sen. Silloin olet todennäköisesti tilanteessa, jossa ostat kalliimman kodin joka vaatii saman rallin. Kyseessä on sinulle lyhempiaikainen sitoumus kuin ensiasuntosi hankkiminen. Uuden kotisi myötä joudut laittamaan asunnon mieleiseksesi mikä lisää kustannuksiasi. Usein oravanpyöräsi jatkuu eläköitymiseesi saakka ilman radikaalia muutosta.

Voit kutsua omaa kotiasi säästämiseksi, mutta sijoittamista se ei ole. Tämä ajatusharha on yksi syy, jonka vuoksi kärsittiin Yhdysvalloista alkanut velkakriisi. Tämä syntyi antamalla köyhille mahdollisuus omaan asuntoon. Heille annettiin aikaa rikastua oletetulla arvonnousulla jota ei viimeisille hölmöille tullut. Jotkut toki hyötyivät omasta kodistaan myymällä sen voitolla riittävän aikaisin.

Jos onnistut myymään voitolla asuntosi niin rahan laittaminen kalliimpaan asuntoon lasketaan menoeräksi. Käytännössä maksat ylijäämälläsi vain toista kattoa pääsi päälle. Voit puhua säästämisestä mikäli ylijäämäinen raha jää tilillesi toisen asunnon hankinnan jälkeen. Tärkein asia joka sinun pitää muistaa omasta kodistasi on se, että niin kauan kun maksat lainaa on se jonkun muun omaisuutta. Mikäli laiminlyöt maksusi, siirtyy kotisi pakkolunastukseen. Asuntosi arvoa en pitäisi markkinahintana vastaavassa kohteessa vaan summana minkä ostaja on kodistasi valmis maksamaan. Käytännössä tämän selvität vain pistämällä kotisi myyntiin.

6.4 Varo välistävetäjiä

Kun puhutaan sijoitusten tuotoista niin lähestulkoon aina ne tahot, jotka myyvät palvelujaan unohtavat kertoa kuinka paljon he syövät tuottojasi. Lisäksi verottaja ottaa osuutensa. Vaikka et pysty täysin välttämään sijoittamisesta aiheutuvia kuluja niin niiden vähentäminen on tärkeää. Pystyt tekemään vuosikymmenien aikana minimoimalla kulusi satojatuhansia enemmän rahaa kuin unohtamalla tai sivuuttamalla ne. Hyvän lopputuloksen saat ymmärtämällä mitä korkoa korolle -ilmiö tarkoittaa kulujen muodossa. Verottajan vaikutus tuottoihin riippuu sijoitushorisontistasi. Mitä pidempi sitä vähemmän verottaja vaikuttaa.

6.4.1 Palveluntarjoajien menestys keskimäärin huonoa

Sijoituspalveluita tarjoavat yritykset vetoavat siihen, että heidän työntekijänsä ovat alansa huippuja ja ammattilaisia, jotka peittoavat tavallisen sijoittajan. Asia voi ollakin näin, mutta tämä ei tarkoita sinun hyötyvän siitä. Itseasiassa asia on päinvastoin. Vain harvat aktiivisesti kauppaa käyvät osakerahastot pääsevät edes lähelle osakeindeksien tuottoja pitkällä aikavälillä. Valitettavasti on vaikeaa löytää kattavia tilastoja aktiivisten rahastojen pärjäämisestä passiivisia indeksirahastoja vastaan. On tyydyttävä vertaamaan niiden tuottoja indekseihin. Parhaiten aineistoa löytyy Yhdysvalloista. Siellä on tehty tutkimuksia, joissa on verrattu Yhdysvaltojen S&P-indeksiä aktiivisiin rahastoihin. Suomesta kattavia tutkimuksia on mahdotonta löytää.

Research Affiliatesin mukaan vuosien 1984 ja 1998 välillä vain 8 yhteensä 200:sta aktiivisesta yli 100 miljoonan dollarin rahastosta voitti indeksin Yhdysvalloissa. Tämä tarkoittaa yhtä 25:stä rahastosta. Oikean rahaston löytäminen on vaikeaa. Voit verrata tätä siihen, että osaisit arvata punaisen ässän täydestä korttipakasta.

Kun otat huomioon myös sen kuinka huonosti aktiivisiin osakerahastoihin sijoittavat ihmiset odottavat tuloksia niin huomaat, että todellisuus on karumpi. Tutkimuslaitos Dalbar on tutkinut 20 vuoden aikana (1994-2013) rahastosijoittajia Yhdysvalloissa. Heidän keskimääräinen vuosittainen sijoitustuotto oli vain **2.54%:ia**. Samalla aikavälillä S&P-indeksi on tehnyt **9.28%:in** vuosituoton. Suurin syy erotukseen on se etteivät sijoittajat ole odottaneet tuloksia. Sen sijaan he ovat vaihtaneet rahastoja.

Yksi syy sille, että aktiivisten osakerahastojen tuotot ovat huonoja, on se etteivät monet salkunhoitajat riskeeraa merkittäviä summia rahastoihinsa. Vuonna 2009 Morningstar tutki 4300:aa aktiivirahastoa ympäri maailmaa ja 49%:ssa rahastoja salkunhoitajilla ei ollut senttiäkään kiinni. Parhaimmat salkunhoitajat voivat tienata miljoonia vuodessa. Vain 610:llä salkunhoitajalla oli merkittävä summa kiinni eli puoli miljoonaa dollaria. Tämä tarkoittaa vajaata 15%:ia salkunhoitajista. Toisin sanoen, suurin osa salkunhoitajista ei jaa riskiä sijoittajien kanssa.

Tämä on siinä mielessä kaksipiippuinen juttu, että riskin jakaminen sijoittajien kanssa ei automaattisesti ole hyvä asia. Useat salkunhoitajat ottavat myös liikaa riskiä, koska heillä on omat rahansa pelissä. Sinun tulee seurata sitä lisääkö salkunhoitajan oma panostus kaupankäyntiä vai vähentääkö se sitä. Todennäköisyydet ovat rahastosijoittajan puolella mikäli kaupankäynti vähenee salkunhoitajan toimiessa harvemmin.

6.4.2 Kulujen minimointi

Toinen syy aktiivisten osakerahastojen huonoihin tuottoihin on kulut. Et voi välttää kaikkia kuluja, mutta voit pienentää niitä. Kulut voivat syödä kohtuuttoman suuren osan vuosikymmenien aikana mikäli et huomioi niitä. Seuraavassa muutama laskutoimitus kulujen minimoimisen merkityksestä. Oletetaan reaalituotoksi ennen kuluja 7%/vuosi ja unohdetaan verot kokonaan. Kuluina käytetään 0.5%:ia, 1%:ia ,2%:ia ja 3%:ia. Sijoitettu summa olkoon 1000€:a ja sijoitushorisontti 30 vuotta. Taulukosta löytyvät vuosittaiset kulut prosentteina ensimmäisellä pystyrivillä, toisella pystyrivillä on loppusumma ja kolmannella pystyvirillä on se ikävä tosiasia kuinka monta prosenttia palkkiot ovat vuosien aikana vieneet sijoittajalta.

Kulut	Loppusumma €	Palk. Osuus
0,00%	7612	0,00%
0,50%	6614	13,11%
1,00%	5743	24,55%
2,00%	4322	43,22%
3,00%	3243	57,40%

Taulukko 2 Kulujen vaikutus

Luvuista näet, että korkoa korolle -ilmiö tekee pahaa jälkeä mikäli kulusi nousevat. Aktiivisissa sijoitusrahastoissa kaikki kulut, piilokulut mukaanlukien, menevät keskimäärin kahden prosentin väärälle puolelle. Mitä suuremmat kulut sitä pahempaa jälkeä ne tekevät korkoa korolle - ilmiön myötä. Tästä taulukosta ei suoraan näy se tosiasia, että mitä pidemmästä sijoitushorisontista on kyse sitä suuremman prosentin sijoittajan tuloista kulut vievät.

6.4.3 Verot

Muista sijoituksia tehdessäsi, että joudut palveluntarjoajan lisäksi verottajan päätösten alaiseksi. Suomessa verojen ennustettavuus on ollut lähes nollissa viime aikoina. Päätöksiä on muutettu jatkuvasti. Verottaja on huono sopimuskumppani. Tämän takia niin sanotut PS-tilit, jotka tuovat verohelpotuksia, eivät ole perusteltuja välineitä. Varsinkin nykynuorille vastapuoliriski verottajan muodossa on suuri. Et voi tietää verottajan päätöksistä seuraavien vuosikymmenien aikana. Mieti omia näkökulmiasi. Itse en luottaisi veroetuihin pitkällä aikavälillä.

Verojenmaksuhetki merkitsee. Pitkäaikaiset sijoitukset muodostavat veroedun. Ennen verojen vaikutusten laskemista, on näytettävä tilanne juuri nyt. Esimerkit ovat arvioita, koska verottaja voi tehdä muutoksia. Pörssiyhtiöiden pääomatuloista veroja menee seuraavasti:

- Pääomaverojen prosentti on 30000€:n asti 30%:ia ja siitä ylöspäin 33%:ia (nousee 34%:iin)
- Osingot ovat 85%:sti pääomatuloa ja 15%:ia verotonta
- Osakkeiden luovutusvoitot ovat 100%:sti verotettavaa pääomatuloa
- Yli 10 vuotta omistettujen osakkeiden myynnissä voidaan käyttää 40%:in hankintameno-olettamaa ja alle 10 vuotta omistetuissa 20%:in.

Esimerkeissä oletetaan reaalituottojen olevan kulujen jälkeen 7%/vuosi. Oletetaan osinkojen ja osakkeiden arvonnousun olevan suunnilleen tasoissa eli 3.5%/vuosi. Oletetaan pitkäaikaisen sijoituksen horisontiksi 30 Vuotta ja lyhyempiaikaisen olevan vuosi. Lyhyen ajan horisontin omaava sijoittaja tekee kauppoja noin kerran vuodessa. Oletamme hänen saavan osinkoja joka vuosi. Katsotaan ensin pidempiaikaisen sijoittajan tuottoja verojen jälkeen, kun sijoitettava summa on ollut 1000€:a.

30V sijoitus: **1000€*(1.07-(0.035*0.255))^30 noin 5921€**

Arvonlisäystä 2807€ ja osinkoja 2114€ alkupääoma 1000€

Hankintameno-olettamaa   40%   käyttäen   saadaan   veroja 3807€*0.6*0.3=685€

30V sijoitus veroineen 5921€-685€=5236€

1V kerrallaan 1000€*(1.07-(0.035*0.255+0.035*0.3))^30=4394€

Kuten esimerkeistä näet niin veroetu pitkäikaiselle sijoittajalle on selkeä. Se mikä ei näy on se, että ilman hankintameno-olettamaa etua ei juuri olisi. Tämä ei ole syy paukutella henkseleitä pitkäaikaisen osakesijoittamisen puolesta, koska osinkoverot syövät osan tuotoista. Sen sijaan hajautettu indeksirahastosalkku on verotehokkaampi. Oletetaan hajautetun indeksirahastosalkun reaalituotoiksi kulujen jälkeen 7%:ia.

30V sijoitus: **1000€*1.07^30=7612€**
30V sijoitus veroineen   **7612€-((7612*0.3*0,6))=6242€**

Luvut kertovat karua kieltään uudelleen osingot sijoittavien indeksirahastojen verotehokkuuden puolesta. Et voi olla varma tulevaisuudesta, koska verolakeja muutetaan jatkuvasti. Pidän lukuja todisteena siitä ettei veroja voi kokonaan unohtaa. Niiden minimoiminen ei saa olla päätavoite vaan mahdollisimman suuret tuotot. Jokaisen sijoittajan tulee kysyä itseltään: "Pystynkö minä suorilla osakesijoituksilla lyömään uudelleen osingot sijoittavien indeksirahastojen veroedut?"

6.4.4 Aktiiviset osakerahastot

Kuvittele, että sinulla on 10000€:a ylimääräistä rahaa ja sinun pitää miettiä laitatko ne peliin, jossa toinen pelaaja pelaa rahoillasi ilman, että sinulla on mahdollisuuksia vaikuttaa lopputulokseen. Lisäksi sinä kannat riskit ja puolestasi pelaava henkilö ottaa sinulta voitoista parhaimmillaan kymmeniä tuhansia Euroja. Laittaisitko rahasi peliin näillä tiedoilla?

Aktiivisista osakerahastoista puhuttaessa sinun on muistettava, että todennäköisesti tienaat sijoittaessa, mutta huomioidessasi vaihtoehtoiskustannukset puhut eri pelistä. Kun vertaat aktiivisia rahastoja indeksirahastoihin niin huomaat ensin mainittujen kulujen syövän tuottosi. Väitteeni on absurdi ilman todisteita, joten sen takia on syytä siteerata tutkimuksia. Valitettavasti Suomessa niitä ei ole juuri tehty. Yksi syy on varmasti se ettei niitä kukaan rahoitusalalla toimiva halua maksaa, koska tulokset eivät täsmää alan lupausten kanssa.

Joudut tyytymään uudella mantereella tehtyihin tutkimuksiin, jotka eivät ole sataprosenttisesti yhteneviä suomalaisten rahastojen kanssa, mutta niistä saadut tulokset kertovat tylyn totuuden tästä liiketoiminnasta. Marko Erolan kirjassa Paras Sijoitus on siteerattu mm. John Boglen tekemää tutkimusta, jossa verrattiin osakerahastojen tuottoja niiden vertailuindekseihin vuosina 1970-1999. Tutkimuksessa oli mukana 355 rahastoa, joista yhdeksän voitti vertailuindeksinsä. Tulokset on tiettävästi saatu kulujen jälkeen. Suomesta ei nopealla etsinnällä löytynyt laajoja tutkimuksia. Suosittelen sinua jättämään asian väliin, koska todennäköisyys indeksin voittavaan rahastoon sijoittamisesta on pieni.

Miksi rahastot eivät keskimäärin pärjää vertailuindekseilleen? Suurin syy siihen on se, että järjestelmä on sinua vastaan. Tämä johtuu siitä, että aktiivisten rahastojen kulut ovat suuremmat kuin indeksirahastojen. Kuluihisi kuuluvat mm.

- Hallinnointipalkkio
- Merkintä- ja lunastuspalkkiot
- Kaupankäyntikulut
- Tilinhoito- ja pankkikulut
- Mahdollinen tuottopalkkio

Keskimääräiset hallinnointipalkkiot olivat Erolan kirjan mukaan vuonna 2008 noin puolitoista prosenttia. Merkintä- ja lunastuspalkkiosi ovat pienet, koska yleensä pankit tarjoavat sinulle ne joko ilmaiseksi tai vähäisinä, kun maksat muistakin pankkipalveluista. Kaupankäyntikulusi syntyvät, kun rahasto ostaa ja myy osakkeita. Lisäksi niistä tulee kuluja, koska osto- ja myyntitarjouksilla on eroja. Näitä kutsutaan spreadeiksi. Kaupankäyntipalkkiot olivat vuonna 2008 noin 1.6 prosenttia. Rahastoesitteissä esitetään myös salkun kiertonopeus eli kuinka usein osakkeet vaihtuvat. Mitä suurempi luku sitä enemmän tuottojasi lähtee. Kiertonopeuden ollessa 100%:ia jokainen salkun osake vaihtuu keskimäärin kerran vuodessa.

Lisäksi rahastoilla on käteistä mikä syö tuottojasi. Tämä johtuu siitä, että salkunhoitaja joutuu pitämään osan rahaston pääomista käteisenä osuuksien lunastusten ja ostotilaisuuksien varalle. Käteisvarat ovat noin 5-50 %:ia pääomista. Vain käteisvarojen pitämisen takia rahasto häviää indeksilleen prosenttiyksikön kymmenyksiä vuosittain. Joskus aktiivisilla rahastoilla on tuottopalkkioita. Yleensä ne ovat 20%:ia ylituotoistasi eli 20%:in osuus tavoitetuoton yli menevästä osasta. Kuten huomaat niin rahastosijoittajana takamatkasi on kulujen takia pitkä.

Erolan kirjassa esitettyjen tutkimusten mukaan keskimääräinen rahastonhoitaja häviää rahaston vertailuindeksille hallinnointipalkkion. Verrataan 1.5%:ia indeksirahastosijoitukseen, jonka kulut ovat 0.5%:ia. 10000€:a sijoitetaan 20:ksi vuodeksi. Oletetaan indeksisijoituksen tuottavan 7%:ia. 20:n vuoden jälkeen sijoitusten summat ennen veroja ovat:

indeksirahasto: $1.065^{20}*10000€ = 35236€$
akt. Rahasto: $1.055^{20}*10000€ = 29178€$

Mitä pidempään sijoitusta pidetään sitä suurempi ero korkoa korolle -ilmiön myötä tulee. 40:n vuoden jälkeen vastaavat luvut ovat: 124161€ ja 85133€. Toisin sanoen, 40 vuoden jälkeen aktiivinen rahasto on syönyt jopa 34%:ia tuotoista.

Esimerkeistä on helppo huomata, että järjestelmä on sinua vastaan. Mieti itse kannattaako sinun edes yrittää pelata tätä peliä vai olisiko sinun järkevämpää pelata toista? Kun menet sijoitusneuvojan pakeille seuraavan kerran, niin mieti tarkkaan kannattaako hänen neuvojaan uskoa mikäli hän myy aktiivisia rahastoja. Sijoitusneuvojan etu on harvoin sama kuin sinun. Mitä todennäköisemmin sijoitusneuvojalle on edullisinta saada sinut ostamaan kalliimmat kulut omaavaa rahastoa.

Mitä asioita pitää miettiä hankkiessa aktiivista rahastoa?

Vaikka olenkin kertonut hyviä syitä miksi aktiivisiin osakerahastoihin ei kannata sijoittaa niin olen varma, että siitä huolimatta joku tulee tekemään niin. Tämän vuoksi minun täytyy selvittää mitkä asiat ovat tärkeitä niihin sijoittaessa. Kulut, kulut, kulut. Tärkein asia on rahastojen kulut. Niiden pitää olla pienet. Tämä parantaa todennäköisyyttäsi saada paras hyöty. Suurin syy kulujen tärkeydelle on se ettet tavallisena rahastosijoittajana pääse käsiksi parhaiden salkunhoitajien hoitamiin rahastoihin. Parhaimmat rahastot vaativat suuria summia, jotta ne edes huolivat sinut asiakkaaksi. Jotkin rahastot eivät edes huoli uusia sijoittajia, koska silloin ne kasvaisivat liian suuriksi. Kulujesi pitäisi olla maksimissaan yhteensä 2%:ia parhaimmillakin rahastoilla, mieluiten pienemmät.

Seuraavaksi tärkein huomioonotettava asia on rahastonhoitajan kannustimet. Toisin sanoen, hänellä täytyy olla merkittävä summa pelissä, koska ilman tätä kannustimet toimivat sinua vastaan. Rahastoluokitusyhtiö Morningstar tutki vuonna 2009 4300 ympäri maailmaa sijoittavaa aktiivista rahastoa ja tutkimus paljasti, että jopa 49%:ia rahastoista oli sellaisia ettei rahastonhoitajalla ollut senttiäkään kiinni.

Kysy itseltäsi: Jos rahastonhoitaja ei usko toimiinsa niin miksi sinun pitäisi? Tutkimus kertoi myös sen tosiasian, että vain 14%:ia rahastonhoitajista omistaa rahastoaan yli puolella miljoonalla dollarilla. Huonot kannustimet johtavat mm. siihen, että salkunhoitajat voivat tehdä liikaa kauppaa, koska heillä voi olla muita syitä, kuten bonukset. Älä koskaan perustele sijoitustasi vain rahastonhoitajan panostuksella tuotteeseensa, koska useat rahastonhoitajat ottavat suurempia riskejä omien rahojensa ollessa kyseessä.

Kysy itseltäsi myös kuinka pitkään salkunhoitaja on ollut työssään. Mitä pidempi aika sitä parempi mikäli tuotot ovat olleet vähintään samaa tasoa kuin vertailuindeksillä. Mitä kauemmin salkunhoitaja on ollut työssään, sitä varmemmin hän panostaa rahastonhoitoon ja sitä todennäköisemmin hän laittaa rahojaan. Paremmin pärjänneet salkunhoitajat saavat usein tarjouksia toisista rahastoyhtiöistä ja he voivat vaihtaa rahastoyhtiötä. Sen jälkeen rahastojen tuotot todennäköisesti muuttuvat. Kannattaa ennen sijoittamista ottaa selvää myös rahastonhoitajan työhistoriasta.

Selvitä myös kuinka pitkään rahasto on ollut toiminnassa. Pitkäaikaiset rahastot ovat todennäköisesti pärjänneet pidempään, koska rahastoyhtiöt lopettavat herkästi huonosti pärjäävät rahastot tai yhdistävät ne toisten kanssa. Seurauksena toiminta muuttuu ja sen myötä myös sijoitustuotot voivat muuttua. Tämä voi olla hyväkin asia mikäli tuottohistoria näyttää huonoja tuloksia.

Ennen tuottohistorian pohdintaa on hyvä ymmärtää, että salkunhoitajan toiminta on läpinäkyvää eli hän kertoo asiakkailleen miksi hän on sijoituskohteensa valinnut. Tämä on tärkeää, koska asiakkaan tulee tietää mihin hän on laittanut rahansa. En ole juuri seurannut rahastonhoitajien tiedottamista, joten en tarkkaan tiedä kuinka hyvin sijoituspäätöksistä kerrotaan, mutta ainakin Seligssonin Anders Oldenburg kertoo läpinäkyvästi sijoituksistaan.

Sinun on mietittävä ostotapahtumaa ja päätöksentekoa viimeisenä asiana. Ennen aktiiviseen rahastoon sijoittamista on tehtävä kotiläksynsä eli ennen neuvottelua myyntimiehen kanssa on syytä perehtyä edeltämainittuihin asioihin sekä rahastojen tuottohistoriaan. Tilastot ovat siitä vekkuleita, että niitä voidaan tulkita eri tavoin. Lähes jokainen rahasto on voittanut vertailuindeksinsä jollakin aikavälillä. Todennäköisesti myös rahastoesitteestä löytyy kohta jota voidaan tuoda muita tilastoja enemmän esille.

Sinun kannattaa tarkistaa rahaston tuottohistoria toisestakin lähteestä myyjän lisäksi. Esimerkiksi rahastovertailuja tekevä Morningstar kertoo rahastojen historiallisista tuotoista. Suosittelen sinua tutustumaan pitkän aikavälin eli vähintään viiden vuoden tuottoihin. Mikäli pidemmän aikavälin tuottoja ei ole saatavilla, tulee sinun sijoittaa toiseen rahastoon. Rahojen siirtäminen on kallista, koska rahastoyhtiöt ottavat prosenttinsa välistä. Suurin syy miksi rahastosijoittajat eivät pärjää muille on se etteivät he ajattele sijoituksiaan pitkäjänteisesti. He syövät tuottonsa siirtämällä rahojaan mielipuolisesti rahastosta toiseen.

Pitkän aikavälin rahastosijoituksista ja erityisesti yli kymmenen vuoden sijoituksista saa merkittäviä verohyötyjä, joten niitä ei kannata unohtaa. Et myöskään joudu maksamaan osinkoveroja, jos rahastot eivät maksa osinkoja asiakkailleen. Tämä tasoittaa niiden välimatkaa suoriin osakesijoituksiin. Älä sijoita rahastoihin, jos et ole varma, että pystyt pitämään sijoituksia riittävän pitkään samassa paikassa. Muutoin kulut vievät lähes kaikki tuotot.

6.4.5 Indeksirahastot ja ETF:t

Indeksirahasto on passiivisesti hoidettu sijoitusrahasto. Se ei aktiivisesti tutki osakevalintoja. Se ostaa osakkeita samalla painolla kuin ne ovat kohdeindeksissä. Seurauksena on se, että indeksirahastosijoittaja saa indeksin osakkeista niin parhaimmat kuin huonoimmatkin mukaan tuottoihinsa. Indeksirahasto sijoittaa rahansa kohdeindeksin mukaiseen osakekoriin ja sen arvo seuraa kohdeindeksin markkina-arvon kehitystä. Indekseihin kuuluvat osakkeet ja niiden painoarvoa indeksissä tarkastetaan jatkuvasti. Rahasto muuttaa tarkistaessa kohdeindeksien muutoksen mukaisesti osakkeiden painoarvoa.

ETF:t ovat pörssinoteerattuja rahastoja. Niitä ostetaan suoraan pörssistä eikä suoraan rahastoyhtiöiltä, kuten indeksirahastoja. Useimmat ETF:t pyrkivät myös toimimaan, kuten indeksirahastot eli ne pyrkivät sijoittamaan varansa markkinan koostumusta kuvaavan indeksin mukaisesti. ETF:iä ostaessa sinun pitää olla tarkka, koska kaikki niistä eivät toimi indeksirahastojen tavoin. Kaikki ETF:t eivät seuraa pörssi-indeksien kehitystä. ETF:ien hallinnointikulut ovat keskimääräisesti paljon pienemmät kuin aktiivisten rahastojen.

Indeksirahastot ja osakeindeksejä seuraavat ETF:t ovat siitä hyviä sijoituskohteita, että vuosikymmenien saatossa ne menevät talouden kehittymisen myötä varmasti ylöspäin. Tämä vaatii riittävän pitkää sijoitushorisonttia eli vuosikymmenien odotusta. Lyhyellä aikavälillä indeksit voivat mennä mihin suuntaan tahansa.

Ota ensisijaisesti huomioon kulut

Kulut ovat tärkeysjärjestyksessä numero yksi, kun alat etsiä indeksirahastoja ja ETF:iä. Näissä on lähtökohtaisesti selkeästi pienemmät kulut kuin osakerahastoissa. Varsinkin ETF:issä voi olla sudenkuoppia, kuten likviditeetin vähyyden aiheuttamat suuret erot myynti- ja ostohinnoissa. Harvemmin vaihdetuissa ETF:issä voi erotus olla monia prosentteja, jotka aiheuttavat tappioita kaupantekohetkellä. Spreadit voivat pahimmassa tapauksessa tuhota näiden sijoituskohteiden hyödyt.

Suuret spreadit koskevat lähinnä pienempien markkinoiden, kuten kehitysmaiden ETF:iä, eivätkä ne vaikuta oleellisesti isompien markkinoiden, kuten Yhdysvaltain ja Saksan tuottoihin. Ennen sijoittamista ETF:iin, suosittelen niiden päivävaihtojen seuraamista. Spreadit eivät vaikuta mikäli päivävaihdot ovat jatkuvasti vähintään sadoissatuhansissa tai miljoonan paremmalla puolella. Indeksirahastoja ostaessasi joudut myös huomioimaan sen, että monet niistä suorittavat merkintä- tai lunastuspyynnön vasta seuraavana päivänä. Hinta minkä sinä olet päättänyt maksaa ostamisesta tai myymisestä ei ole ehkä sama kuin millä olet päätöksesi tehnyt. Jatkuvassa kuukausisäästämisessä indeksirahastojen spreadeilla ei ole juuri merkitystä. Tarkista kaupankäyntiehdot aina ennen päätöstäsi!

Järkevät hallinnointikulut eivät nouse yli puolen prosentin. Myös myynti- ja ostokulut ovat tärkeitä. Niiden pitäisi olla pienemmät kuin hallinnointikulujen. Indeksirahastojen edut tulevat parhaiten näkyviin pienillä summilla sijoittaessa, koska niihin voi laittaa pienempiä rahasummia kerrallaan. Tällä hetkellä Suomessa Nordnet tarjoaa ainoana ilmaisia ostokuluja kuukausisäästämisessä ETF:iin. Pienillä summilla ETF:iin sijoittaessa tämä on ainut järkevä vaihtoehto mikäli haluat käyttää Suomessa toimivaa palveluntarjoajaa. Nordnet sopii pitkän aikavälin sijoittamiseen pienillä rahasummilla. Sen kautta ostettujen ETF:in hyödyt häviävät lyhyillä aikaväleillä, koska niiden myynti on kallista pienillä rahasummilla. Ulkomaisilta palveluntarjoajilta kustannustehokkaita vaihtoehtoja löytyy enemmän.

Suomessa ainoat järkevät vaihtoehdot kulujen puolesta ovat ne indeksirahastot ja ETF:t, jotka uudelleensijoittavat saamansa osingot. Tämä on ainut verotehokas vaihtoehto. Luvusta 6.4.3 löytyvät laskutoimitukset, jotka kertovat tarkemmin verotuksen tuottamat kulut. Vaikka ne ovat tehty osakkeista, pätevät niihin samat säännöt kuin edellämainittuihin tuotteisiin. Menetät kustannushyötysi kokonaan, jos et huomioi veroja. Tämä pätee niin kauan, kun osinkoverotus on nykyisellä tasollaan. Tilanne voi muuttua huonompaan tai parempaan suuntaan. Sinun tulee pitää kokonaiskulusi mahdollisimman pieninä sijoittaessasi edellämainittuihin välineisiin. Sinun tulee minimoida seuraavat asiat:

- Verot
- Hallinnointikulut
- Mahdolliset spreadit
- merkintä- ja lunastuskulut

Etsi välineitä, jotka tuottavat mahdollisimman pienet kokonaiskulut sijoituksiesi koko elinkaarelta.

Älä sijoita vain yhteen vaihtoehtoon

Keskimääräiselle piensijoittajalle edellämainitut tuotteet ovat paras vaihtoehto kulujen puolesta. Muista hajautushyödyt. Jatkuvalla kuukausisäästämisellä saat hajautettua ajallisesti. Hajauttamalla ympäri maailmaa saat hajautettua sijoituksesi kustannustehokkaasti myös maantieteellisesti, toimialakohtaisesti, syklisesti, jne. Suosittelen sinua sijoittamaan lähinnä osakkeisiin sijoittaviin indeksirahastoihin ja ETF:iin, koska niistä on odotettavissa useampien vuosikymmenten horisontilla parhaat tuotot. Tämä tarkoittaa sitä, että sinulla ei pitäisi olla tarvetta myydä sijoituksiasi useampaan vuosikymmeneen. Lyhyellä aikavälillä sijoittaessasi sinun tulee luottaa myös muihin varmempiin sijoituskohteisiin, kuten velkakirjoihin.

Miksi vain osakkeisiin, jos sijoitusaika on pitkä? Jeremy Siegel kirjassaan osakkeita pitkälle aikavälille tutki tuottoja Yhdysvalloissa ja vertasi niitä muihin omaisuusluokkiin eri aikaväleillä vuosina 1802-2001. Seuraavassa lyhyt katsaus pidempiin aikaväleihin ja todennäköisyyksiin. Ensin tulee aikaväli ja sen jälkeen todennäköisyys osakkeisiin sijoittamisen kannattavuudelle kyseisellä ajanjaksolla:

- 10V: 80.1%
- 20V: 91.7%
- 30V: 99.4%

On todennäköistä, että pidemmillä aikaväleillä osakkeet ja osakeindeksit tai niitä jäljittelevät rahastot, ovat paras vaihtoehto. Jos mietitään maantieteellistä hajautusta niin on muistettava, että Yhdysvallat on sopeutuvaisin maantieteellinen alue. Sinne muuttavat keskimäärin älykkäimmät ja parhaimmat lahjakkuudet ja siellä yrittäjiin ja sijoittajiin suhtaudutaan positiivisimmin. Yhdysvaltojen tulisi viedä suurin osa salkun allokaatiosta. Näkemykseni tästä on se, että noin puolet salkusta tulisi sijoittaa Yhdysvaltojen osakemarkkinoille. Sinä voit tehdä omat johtopäätöksesi. Lopun salkusta laittaisin tasaisesti Eurooppaan ja Aasiaan lukuunottamatta hyvin pieniä osuuksia kehittyviin markkinoihin, kuten Afrikkaan ja etelä-Amerikkaan.

Esimerkkisalkut

Tarkoitukseni on esittää sinulle miltä allokaatio voi näyttää. Laitan kaksi esimerkkisalkkua, joista toinen on minun tekemäni ja toinen on Ray Dalion allokaatio kaikille sijoitussäille. Salkuilla on kaksi selkeätä eroa: Ensimmäisen tarkoitus on sijoittaa moneksi vuosikymmeneksi kasvattaen runsaasti pääomia. Toisen on tarkoitus turvata enemmän hankittuja pääomia eläkeiän lähestyessä kuin tuottaa uusia. Seuraavalla sivulla olevassa kuvassa 2 allokaationi osakkeille:

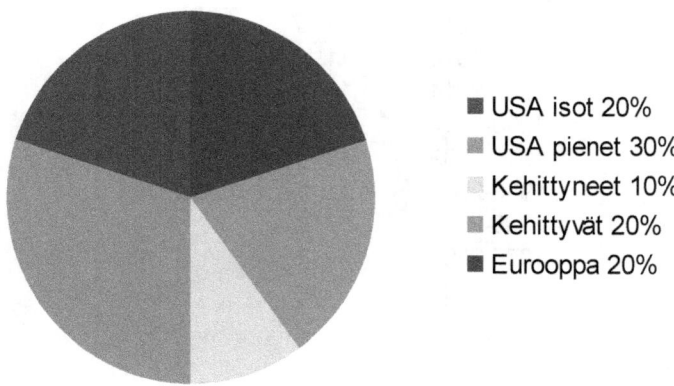

- USA isot 20%
- USA pienet 30%
- Kehittyneet 10%
- Kehittyvät 20%
- Eurooppa 20%

Kuva 2 TT:n allokaatio

Kuvassa 3 on Ray Dalion "joka sään" allokaatio:

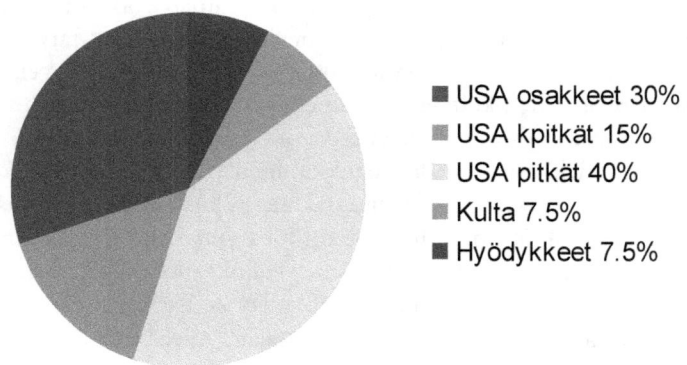

- USA osakkeet 30%
- USA kpitkät 15%
- USA pitkät 40%
- Kulta 7.5%
- Hyödykkeet 7.5%

Kuva 3 Ray Dalion joka sään allokaatio

Ennen tuloksien esittelyä minun täytyy muistuttaa sinua siitä tosiseikasta ettei menneisyys ole tae tulevasta. Tulokseni edustavat menneisyyttä eivätkä ne lupaa tulevaisuudesta mitään. Koska sinä et voi tietää tulevasta, täytyy sinun tarkastella vain menneisyyttä. Olen käyttänyt tarkasteluun montaa eri aikaväliä. Koska simulointityökaluni sisältää ainoastaan dollarit, olen käyttänyt vuosittaisena sijoituksena 1000$:a.

1000$:ia on lisätty joka vuoden lopussa uudestaan eli sijoitettu summa on kasvanut saman verran. Dollareiden käyttö muuttaa tuloksia, mutta ei tee ratkaisevaa eroa. Vuosittainen sijoitus on tehty reaalidollareina. Tulokset ovat nimellisiä tuottoja. Tuotot eivät sisällä kaupankäyntikuluja eivätkä veroja. Niiden minimoiminen on tärkein tehtäväsi. Seuraavalla sivulla vuosittaiset tuottoprosentit.

aika/salkku	TT	Dalio
1975-2014	12,17	9,49
1980-2014	11,17	9,23
1985-2014	10,07	8,71
1990-2014	8,89	8,25
1975-2009	12,57	9,67
1980-2009	11,41	9,39
1985-2009	10,02	8,74
1975-2004	14,48	10,45
1980-2004	13,41	10,24

Taulukko 3 historiallisia tuottoja, TT vs Ray Dalio

Se mitä luvuista ei näy on se tosiasia, että Ray Dalion joka sään allokaation pahin laskuprosentti huipuista on ollut vajaa neljä prosenttia eli se on säilyttänyt pääomat hyvin. Tätä myötä arvostus on noussut. Kansainvälinen osakesalkku on heilahdellut paljon enemmän eli huipuista on tultu alas pahimmillaan jopa hieman yli 40 prosenttia. Tämän vuoksi pidempiaikaista osakeindeksisalkkua ei voi suositella heille, jotka voivat tarvita rahojaan pian. Mainittakoon vielä se, että joka sään salkussa on paljon velkakirjoja ja olemme eläneet niiden kulta-aikaa viime vuosikymmenet. Tämän vuoksi sen tuotot todennäköisesti pienenevät. Lisäksi siinä on pieni osa sijoitettu kultaan ja hyödykkeisiin, joiden hankkiminen pieneen sijoitussalkkuun voi olla liian kallista. Tarkista voitko sijoittaa niihin kustannustehokkaasti.

Esimerkissä salkut on tasapainotettu joka vuosi eli tuottojen muuttaessa painotuksia on sijoitusvälineiden allokaatio pysynyt samana. Tasapainottamista ei tarvitse suorittaa joka vuosi. Parin vuoden välein pitäisi riittää. Allokaation säilyttämiseksi sijoittajan tulee ostaa lisää huonosti pärjänneitä sijoitusvälineitä ja myydä parhaiten pärjänneitä. Parin vuoden välein riittää, koska kuluja ei kannata kasvattaa jatkuvalla tasapainottamisella. Tutkimusten mukaan tämä on riittävä tasapainotusväli.

6.5 Osakesijoittaminen

Osake on osuus yrityksen liiketoiminnasta. Yhden osakkeen ostamalla saat yhden osuuden. Mitä useamman osakkeen ostat sitä suuremman osan yrityksestä omistat. Tätä enemmän sinulla on myös valtaa. Käytännössä vain harvat osakkeenomistajat omaavat todellista valtaa yrityksen liiketoiminnassa, vaikka yhtiökokouksissa he äänestävätkin. Suurin osa omistajista ei tunne pörssiyhtiöiden jokapäiväistä toimintaa eikä heidän kannata äänestämisestä murehtia kuin poikkeustapauksissa.

Sinun on parempi keskittyä vain omistamiseen. Mikäli et koskaan ole sijoittanut rahojasi osakkeisiin niin älä lue tätä osaa kirjasta vaan etsi ensin joku kirja, jossa perusasiat käydään läpi. Yksi hyvä opus on Seppo Saarion Miten sijoitan pörssiosakkeisiin. En käy perusteita läpi, joten sinun on parempi olla niistä selvillä ennen tämän luvun lukemista.

Käyn luvussa läpi lyhyesti osakesijoittamista, koska se on vaikea asia ja koska suurimman osan pitäisi sijoittaa vain indeksirahastoihin. Osakesijoittamisen vaikeus ei johdu siitä, että siinä tarvitaan monimutkaista matematiikkaa tai salaista tietoa, jotka löytyvät vain ammattilaisilta. Sen vaikeutena on tunteidenhallinta. Sinulla on evoluution tuomat heikkoutesi ja ne vaikuttavat sinuun. Et voi välttyä eri tunnetiloilta sijoittaessasi. Siksi toimitkin usein järjettömästi.

6.5.1 Kenelle suorat osakesijoitukset sopivat?

Sinun tulisi todennäköisesti sijoittaa kustannustehokkaisiin indeksirahastoihin. Noin kymmenelle prosentille ihmisistä sopii sijoittaminen suoraan osakkeisiin. Todennäköisesti minäkin kuulun henkilöihin, jotka tekisivät parempaa tiliä indeksirahastoilla. Tiedän, että on tekopyhää patsastelua neuvoa ihmisiä tekemään toisin kuin itse. Vaikka todennäköisesti pelaan itseäni vastaan tekemällä suoria osakesijoituksia niin olen valinnut sen tien. Se ei tarkoita sitä, että sinun kannattaa olla samanlainen typerys kuin minä.

Ensimmäinen edellytys suorille osakesijoituksille on se, että sinulla on ylimääräistä rahaa. Sinä et voi talousvaikeuksissasi laittaa rahaa osakkeisiin ja toivoa, että ne ratkaisisivat talousongelmasi. Osakkeet omaavat lyhyellä tähtäimellä usein realisoituvat riskit. Sinun tulee välttää lyhytaikaisia riskejä. Pidemmällä aikavälillä riskit tuottavat keskimäärin enemmän. Riskisyyden kasvaessa myös odotettavissa olevat tuotot nousevat. Vähäriskisissä valtionlainoissa tuotot ovat pienemmät tämän vuoksi.

Älykkyys on osakesijoittamisessa yliarvostettua. Sinä et tarvitse vaikeiden matemaattisten kaavojen osaamista tai ihmeellistä laskutaitoa. Osakeanalyytikot käyttävät matemaattisia kaavoja apunaan laskiessaan osakkeille hinnan, mikä niistä kannattaa maksaa. Niihin näprätään tulevaisuuden tuotto-odotuksia ja niiden todennäköisyyksiä. Kassavirtamallit eivät toimi paremmin kuin sinun omat arviosi tulevaisuudesta, koska tulevaisuutta ei pysty ennustamaan. Puolet analyytikoiden ja muiden alalla toimivien ennusteista ovat väärässä jo vuoden aikavälillä. Älä luota niihin tai analyyseihin, joita olen blogissani julkaissut. Se on sama kuin luottaisit tikkaa heittävään apinaan. Tämä pitää paikkansa varsinkin yksittäisten osakkeiden tulevaisuudenkehitystä arvioidessa.

Muut luonteenpiirteet ovat tärkeämpiä kuin älykkyys joka usein sokaisee ja aiheuttaa ylisuuren itseluottamuksen. Älyköt hakkaavat helposti päitänsä seinään ja totuus omista virheistä jää hyväksymättä. Kyky myöntää virheensä on tärkeä ominaisuus. Et aina ole oikeassa eikä siihen ole tarvettakaan. Mikäli onnistut edes puolissa sijoituksistasi, saat aikaiseksi keskimääräistä paremman tuoton havaitessasi virheesi ajoissa.

Kärsivällisyys on yksi tärkeimmistä sijoittajan ominaisuuksista. Hyviä sijoitusmahdollisuuksia ei tule kuin muutama vuosittain ja niitä pitää pystyä odottamaan. Suurin osa hyvän osakesijoittajan ajasta menee rahan tekemiseen muilla tavoin. Sinun on lisäksi tutkittava joko uusia mahdollisuuksia tai vanhoja sijoituksiasi. Tarvitset kärsivällisyyttä saadessasi turpiisi. Monien yritysten osakkeiden hinnat heilahtelevat. Sinun on pysyteltävä kärsivällisesti mukana mikäli sellaista uutista ei ole tullut mikä vaikuttaa sijoituksesi arvoon ratkaisevasti.

Päätöksentekokyky on myös olennainen asia. Omien johtopäätösten tekeminen kuuluu myös tärkeimpiin ominaisuuksiin. Laumasieluisuutesi johtaa ennemmin tai myöhemmin suuriin tappioihin. Niiden hetkellä sinun pitää pystyä myymään mikäli yrityksen liiketoiminnassa tapahtuu muutoksia huonompaan suuntaan. Sinun pitää pystyä tekemään päätöksiä epätäydellisen tiedon vallitessa, koska et voi tietää tulevaisuudesta. Teet jokaisen päätöksesi jonkinlaisessa epävarmuudessa.

Riskinsietokyky on välttämättömyys osakesijoittamisessa, koska tulet saamaan turpiisi. Sinun täytyy pystyä nukkumaan yösi hyvin. Jos stressaat paljon, ei osakesijoittaminen sovi sinulle. Jokainen osakesijoittaja kärsii painetiloista. Älä sijoita mikäli ne alkavat hallita elämääsi. Jokainen yksittäinen sijoituksesi on riski, mutta sijoittaminen ei ole riskipitoista järkevästi hoidettuna pitkällä aikavälillä.

Myös **nöyryys** on tärkeä ominaisuus, koska mitä paremmin hommassa alkaa mennä sitä suuremmalla todennäköisyydellä se nousee päähäsi. Niillä hetkillä tulee todennäköisesti suurimmat menetyksesi. Osakkeiden hintojen ollessa tapissa nöyryyden häviäminen kostautuu suurempina tappioina. Monet lyhyen aikavälin sijoittajat ottavat pahiten turpiinsa hetkinä, kun näyttää parhaimmalta. Suurimmat väkijoukot ovat aina väärässä väärään aikaan. Nöyränä sinun on helpompi jättää lauman seuraaminen väliin.

6.5.2 Hajauttaminen

Hajauttaminen on taikasana joka takaa paremmat tuotot riskeihin nähden, tai niin sinulle uskotellaan. Jossakin määrin tämä pitää paikkansa, mutta hajauttamisesta jätetyt kustannukset jäävät mainitsematta. Indeksirahastot ovat ainoa kustannustehokas tapa hajauttaa suomalaiselle piensijoittajalle. Kaikki muut tulevat kalliiksi.

Otetaan esimerkkitapaukseksi palkansaaja jolta jää parisataa euroa kuukaudessa rahaa osakesijoittamiseen kulujen jälkeen.

- Sijoittaja hajauttaa sijoituksensa kahteenkymmeneen yritykseen.
- Tähän päästäkseen hän on valmis käyttämään viisi vuotta aikaa. Käytettävä kokonaissumma on 5*12*200€ joka on 12000€:a.
- Sijoituksia tarvitsee tehdä vuodessa keskimäärin neljä kertaa ja yksi kerta maksaa 600€:a.
- Mikäli sijoittajalle ei tule tarjouksia joutuu hän maksamaan kuluja Nordnetillä 9€/kauppa. Kustannukseksi tulee 180€:a viidessä vuodessa.
- Kauppojen keskimääräinen kustannus on 1.50%:a. Tämä on poissa tuotoista. Kustannus myös rokottaa suuren osan hajauttamisen hyödyistä.

Muista hajauttamisessa kohtuus. Kustannustehokkuus on yksi tärkeimmistä asioista. Liikahajauttaminen ei ole järkevää kustannusten takia. Jos sinulla on ylimääräistä rahaa niin hajauttaminen ei kustannuksiinsa nähden ole yhtä tyhmää.

- Mikäli rahaa olisi ollut käytettäväksi 400€/kk olisivat kustannuksesi olleet 0.75%:ia, koska Nordnetillä kaupankäyntikulut ovat 9€:a. Keskimääräisen sijoitussumman ollessa 1200€:a.

Saat riittävän hajautuksen 5-10:llä osakkeella pienillä summilla sijoittaessasi. Tarkkaa osakemäärää tärkeämpi asia hajautuksessa on tehdä kauppoja silloin, kun todennäköisyydet ovat puolellasi. Tämä ei pidä paikkaansa hankkimalla yhden yrityksen osakkeita jatkuvasti, mutta hajauttamiseen se on hyvä nyrkkisääntö. Saman osakkeen ostamiseen ei tule montaa mahdollisuutta ja ne pitää käyttää hyväkseen aina kun on mahdollista. Tämä vaatii ylimääräistä käteistä eikä sitä sinulla aina ole. Parhaimmat mahdollisuudet ovat silloin, kun kaikki osakkeet ovat laskussa ja ihmiset myyvät pelätessään tappioita.

Voit tehdä hajauttamisen lukemattomilla tavoilla. Periaatteessa mielikuvitus on rajana. Paras tapa hajauttaa sijoitukset on indeksirahastot.

Ne takaavat sinulle parhaat mahdollisuudet nauttia hajauttamisen hyödyistä. Sijoittamalla indeksirahastoihin ympäri maailmaa kuukausittain saat suurimmat hyödyt hajauttamisesta. Tällä tavalla saat hajautettua mm. toimialakohtaisesti, maantieteellisesti ja ajallisesti sijoituksesi. Jotkin rahasto- tai meklariyhtiöt, kuten Seligson & Co, Handelsbanken, OP, Nordea ja SEB Gyllenberg tarjoavat mahdollisuuksia sijoittaa indeksirahastoihin. Tarkista kulut jokaisesta rahastoesitteestä. Muista sijoittaa vain osingot uudelleensijoittaviin rahastoihin, koska silloin verottaja ei ota osaansa tuotoistasi ennen myyntiäsi.

6.5.3 Psykologia

Usko, toivo, pelko, rakkaus ja muut psykologiset ilmiöt vaikuttavat sijoitustuloksiisi. Toisille niistä on enemmän haittaa kuin toisille ja sinä voit hyötyä niistä. Tunteesi vaikuttavat osakemarkkinoilla menestykseesi. Tunteidenhallinta on avainasemassa. Suurin osa tunteistasi heikentää menestystäsi tunnerikkaassa markkinassa. Järkesi ja järjettömyytesi vaihtavat paikkaansa jatkuvasti. Olisi kiva sanoa sinulle, että olet niin harkitseva olento kuin mm. tehokkaiden markkinoiden teoria väittää. En viitsi valehdella sinulle, jotta molemmille tulisi parempi mieli.

Pelko on yksi yleisimmistä sinuun vaikuttavista tunteista. Lähinnä kyse on häviönpelostasi, mutta myös väärässäolemisen. Pelko on normaali olotila. Et voi antaa sen vaikuttaa liikaa päätöksiisi, koska silloin käy huonosti. Pelosta toimiminen johtaa epäonnistumisiin. Itselläni pelko esiintyy selvimmin, kun olen tehnyt ensimmäisen päätöksen ostamisesta tai myymisestä ja olen kaupankäyntivaiheessa. Osakkeen hinnan reaaliaikainen seuraaminen tekee tehtävänsä. Sydämeni alkaa lyödä nopeammin. Jännitykseni ja epävarmuuteni päätöksestä alkavat vaikuttaa. Myös pelko siitä, että saanko myytyä tai ostettua edulliseen hintaan alkaa vaivata.

Minun on pakko tunnustaa tämän olevan typerää, koska suurempaa vaikutusta menestymiseen ei jahkailulla ole. Olen yleensä voittanut tai hävinnyt senttejä hinnoissa. Pikemminkin olisi syytä laittaa toimeksianto sisään ja lähteä kävelylle. Suosittelen muillekin. En ole jättänyt päätöksiä tekemättä pelkojeni vuoksi, joten siinä mielessä voin katsoa välttäneeni niiden suuremman vaikutuksen.

Sinä olet **laumasielu**. Et voi sille mitään, koska tämä psykologinen ilmiö on pitänyt ihmiskunnan hengissä. Et seuraa laumaa jatkuvasti, mutta teet sitä jaksottaisesti. Suhtaudut ehkä eri tavalla väkijoukkoihin ja niiden käytökseen, mutta et pysty välttämään lauman vaikutusta. Lauma ei tarkoita kaikkia vaan se voi tarkoittaa lähipiirisi jäseniä tai tuttujen tuttuja. Pörssissä laumanseuraamisen tarve tulee, kun keskimääräisellä jäsenellä menee paremmin. Takaraivoosi iskee epäily siitä, että muut ovat oikeassa. Itselläni on tällainen epäily menossa, kun pörssit tikkaavat joko lähellä kaikkien aikojen huippuja tai huippulukemissa mm. Yhdysvalloissa. Sinun on itse tehtävä sijoituspäätöksesi, kuten minunkin. Tällä hetkellä olen onnistunut pidättäytymään ostopäätöksistä.

Euforia iskee välillä suuriin laumoihin, mutta se voi iskeä sinuunkin. Tämä tapahtuu useimmiten, kun kaikilla menee hyvin ja suunta näyttää olevan vain ylöspäin. Euforia voi iskeä yksittäisiin osakkeisiin silloin, kun tulee uusi kuuma osake. Vältä kuumia osakkeita, kun naapurin penakin alkaa niitä hehkuttamaan. Suomessa tämä tapahtuu harvemmin, koska asenne pörssisijoittamiseen on negatiivinen. Jenkkilässä on nyt muutamia kuumia osakkeita kuten Tesla, Twitter ja monet sosiaalisen median osakkeet. Näiden ympärillä oleva Euforia on nostanut arvostukset miljardeihin, vaikka yritykset eivät tee juuri voittoa.

Suurien voittojesi tullessa, euforiasi on huipussaan. Se esiintyy rajattomana uskona omiin kykyihisi. Takaraivossa jyskyttää: "Helvetti, että mä olen hyvä", "Mä teen tuhottomasti rahaa", "Mä olen parempi kuin muut". Näitä tuntemuksia on rajaton määrä. Yhteistä niille kaikille on todellisuudesta irtaantuminen. Et voi vaikuttaa osakkeiden hintoihin ellet ole iso johtaja pörssiyrityksessä. Et tee jatkuvasti parempia sijoituspäätöksiä kuin muut. Sinä epäonnistut välillä ja mitä enemmän uskot kykyihisi sitä varmemmin epäonnistumiset saavat vahinkoa aikaan. Kuspäisyyden iskiessä markkinat ja elämä rankaisevat takaiskuilla.

Usko toivo ja rakkaus iskevät, kun sinun pitäisi tehdä tarpeellisia päätöksiä tappioiden välttämiseksi osakkeella, johon olet muodostanut tunnesiteen, kun olet sen omistanut. Sinun on helppo rakastua osakkeisiin, jotka ovat tuottaneet voittoa menneisyydessä. Tällöin sinun on vaikea luopua niistä, vaikka niiden taloustilanteessa tapahtuisi radikaali käänne huonompaan, jolloin voit myös odottaa yhtiön pörssikurssin liikkuvan samaan suuntaan.

Usko sijoituspäätöksesi järkevyyteen voi olla järkevän osakekaupan tiellä. Usko tappiota tuottavan ja omistajien lompakkoihin loven tekevän osakkeen nousuun tuottavaksi rahantekokoneeksi näkee jatkuvasti. Paras lähiaikojen esimerkki on Talvivaara joka ei saanut tehtyä rahaa omistajilleen. Syinä oli milloin mitäkin, kuten ympäristöongelmia tai nikkelin maailmanmarkkinahinnan mataluutta. Tosiasia joka olisi pitänyt hyväksyä oli se, että Talvivaara oli surkea sijoitus.

Toivo paremmasta on yksi sijoittajan vitsauksista. "Eihän tämä Outokumpu voi tästä enää laskea, kun se on tullut alas niin paljon" Toivot suunnan muuttuvan ja laitat lisää rahaa. Et pysty hyväksymään sitä tosiasiaa ettei sijoitus tule tuottamaan. Lisätappiot ovat lähes varmat. Varsinkin siinä vaiheessa, kun on kyse pitkään tappiollista tulosta tekevästä yrityksestä joka on aikaisemmin tuottanut rahaa. Normaalit suhdannevaihtelut syklisten yritysten osalta ovat eri asia. Yritykset voivat tehdä välillä tappiota. Jatkuvien tappioiden tuoman osakekurssin laskun ollessa kyseessä ei kannata toivoa vaan toimia.

Mikä avuksesi, kun tunteesi myllertävät vaikuttaen sijoituspäätöksiisi? Yksinkertainen vastaus on matematiikka. Sen avulla sinun on suhteellisen helppo saada selville tilanne, missä sekä yksittäiset yritykset että yleinen kehitys menevät. Sinun pitää sijoittajana pystyä tekemään jonkinlainen analyysi yksittäisen yrityksen arvosta ja voit verrata sitä pörssikurssiin. Muuten sinun ei kannata sijoittaa senttiäkään. Osakkeeseen. Lisäksi sinun on luotava matematiikalle turvamarginaali, koska et tiedä tulevaisuutta. Matematiikka auttaa vähentämään tunteidesi vaikutusta sijoituspäätöksiisi, mutta se ei nollaa niitä. Sinä olet tunteellinen ja se näkyy kaikessa mitä teet.

6.5.4 Yritysanalyysin lyhyt oppimäärä

Yritysanalyysin tekeminen ei ole vaikea asia ja siihen ei pitäisi tuhlata yhtä iltapäivää kauempaa. Vaikka monet alan asiantuntijat ovat sitä mieltä, että yritys pitää tuntea läpikotaisin niin olen eri mieltä. Perusasioiden tietäminen on tärkeämpää kuin nippelitieto. Sinulla on rajallinen kyky ymmärtää tärkeysjärjestyksiä ja sinun on helppo kiinnittää huomiosi turhiin yksityiskohtiin. Vähemmän tärkeät yksityiskohdat vääristävät analyysiesi tuloksia ja johtavat sinua harhaan.

Kun alat tekemään yritysanalyysia on sinun ensimmäisenä selvitettävä miten yhtiö tekee tulosta. Siihen on olemassa muutamia helppoja kysymyksiä:

- Onko yrityksellä määräävä markkina-asema liiketoiminta-alallaan tai markkinoillaan? Esimerkiksi Microsoft oli pitkään tällainen yritys ja on sitä vieläkin.
- Onko sillä tarjolla ylivoimaisia tuotteita myynnissä tai uskotaanko sen tuotteiden ylivoimaisuuteen? mm. Apple.
- Saako se kerättyä rahaa liiketoimintaansa asiakkailtaan ennen kuin se tarjoaa palvelujaan? Tästä esimerkkinä ovat vakuutusyhtiöt.
- Onko yrityksellä palveluja joita asiakkaiden on pakko ostaa ja joista on revittävissä marginaaleja? Esimerkkinä pankit.
- Suojaavatko patentit sen liiketoimintaa? Esimerkkinä lääkeyritykset.
- Onko yrityksellä paremmat sijainnit kiinteistöillä kuin kilpailijoillaan? Esimerkkeinä Kesko ja S-ryhmä joka ei tosin ole pörssissä.

Sinun tehtävänäsi on selvittää ensin se mekanismi millä yritys tekee tuloksensa. Lisäksi sinun pitää myös selvittää mekanismin pysyvyys. Mikäli sinä et pysty asioiden selvittämiseen, tulee sinun etsiä uusi kohde. Nämä asiat eivät ole rakettitiedettä, joten ne eivät vaadi tietoa jota et voisi etsimällä saada. Osa löytyy maalaisjärjellä.

Tappiollisiin yrityksiin sijoittaminen on vähän kuin pyörittäisi onnenpyörää, joten voi olla, että sinulla käy tuuria. Sinun on syytä selvittää seuraavaksi yrityksen tuloksentekokyky. Tutki se pitkältä aikaväliltä. Itse käytän kymmentä vuotta, mutta joillekin riittää viisi tai kolme. Lyhyemmät aikavälit riittävät tapauksissa, missä yritykset ovat uusiutuneet. Voit etsiä yrityksen tilinpäätöstiedoista tulokset. Tuloksentekokyvyn pitäisi olla nouseva pidemmällä aikavälillä, jotta siihen kannattaa sijoittaa. Laske tuloksen nousuprosentti. Sen pitäisi olla suurempi kuin keskimääräisen inflaation. Mittaa tuloskasvua ensisijaisesti osakekohtaisella tuloksella. Se kertoo sinulle tulevista tuotoista parhaiten.

Liikevaihdon kasvu on myös olennainen asia, koska ennemmin tai myöhemmin yrityksen tehostaminen tuhoaa sen voimavaroja kasvattaa tulosta. Kasvun ei tarvitse olla suurta kunhan sitä on pidemmällä aikavälillä. Vertaa sitä osakekohtaisen tuloksen kasvuun. Se ei saisi olla paljoa suurempi kuin keskimääräinen osakekohtaisen tuloksen kasvu. Se tarkoittaa usein sitä, että kasvu on maksanut liikaa. Mieti megatrendien vaikutusta. Yrityksen ratsastaminen megatrendeillä tarkoittaa liikevaihdon kasvattamisen helpottumista.

Seuraavaksi sinun tulisi tarkistella maksettuja osinkoja. Terve tuloskasvu näkyy kasvuna. Joskus tähän voi tulla taukoja, mutta pysyviä niistä ei saisi tulla. Osinkojen kasvun ei pitäisi poiketa paljon osakekohtaisen tuloksen kasvusta. Yritys ei saisi jakaa tekemäänsä osakekohtaista tulosta kokonaan omistajilleen jatkuvasti. Tämä vaarantaa tulevan kasvun, jota tarvitaan omaisuutesi kasvattamiseen. Jos yritys ei pysty investoimaan kasvuunsa ei sinunkaan omaisuutesi arvo kasva.

Tämän jälkeen sinun pitäisi arvioida johdon pätevyyttä. Usein arviosi pätevyydestä perustuu muiden arvioihin, koska et tunne johtajia. Sinun pitäisi katsoa miten yritys on heidän aikanaan pärjännyt. Valitettavasti lyhyillä ajanjaksoilla tämä on hyödytöntä. Menestys voi johtua muistakin seikoista kuin johtajista. Liiketoiminta-ala kertoo paljon. Mikäli toimitusjohtaja on ollut pitkään virassaan, on sinun helppo nähdä hänen hyvyytensä, mutta se vaatii vähintään viittä vuotta aikaa.

Sinun on oltava perillä yrityksen taloustilanteesta. Jos edellämainitut asiat ovat kytköksissä toisiinsa, ovat asiat todennäköisesti hyvin. Voit seurata taloustilannetta taseesta. Omavaraisuusaste ja yrityksen nettovelat ovat löydettävissä tilinpäätöksistä. Sinun täytyy etsiä niistä kertovat luvut. Jos et löydä niitä niin on syytä huolestua yrityksestä. Vilkaise myös näiden lukujen kehitystä muutaman viime vuoden osalta.

Edellämainittujen asioiden lisäksi sinun täytyy tehdä selvitys yrityksen vahvuuksista ja heikkouksista sekä mahdollisuuksista että uhkista. Näiden selvittämiseen riittää maalaisjärki, mutta jonkinlainen kuva on syytä saada jokaisesta. Sinun ei kannata sijoittaa yritykseen mikäli selvittäminen tuntuu sinusta vaikealta, koska et ymmärrä sen toimintaa.

Sinun tulee selvittää yrityksen arvo. Se euromääräinen pörssikurssi jota halvemmalla pitäisi sijoituksesta tulla sinun kannaltasi selvästi voitollinen. Valitettavasti tähän ei ole patenttiratkaisua tai yhtälöä. Tämä tapahtuu arvioimalla yrityksen tekemiä tulevaisuuden tuottoja. Tämä on se kohta, jossa sinä menet pahiten metsään. Tämä johtuu siitä ettet tiedä tulevaisuutta eikä sitä tiedä kukaan muukaan. Arvolle on syytä lisätä turvamarginaali, jotta kertoimet ovat puolellasi. Sinä voit olla hieman väärässä ja turvamarginaali suojaa sinua ja rahojasi. Vähennä yrityksen nettovelat vielä arvosta.

Analyysisi eivät koskaan kerro koko totuutta. Yrityksen pärjäämiseen vaikuttavaa tietoa on aina piilossa. Myös yritysjohto voi olla asiasta epätietoinen. Tärkeämpää kuin olla täysin oikeassa on saada luotua itselleen hyvä kuva yrityksen tuottopotentiaalista ja pitää huoli siitä ettei maksa liikaa. Muodosta myös yrityksen laadusta kuva. Laatu on aina katsojan silmässä, joten tarkkoja havaintoja ei voi tehdä. Voit toki luoda yhteisiä kriteerejä, kuten pitkäaikainen kilpailuetu, hyvä johto, nettovelattomuus ja monet muut.

Tarkistuslista yritysanalyysiin

Sinulla on monta asiaa, jotka sinun pitää ottaa huomioon tehdessäsi yritysanalyysia. Lyhytkin oppimäärä sisältää monia asioita. Tarkistuslista helpottaa työtäsi. Lista on minun tekemäni ja sinä voit joko huomioida tai unohtaa sen. Sijoittaminen vain indeksirahastoihin tai ETF:iin kustannustehokkaasti on todennäköisesti sinulle viisaampi vaihtoehto.

- Yrityksen ansaintamallit
- Pidemmän aikavälin tuloksen kasvatuskyky: tulokset, liikevaihto, osingot
- Johdon pätevyys
- Yrityksen taloustilanne: velkaantuneisuus, jne.
- Vahvuudet, heikkoudet, mahdollisuudet ja uhkat
- Arvonmääritys ja turvamarginaali

6.5.5 Suhteellinen etusi

Tässä osiossa on tarkoitus kertoa millaiset mahdollisuudet sinulla on pärjätä isoja poikia paremmin. Piensijoittajilla on monia etuja. Suursijoittajien edut eivät ole niin suuret kuin ehkä uskot. Väärinkäsityksiin on syynä se ettei

Suomessa osakesijoittamista pidetä hyväksyttävänä tapana vaurastua. Suurpelureilla on myös omat propagandakoneistonsa, jotka pommittavat sinua. Asuntolainoja kaupatessa pankit yrittävät myydä omia osakerahastojaan. Niiden tuomat hyödyt ovat pienemmät kuin haitat. Ole tarkkana pankin kanssa neuvotellessasi. Suurin syy tähän on rahastojen kalleus.

Pienpelurina paras etusi on ketteryys. Sinun ei tarvitse käydä sijoituksiasi läpi koneiston kanssa. Vastaat itsellesi tai perheellesi. Isommilla pojilla voi kestää viikkoja tai jopa kuukausia, kun he saavat sijoitettua yritykseen varoja. Tämä aika on sinulla lyhyempi. Tämä ei tarkoita sitä ettet voisi käyttää aikaa enemmän. Toimi nopeasti päätöksenteon jälkeen. Voit käyttää päätöksentekoon enemmän aikaa.

Rahastonhoitajat joutuvat tuhlaamaan aikaa selittelyyn huomattavia määriä. He selittelevät pomoilleen mitä ovat tehneet ja miten he ovat pärjänneet. He joutuvat myös selittelemään asiakkailleen. Tämä kaikki vie heidän työskentelyajastaan kymmeniä prosentteja. He joutuvat vertaamaan itseään vertailuindekseihinsä. He joutuvat myös vertaamaan itseään kilpaileviin rahastoihin.

Jos he pärjäävät muita huonommin, saavat he äkkiä potkut. Heidän on pakko onnistua, jos he tekevät erilaisia päätöksiä kuin muut. Päätösten toteutumiseen ei ehkä anneta riittävästi aikaa. Sinua ei kukaan potki persuksille siinä vaiheessa, kun olet vähän aikaa hävinnyt markkinoille. Kukaan ei vaadi selityksiä paitsi ehkä parempi tai pahempi puoliskosi.

Kun suuremmat pelurit tekevät sijoituspäätöksiä, he joutuvat ostamaan markkinoilta osakkeita vaikuttaen pörssikursseihin varsinkin osakkeen vaihdon ollessa pieni. Tällöin puhutaan useiden prosenttien kurssinoususta. Tämä riippuu yritysten koosta, joten yksiselitteistä määrää ei ole. Kun piensijoittajana ostat osakkeita eivät ostosi vaikuta osakekursseihin. Osakkeissa joiden vaihto on olematon voidaan puhua joistakin prosenteista. Tämän takia suuremmat pelurit joutuvat myös kuluttamaan pitempiä aikoja kauppoihinsa.

Suursijoittajat joutuvat tekemään kauppaa jatkuvasti mm. edellämainitun syyn vuoksi. Toinen syy siihen on se, että suursijoittajien varojen määrä vaihtelee. Tämä koskee erityisesti sijoitusrahastoja, koska heidän sijoitettavien varojen määrä vaihtelee asiakkaiden mukana. He voivat joutua myymään yleisen paniikin iskiessä. Piensijoittajana voit odottaa. Asia ei ole yksinkertainen, koska usein paniikki iskee myös sinuun. Sinulla on paljon enemmän vaihtoehtoja ja ne ovat kullanarvoisia.

Monilla suursijoittajilla on rajoituksia sijoituskohteissa. Ne ovat usein riippuvaisia sijoituskohteiden koosta. Monilla suursijoittajilla on joko laillisia rajoitteita tai niitä, joita ne ovat itselleen luoneet. Eläkeyhtiöillä saattaa olla markkina-arvorajoitus. Ne eivät voi sijoittaa yrityksiin joiden markkina-arvot ovat alle miljardi euroa. Toinen rajoitus voi koskea yritysten liikevaihtoja.

Rajoitukset vaikuttavat pitkän tähtäimen tuloksiin, koska suurempaa liikevaihtoa ja tulosta on vaikeampaa kasvattaa. Suuryrityksillä tulevat usein vastaan markkinoiden rajat. Tiettyjen liiketoiminta-alojen markkinat eivät kasva tietyn pisteen jälkeen. Yksi esimerkki tästä on paperiteollisuus.

Rajoitukset tarkoittavat myös sitä, että sinä voit huomata houkuttelevat sijoituskohteet ennen suursijoittajia. Tämä tarkoittaa usein jopa vuosien etua. Tuotot voivat olla eri luokkaa. Se ei tarkoita sitä, että hyödynnät mahdollisuutesi. Hyvien sijoituskohteiden löytäminen ei ole rakettitiedettä ja parhaat mahdollisuudet sinulla on, kun käytät tietoa mikä sinulla on valmiiksi käytössäsi.

Jos työskentelet yrityksessä, joka toimii pörssiyrityksen alihankkijana, voit käyttää tietojasi. Usein tämä tarkoittaa sitä, että sinä pystyt näkemään pörssiyrityksen menestyksen yrityksesi saamien tilausten pohjalta. Kun tilausvirta alihankkijoilta pienenee tai kasvaa on se helppo havaita ennen analyytikkoja, joiden suositusten perusteella isommat pojat sijoituksensa tekevät. Tämä luo sinulle edun.

Etu ei koske vain töitäsi. Sinä voit myös vapaa-ajalla olla tekemisissä niiden asioiden kanssa, jotka antavat sinulle edun. Pörssiyritysten kulutustuotteet voivat tuoda isoja tuottoja. Tuotteiden menekkiä eivät analyytikot ehkä huomaa samoin kuin tavallinen kansalainen. Sinun on mietittävä tuotteiden vaikutusta menestykseen. Otetaan teoreettinen esimerkki. Oletetaan Amer Sportsin Wilson tennis-mailamerkin kehittävän uuden mailan joka on parempi kuin kilpailijoiden. Vertaa tennismaila-liiketoiminnan vaikutusta koko yrityksen liikevaihtoon ja tulokseen. Mikäli sillä on merkitystä, kannattaa sijoittamista harkita sen perusteella. Vaikka asiat ovat usein julkisia niin mailojen menekkiä analyytikot eivät ehkä huomaa.

Suurpelureilla voi olla myös muita laillisia tai itseluotuja rajoituksia sijoitustensa suhteen. Suomeen sijoittavat osakerahastot eivät voi ylittää kymmenen prosentin rajaa yksittäisissä sijoituksissa. Tämä tarkoittaa sitä, että ne voivat joutua myymään menestysosakkeitaan rajoitusten vuoksi. Usein yksittäisillä sijoittajilla suurin osa sijoitustuotoista tulee muutamasta sijoituskohteesta. Lakipykälät tai rajoitukset estävät tuottojen täysmääräisen hyödyntämisen. Pidemmällä aikavälillä tällä on merkittäviä vaikutuksia.

6.5.6 Laatuyritykset

Kun etsit laatuyrityksiä, unohda osakkeiden hinta. Se milloin laatuyritystä kannattaa ostaa on eri asia. Hinta vaikuttaa. Toinen tärkeä asia muistettavaksi on se ettei laatuyritystä voi määrittää tarkasti. Sinä joudut tekemään tunnepohjaisen arvion määritellessäsi laatuyrityksen. Arvio heijastuu näkemykseesi laadusta. Laatuyrityksillä on samoja ominaisuuksia, mutta ne eivät ole identtisiä. Kaikkia mainitsemiani ominaisuuksia ei taida olla yhdelläkään yrityksellä, mutta suurin osa hyvistä yrityksistä omaa niistä suuren osan.

Käyn läpi laatuyritysten yhteisiä ominaisuuksia ja yritän parhaani mukaan selittää sinulle mistä tunnistat ne. Voit olla erimielinen joistakin asioista, koska laatuyritysten hahmottaminen ei ole yhtä tarkkaa tiedettä kuin matematiikka. Tämän takia sinun on ajateltava itse asiaa eikä vain luottaa sanaani.

Selkeästi ymmärrettävä ansaintamalli

Pankeilla on selvät ansaintamallit. Ihmiset ja yritykset tallettavat rahaa ja saavat siitä hyvästä korkoa. Talletuksien seurauksena pankit lainaavat suurempia rahasummia eteenpäin. Ne saavat lainatusta rahasta palkkioina suuremmat korot kuin mitä talletuksista maksavat. Ansaintamallin lisäksi pankit tienaavat muillakin tavoilla. Mallin on oltava niin yksinkertainen, että jopa apina voi toimia toimitusjohtajana. Tämä siitä syystä, että joku apina tulee sellaisena toimimaan. Rahantekemisen on oltava yksinkertaista ja ymmärrettävää, jotta yritykseen kannattaa sijoittaa. Vältä yritykseen sijoittamista mikäli et käsitä sen ansaintamallia. Sinun tarvitsee ymmärtää perusperiaatteet.

Vähäinen pääomariippuvuus

Pääomariippuvuus ei ole hyvä asia, vaikka pääomaa saakin nyt halvalla. Halpa hinta ei jatku tulevaisuuteen saakka vaan maksettavat pääomakustannukset kasvavat suuremmiksi. Seurauksena pääomariippuvaiset liiketoiminnat vaikeutuvat ja tuotot pienentyvät. Yksi hyvä merkki hyvästä liiketoiminnasta on korkea oman pääoman tuotto ROE. Korkea pääoman tuotto on merkki vähäisestä pääomariippuvuudesta. Tarkastele asiaa pidemmällä aikavälillä, koska lyhyellä aikavälillä lukuja on helppo vääristää.

Paljon pääomaa tarvitsevat liiketoiminnat sopivat huonosti nopeasti muuttuvaan maailmaan. Pääomariippuvaisten liiketoimintojen reagointikyky on liian hidas. Paperiteollisuus on hyvä esimerkki. Kun paperilaatujen tarve muuttuu, täytyy yritysten reagoida. Tässä vaiheessa tehtaiden siirtäminen vaatii aikansa ja pääomansa. Paljon pääomaa vaativat, mutta käyttämättömiksi jääneet tehtaat syövät pääomia.

Hyvä hinnoittelukyky

Hyvällä yrityksellä on kyky hinnoitella tuotteitansa. Kyky voi tulla monista lähteistä. Yksi niistä voi olla brändi. Coca Cola ja Apple ovat esimerkkejä brändeistä, joilla on varaa hinnoitella tuotteensa muita korkeammiksi. Niiden ei tarvitse ryhtyä hintakilpailuun, koska niillä on hyvä maine asiakkaiden keskuudessa. Harva Applen tuotteita käyttävä ihminen vaihtaa niitä. Yrityksen tuotteet maksavat enemmän kuin kilpailijoiden ja niissä on paremmat katteet. Tämä pätee myös Coca Colaan, vaikka ei ehkä niin selvästi kuin Appleen.

Hinnoittelukyky voi myös perustua siihen, että yritys toimii vähän kilpaillulla alalla, jolle tulemiseen on suuret esteet. Tällaisesta alasta hyötyy Suomen pörssissä useampia yrityksiä. Fortum on näistä yksi. Vesi- ja ydinvoiman rakentaminen Suomeen on vaikeaa, koska paikkoja ei ole juuri jäljellä. Ja vaikka olisikin niin tarvitaan lupaprosessi joka vaatii useita vuosia tai ydinvoiman tapauksessa vuosikymmenen. Fortum voi pitää huolta siitä, että sähkönhinta ei ole halvin mahdollinen.

Patentit ovat paras hinnoittelukyvyn tae, mutta niiden voimassaoloaika on rajallinen. Monilla suomalaisilla yrityksillä on iso patenttisalkku joka auttaa estämään kilpailijoiden pääsyn markkinoille. Tästä esimerkkinä on Orion, jonka lääkepatentit jauhavat voittoa hyvällä marginaalilla. Muita patenttien hyödyntäjiä ovat mm. Nokia, Neste Oil, Outotec ja Wärtsilä. Patenttien merkitystä ajatellessa on hyvä muistaa, että uusien keksintöjen markkinat voivat olla niin pienet ettei niillä ole vaikutusta yrityksen liiketoimintaan.

Hyötyminen megatrendeistä

Laatuyritykset hyötyvät megatrendeistä. Niitä ovat mm. kaupungistuminen, energiatehokkuus, iso data, työpaikkojen korvaaminen automaatiolla ja monet muut. Mitä useammalla megatrendillä yritys pystyy ratsastamaan sitä paremmin se pärjää. Megatrendien kesto on vuosikymmeniä. Niiden hyödyntäminen parantaa mahdollisuuksia kasvattaa liiketoimintaa kauan. Megatrendit vaikuttavat myös toiseen suuntaan. Liiketoimintojen häviäminen vaikuttaa negatiivisesti. Tällainen asia on mm. langaton tiedonsiirto joka vähentää paperintekoa.

Suomalaisista pörssiyrityksistä monet ratsastavat megatrendien avulla. Tässä muutamia: Kone hyötyy kaupungistumisesta ja Outotec hyötyy samasta asiasta tarjoamalla parempia ratkaisuja raaka-aineiden hyödyntämiseen. Tässä vain muutamia esimerkkejä, koska megatrendien hyödyntäjiä on paljon. Megatrendeillä ratsastaminen ei ole välttämätöntä hyvälle liiketoiminnalle, mutta niistä on hyötyä.

Hyvä taloudellinen tilanne

Laatuyrityksillä on hyvä taloudellinen tilanne eikä niillä ole pelkoa mennä konkurssiin. Niiden tulokset ovat noususuunnassa ja osakekohtaiset tulokset nousevat liikevaihdon noustessa. Liikevaihdon nousu ilman tuloksentekokyvyn nousua ei ole hyvä asia eikä johda taloustilanteen paranemiseen pidemmällä aikavälillä. Osakkeen osingonkasvun ei tulisi ylittää tuloskasvua pidemmällä aikavälillä suurella marginaalilla. Yksittäisinä vuosina yritys voi maksaa lisäosinkoja mikäli parempia sijoituskohteita ei löydy.

Hyvän taloudellisen tilanteen omaava yritys on nettovelaton, kun se ei ole löytänyt järkeviä sijoituskohteita. Sillä on enemmän pääomia kuin velkaa. Pääomia se voi käyttää järkeviin investointeihin, kuten yritysostoihin. Niiden seurauksena se voi hieman velkaantua. Investoinnit parantavat osakkeenomistajille tulevia tuottoja pidemmällä aikavälillä. Laatuyritys ostaa hyvälaatuista liiketoimintaa halvalla. Hyvälaatuisen ostettavan liiketoiminnan löytämiseen sopivalla hinnalla voi kulua vuosia. Siksi laatuyritys on todennäköisesti nettovelaton.

Laatuyrityksellä on kassassa rahaa odottamassa hyviä tilaisuuksia kasvattaa liikevaihtoa ja tulosta. Se voi kasvaa myös liiketoimintojaan kehittämällä. Hyvän taloudellisen tilanteen omaavalla yrityksellä voi olla velkaa, mutta sen korot ovat pienet. Laatuyritykset käyttävät pääomiaan toisten yritysten hyvien liiketoimintojen hankintaan, kun muilla on vaikeaa.

Laatuyritys ei tuhlaa resurssejaan

Laatuyritys käyttää järkevästi resurssejaan. Yritys ei tee liiketoimintaa joka tuottaa jatkuvasti tappiota. Se pitää huolen siitä, että jokainen toimi tuottaa pidemmällä tähtäimellä voittoa. Laatuyritys luopuu nopeasti liiketoimminasta joka tuhoaa pääomia pitkällä aikavälillä. Laatuyritys ei pyri pitämään työntekijöitään maksamalla heille liian suurta palkkaa. Mikäli korkean profiilin omaava tekijä saa liian korkean palkkaehdotuksen muualta, antaa laatuyritys hänen mennä. Laatuyritys ei luovu tärkeistä työntekijöistään silloin, kun heille on järkevää maksaa enemmän.

Laatuyritys ei rakenna kallista pääkonttoria vain sen takia, että sellainen on muillakin. Mitä pahemmassa paikassa konttori on sitä varmemmin johto ja omistajat keskittyvät rahantekoon. Tämä on järkevää resurssienhallintaa, koska pääkonttorilla on harvoin suurta merkitystä rahanteossa. Pääkonttori ei sisällä luksusta vaan on sille varattua käyttöä varten. Sen pitää olla toimiva ratkaisu. Yritysjohtajille ei luoda laatuyrityksessä suurempaa luksusta kuin tavallisille työntekijöille.

Yritys ei maksa liikaa osinkoja. Niiden maksaminen ei saa vaarantaa taloudellista tilannetta. Osinkojen maksaminen pitää olla tasolla, millä yrityksellä on varaa tehdä järkeviä investointeja. Yritys ei maksa pidemmällä aikavälillä kaikkea osakekohtaista tulosta osinkoina omistajilleen. Prosenttimäärä voi vaihdella vuodesta toiseen, mutta pidemmällä aikavälillä se on noin 50%. Jos yrityksellä on tuottoisia investointikohteita tiedossa voi prosenttimäärä olla muutakin. Laatuyritys ei ota velkaa pystyäkseen maksamaan osinkoja enemmän. Tällainen yritys tuhoaa mahdollisuuksiaan osakekohtaisen tuloksen kasvattamiseen.

Laatuyrityksellä on oikeudenmukaiset palkitsemisjärjestelmät. On parempi maksaa avainhenkilöille hieman vähemmän kuin mitä he ansaitsevat kuin antaa heille liian paljon palkkaa. Liian suuret rahasummat korruptoivat sekä saajan että hänen alaisensa. Kateudella on vaikutus siihen mitä ihmiset kokevat oikeudenmukaiseksi. Laatuyritys palkitsee myös muita kuin yritysjohtoa hyvin tehdystä työstä. Tämän tulee tapahtua oikeudenmukaisesti.

Hyvä johto

Hyvän johdon hahmottaminen on vaikeaa. Sinä joudut tekemään arvion mikä ei perustu faktoihin. Ainut tapa tuntea hyvä johtaja on työskennellä hänen alaisuudessaan. Kaikki muut arviot perustuvat tunteisiin. Ne voivat johtaa sinut metsään. Ihmiset voivat muuttua ja sekin vaikeuttaa johtajien hahmottamista. Voit tehdä oletuksia heistä. Kaikista vaikeinta on henkilön puolueeton arviointi.

Tärkein yksittäinen henkilö on toimitusjohtaja. Hyvä johtaja saa yrityksen menestymään. Tämä on itsestäänselvyys. Se mikä ei ole niin selvä asia on se kuinka toimitusjohtaja on vaikuttanut menestykseen. Asian hahmottamiseen ei ole olemassa maagista tunnusmerkkiä. Toimitusjohtajan tuoma menestys voi olla muista asioista kiinni kuin henkilöstä. Ylivoimaisen tuotteen tuominen markkinoille toimitusjohtajan tullessa yritykseen voi johtaa yrityksen menestykseen ilman hänen panostaan. Uuden toimitusjohtajan vaikutus ei ole nopea. Hänelle pitää antaa aikaa. Onnistuneet toimitusjohtajat pysyvät talossa pitkään ja heidät voi yrittää tunnistaa vertaamalla heidän palvelusvuosiaan ja yrityksen menestystä muihin alan yrityksiin.

Hyvän johdon tunnistat myös siitä ettei se maksa itselleen liian suuria palkkoja tai tarjoa itselleen mahdollisuuksia rikastua mm. optiojärjestelmällä. Johdon liian suuret palkat ovat korruptoiva esimerkki. Tämä johtaa liian suuriin palkkoihin myös alemmilla portailla. Hyvä johto panostaa rahojaan yritykseen, jossa on töissä. Tällöin sillä on motivaatiota toimia osakkeenomistajien parhaaksi. Hyvä johto myöntää virheensä. Se ei salaile niitä. Hyvällä johdolla on nollatoleranssi epärehellisyyttä kohtaan. Se ei salli alaisille eikä johtoryhmälle tulosten vääristelyä tai muuta korruptoivaa käytöstä.

Näiden asioiden hahmottaminen on vaikeata. Yksittäistä viisastenkiveä ei ole. Johdon ylisuuret palkkiot ovat ehkä sellainen asia. Niiden ilmestyminen tilinpäätöksiin tai yhtiökokouksessa päätettäviin asioihin on varoitussignaali. Hyvän johdon hahmottamisen sijaan on tärkeämpää keskittyä sijoittamaan liiketoimintaan jota apinakin pystyy johtamaan.

6.5.7 Yritykset joihin ei kannata sijoittaa

Voit lähteä selvittämään asiaa laatuyritysten kautta. Ne yritykset joilla on useampia vastakkaisia ominaisuuksia kuin laatuyrityksillä, ovat keskimäärin huonoja sijoituskohteita. Ominaisuuksien lisäksi voi olla muita asioita, joihin kiinnittää huomiotaan. Yksi asia jota kannattaa varoa on yrityksen tekemät investoinnit alalle, josta sillä ei ole aikaisempaa kokemusta. Tällaiset yritykset ovat Suomen pörssissä harvinaisuuksia. Tällaiset investoinnit ovat riskejä, koska niiden onnistuminen on epävarmaa. Siirtyminen omasta liiketoiminnasta toiseen on hyppy tuntemattomaan. Lopputulos voi olla mitä tahansa loistoideasta täydelliseen epäonnistumiseen.

Kovat odotukset omaavaan yritykseen sijoittaminen ei ole riskitöntä. Varsinkin pörssiyrityksiin, jotka eivät ole onnistuneet koskaan tuottamaan voittoa omistajilleen ei kannata sijoittaa. Näitä näkee suuressa maailmassa enemmän kuin Suomessa. Yksi tämänhetkinen esimerkki on sosiaalisen median yritykset. Ne ovat kalliita eikä niiden ansaintapotentiaalista ole tietoa. Varoisin myös yrityksiä, joista ihmiset puhuvat seuraavana suurena yrityksenä. Puskaradion huutaessa voimakkaasti yrityksen puolesta, on oltava tarkkana. Yleensä puskaradio on myöhässä.

Yritykset, jotka ovat riippuvaisia harvoista asiakkaista kannattaa myös välttää. Yleensä niiden hinnoitteluvoima on olematon ja niiden isännät kuppaavat kaiken irti. Suomessa tunnetuimpina esimerkkeinä voi pitää entisiä Nokian alihankkijoita kuten Perlosta ja Elcoteqiä. Näiden ongelmat räjähtivät käsiin Nokian menettäessä markkinaosuuttaan.

Varo myös teknologiamurroksesta kärsiviä yrityksiä. Pahimmillaan uusi teknologia syrjäyttää vanhan, jonka jälkeen vanhalla teknologialla ratsastava yritys tuhoutuu mikäli se ei pysy kehityksessä mukana. Tästä parhaimpana esimerkkinä oli Nokia joka tuhoutui lähes täysin kosketusnäyttöjen viedessä yritystä kuin märkää rättiä. Varo myös kiehtovan ja tyhjän tarinan omaavia yrityksiä. Niillä on tunteisiin vetoavia tarinoita ja kovat odotukset tulevaisuudesta. Suomessa tällaisia tapauksia olivat muutamat yritykset teknokuplan aikana 1990-luvun lopulla. Yrityksillä on yleensä yksi tai kaksi johtohenkilöä. He omaavat hyvät puheenlahjat, joiden avulla he saavat sijoittajien rahat taaksensa.

6.6 Sijoitusmestarit

Maailmassa on monia huippusijoittajia ja heistä parhaiden valitseminen on osittain makuasia. Paras tapa arvioida heitä on pitkäaikaisten tuottojen vertaaminen. Tähän osioon olen valinnut neljä henkilöä, joista voit ottaa mallia. He ovat Warren Buffett ja Charlie Munger, Peter Lynch ja William J. O´Neil. Nämä ovat valintojani kirjaan, koska olen tutkinut heidän ajattelumallejaan eniten. Kannattaa tutkia muitakin menestyneitä sijoittajia kuin heitä. Heistä voi mainita mm. Ray Dalion, Carl Icahnin ja Kyle Bassin.

Warren Buffettia ja Charlie Mungeria ei voi erottaa toisistaan, koska he ovat tehneet vuosikymmeniä töitä yhdessä ja ovat saman yrityksen menestyksen takana. Peter Lynch on kaikkien aikojen paras rahastonhoitaja, joka on tehnyt isoja tuottoja hajautetulla salkulla. O´Neil taas on yksi parhaista kasvuyrityssijoittajista. Hänellä on oma järjestelmänsä tuottojen tekemiseen. Minulla ei ole tarkkoja tietoja hänen sijoitusmenestyksestään, mutta olen tehnyt johtopäätöksiä siitä. Hänen järjestelmänsä näyttäisi toimivan hyvin, mutta en luottaisi siihen kokonaan. Voit silti ottaa häneltä oppia.

Vaikka käyn läpi mestarisijoittajia ja heidän neuvojaan, niin heidän sijoituksiaan ei voi kopioida suoraan. Suurin syy on se, että heidän raha- ja elämäntilanteensa ovat erilaiset. Buffettin ja Mungerin Berkshire Hathaway on niin iso, että se ei voi tuhlata aikaansa pieniin yrityksiin. Se ei voi odottaa sijoituksiltaan samanlaisia tuottoja kuin aiemmin. Sinä voit tutkia heidän aiempia tekojaan nykyisten sijoitusten kopioimisen sijaan. Varsinaisten sijoitusten sijaan sinun tulee opetella heidän ajattelumallejaan, jotka ymmärtämällä voit tehdä sijoituksiasi keskivertosijoittajaa paremmin. Ajattelumallien tunnetuin puolestapuhuja on Munger.

Mestarisijoittajilla paljon yhtäläisyyksiä

Mestarisijoittajilla on monia yhteisiä piirteitä. He haluavat oppia koko ajan lisää, he hahmottavat riskit eri tavalla kuin huonommin pärjänneet ammattilaiset ja he keskittyvät päätöstensä laatuun. Kaikki menestyneet sijoittajat oppivat koko ajan lisää ja heillä on uskomaton tiedonjano. He kysyvät itseltään "mitä en tiedä?" jatkuvasti. He ovat oppimiskoneita. He hahmottavat riskejä eri tavalla kuin tavalliset ammattilaiset ja amatöörit. Suurin osa huonommista sijoittajista pitää sijoittamista riskipelinä. Mestarisijoittajat keskittyvät siihen, että heidän riskinsä ovat paljon pienemmät kuin mahdolliset tuotot.

Tästä esimerkki on Buffettin aikoinaan tekemä sijoitus Washington Postiin. Sijoitushetkellä hän maksoi yrityksestä 80 miljoonaa dollaria. Sijoitusta ennen hän oli laskenut pystyvänsä myymään yrityksen kaikki osat heti 400 miljoonalla dollarilla. Tällöin hänen riski/tuotto -suhteensa oli noin yhden suhde viiteen. Mestarisijoittajat tekevät päätöksensä vain, kun todennäköisyys tehdä enemmän rahaa sijoitettuun summaan nähden on korkea. Hyvälle riski/tuotto-suhteelle voidaan käyttää myös nimitystä turvaväli.

Tavalliselle sijoittajalle hyvän riski/tuotto -suhteen tarjoaa pitkän aikavälin jatkuvat sijoitukset indeksirahastoihin. Maailmantalous kasvaa pitkällä aikavälillä lähes varmasti ja paras tapa sijoittajalle saada osuutensa kasvusta on sijoittaa pienikuluisiin indeksirahastoihin useammaksi vuosikymmeneksi. Jossain vaiheessa indeksisijoittaja pääsee nauttimaan kasvusta ja sijoitetut rahasummat kasvavat.

Päätösten laatu näkyy määrässä. Mestarisijoittajat tekevät harvoin päätöksiä. Kun he tekevät päätöksiä, ovat he valmiita sijoittamaan merkittäviä rahasummia. He ovat valmiita odottamaan vuosia ennen kuin laittavat rahojaan kiinni ja joutuvat usein näin tekemään. He panostavat suuria summia, kun todennäköisyydet ovat selkeästi heidän puolellaan. Suurin osa heidän ajastaan menee uusien asioiden opettelemiseen ja sijoituskohteiden tutkimiseen.

Mestarisijoittajat pyrkivät keskittymään hallitsemiinsa asioihin. He eivät tee asioita, joihin heillä ei ole pätevyyttä. Buffett ei sijoita teknologiayrityksiin, koska hän ei usko ymmärtävänsä niiden tuotontekomahdollisuuksia. Lynch teki paljon sijoituksia yrityksiin, joihin hän tai hänen perheenjäsenensä olivat törmänneet omassa elämässään. O´Neil taas keskittyy kasvuyrityksiin, koska on niitä eniten tutkinut. Meillä jokaisella on omat vahvuutemme ja heikkoutemme. Buffett puhuu pätevyyden ympyrästä, jonka ulkopuolelle ei kannata mennä sijoittaessaan.

6.6.1 Warren Buffett ja Charlie Munger

Heitä ei voi erottaa toisistaan. He ovat olleet suurimmat syyt Berkshire Hathawayn menestyksessä. Buffettia pidetään maailman parhaana sijoittajana ja sitä hän onkin ollut. Hänen sijoitusmenestykselleen ei ole vastinetta yhtä pitkällä aikavälillä toimiessa. Ilman Mungeria hän olisi todennäköisesti ollut yksi kaikkien aikojen menestyneimmistä sijoittajista, mutta Mungerin roolia ei pidä unohtaa. Buffett voi olla maailmanhistorian paras sijoittaja, mutta Munger on suurempi ajattelija. Hän on rakentanut itselleen ajattelumallit, joiden avulla pääsee pitkälle. Ne koskevat muitakin asioita kuin sijoittamista. Ajattelumallit olivat vaikuttamassa Buffettin muutoksiin sijoittajana.

Molemmat uskovat ettei sijoittajan tarvitse tehdä montaa onnistunutta päätöstä. Buffett on todennut esitelmöidessään, että jokaiselle pitäisi antaa kortti, jossa olisi maksimissaan 20 paikkaa. Joka kerta, kun tekee sijoituspäätöksen tulee yksi paikka käytettyä. Voit muutamalla päätöksellä välttää turhia kaupankäyntikuluja, veroja tai aikasi tuhlaamista paskapuheisiin. Molempien mielestä kauppaa pitää käydä silloin, kun kertoimet ovat selkeästi sijoittajan puolella. Silloin pitää sijoittaa merkittäviä rahasummia ja muuten istua kädet takapuolensa alla. Kummatkin ovat sitä mieltä ettei hajauttaminen kannata mikäli tekee kotiläksynsä hyvin.

Pysyvä kilpailuetu

Yksi ja ehkä tärkein kriteeri kaksikon sijoittamisessa on löytää yrityksiä, jotka pystyvät ylläpitämään itse itseään ja toimimaan kaikissa markkinaympäristöissä. Tämä tarkoittaa usein dominoivaa markkina-asemaa. Monopolit ja oligopolit, kuten kaupunkien suurimmat sanomalehdet olivat Berkshiren suosiossa. Pysyvän kilpailuedun omaava yritys tuottaa korkoa korolle -ilmiön myötä enemmän rahaa kuin muiden kanssa verisesti kilpailevat yritykset. Kilpailuedun omaava yritys ei joudu rahoittamaan toimintaansa lainaamalla, koska se joutuisi luopumaan korkoa korolle -ilmiön hyödyistä. Mitä pidempään yritystä omistaa sitä enemmän rahaa se tekee.

Berkshire Hathaway eli Buffett ja Munger ovat identifoineet kolme eri liiketoimintamallia joita pysyvän kilpailuedun omaavat yritykset käyttävät.

1. Yritykset, jotka myyvät ainutlaatuisia tuotteita.
2. Yritykset, jotka tarjoavat ainutlaatuisia palveluita.
3. Yritykset, jotka ostavat ja myyvät halvalla tuotteita tai palveluita joita ihmiset jatkuvasti käyttävät.

Ensimmäiseen ryhmään kuuluvat kuluttajatuotteita myyvät yritykset, jotka jokainen tunnistaa omilla markkina-alueillaan. Brändit mahdollistavat kalliimpien hintojen pyytämisen. Samalla ne lisäävät kappalemääräistä myyntiä. Lisäksi tuotteiden tai tuotantoprosessien kehittämiseen ei tarvitse tuhlata resursseja. Niiden muuttaminen voisi aiheuttaa katastrofin.

Ainutlaatuisia palveluita myyvät yritykset eivät ole riippuvaisia henkilöistä. Yritykset voivat myydä palveluitaan hyvään hintaan eikä niiden tarvitse kuluttaa resurssejaan uusien kehittämiseen. Palvelut voivat koskea joko kuluttajia tai suurempia organisaatioita, kuten valtioita. Palvelut voivat tuottaa suurempia katteita kuin kulutustuotteet.

Halvalla palveluita ja tuotteita ostavat yritykset, jotka myyvät tuotteitaan halvalla voivat omata pysyvän kilpailuedun. Ne panostavat enemmän myytyjen tuotteiden määrään kuin laatuun. Määrien avulla ne voivat kasvattaa katteita. Ne myyvät lähinnä kuluttajille tuotteitaan ja palveluitaan. Kolmesta liiketoimintamallista viimeinen on haastavin mitä tulee pysyvän kilpailuedun hahmottamiseen. Hahmottamisen lisäksi kilpailuedun säilyttäminen on vaikeinta.

Pysyvyys on avainsana. Pysyvää kilpailuetua omaavia yrityksiä etsiessä on tehtävä kysymyksiä ja etsittävä niihin myönteiset vastaukset.

- Onko yrityksellä ollut jatkuvasti paremmat katteet kuin kilpailijoillaan?
- Selviääkö yritys liiketoiminnastaan laittamatta suuria summia tuotekehitykseen?
- Kasvavatko yrityksen tulos ja kassavirta jatkuvasti?
- Pystyykö yritys jatkuvasti kasvamaan ilman lainattua rahaa tai rahoituksen hakemista osakkeenomistajilta?

Kun puhutaan pysyvyydestä niin puhutaan pidemmistä aikaväleistä. Berkshiren aikaväleissä ikuisuus on paras vaihtoehto. Tilinpäätöksiä tutkiessa yleisin aikaväli, jota Berkshire käyttää on kymmenen vuotta. Vuosikymmenen aikana yritykset joutuvat todennäköisesti kärsimään ainakin yhdestä taantumasta, mutta todennäköisesti useammasta. Vain yrityksen hyviä vuosia tutkimalla ei päästä lopputulokseen, jossa johtopäätöksiä kilpailuedun pysyvyydestä saataisiin. Pysyvä kilpailuetu korostuu huonoina vuosina.

Mistä tunnistaa pysyvän kilpailuedun omaavat yritykset? Paras tapa on tutkia tilinpäätöstietoja pidemmältä ajalta. Tämä vaatii paljon työtä, mutta sen seurauksena tuloksetkin ovat hyviä. Seuraavalla sivulla tunnusmerkkejä Berkshiren painotuksista sijoituskohteissaan. Pankit ja rahoituslaitokset ovat poikkeuksia, joten niihin pätevät hieman eri säännöt. Berkshirelle pankeissa on tärkeämpää vakavaraisuus kuin suuret katteet. Tämä tarkoittaa suuria katteita omaavien pankkien suurempia riskejä. Seuraavalla sivulla tunnusmerkkejä pysyvästä kilpailuedusta.

- Yrityksen katteet ovat jatkuvasti suuremmat kuin kilpailijoilla. Tämä vaatii kilpailijoiden tilinpäätöstietojen tarkistamista. Katteiden pitäisi olla jatkuvasti 20%:in luokkaa tai enemmän. Joskus katteet voivat olla 10-20%:in välissä. Alle 10%:in katteet merkitsevät sitä ettei yrityksellä ole pysyvää kilpailuetua.

- Yrityksen osakekohtainen tulos on jatkuvassa kasvutrendissä. Aikaväli, jota Berkshire tutkii on tavallisesti 10 vuotta. Yksittäisinä vuosina voidaan nähdä osakekohtaisen tuloksen laskua, mutta 10:ssä vuodessa osakekohtaisen tuloksen kasvun pitää olla merkittävä.

- Yrityksen käteisvarojen pitää osoittaa selkeää kasvua pidemmällä aikavälillä ilman osakeanteja, omaisuuden myymistä tai rahan lainaamista. Tämä tarkoittaa sitä ettei yrityksellä ole juuri velkaa. Käteisvarojen kasvun sijaan yritys voi lunastaa markkinoilta omia osakkeitaan. Mikäli käteisvarat eivät ole kasvaneet, tulee yrityksen hallussa olevien omien osakkeiden määrän kasvaa. Toinen vaihtoehto on se, että markkinoilta hankitut osakkeet on mitätöity.

- Yrityksen oman pääoman tuotto on ollut korkea (yli 20%) pitkällä aikavälillä. Korkea oman pääoman tuotto ei riitä. Se on myös pitänyt saada aikaan velkaantumatta. Liian suuri oman pääoman tuotto voi tarkoittaa sitä, että pysyvä kilpailuetu voi olla vaarassa. Se voi houkutella kilpailijoita. Tämä riippuu mm. siitä kuinka vaikeaa liiketoimintaa on käynnistää.

Lisää tietoa siitä kuinka Buffett ja Munger tarkastelevat pysyvää kilpailuetua löytyy mm. Mary Buffettin ja David Clarkin kirjasta: Warren Buffett and the interpretation of financial statements.

6.6.2 Peter Lynch

Peter Lynch teki hajautetulla salkulla hyvää tulosta Fidelity-rahastoyhtiön Magellan-rahastolla. Hän on siirtynyt eläkkeelle. Rahasto tuotti vuosien 1977-1990 välillä 29.2%:ia vuodessa. Tuotot saavutettiin yli tuhanteen osakkeeseen hajautetulla salkulla. Tuotoista suurin osa tuli pienestä osasta osakkeita. Tämä on yleinen ilmiö, koska kaikki sijoitukset eivät voi tuottaa yhtä paljon.

Lynchin tunnetuin periaate on sijoittaa siihen minkä ymmärtää. Se tarkoittaa sitä, että meillä on arkipäiväisiä asioita, jotka ymmärrämme. Ne voivat sisältää työmme, harrastuksemme, tai kiinnostuksemme kohteet. Koska me ymmärrämme nämä asiat ja niitä tarjoavat yritykset, saamme etulyöntiaseman niitä analyytikkoja vastaa,n jotka seuraavat yrityksiä kauempaa. Työskennellessäsi yrityksen alihankkijalle voit nähdä tämän tilaavan alihankkijalta yhtäkkiä enemmän. Voit päätellä siitä yrityksen kasvavan ennen analyytikoita ja muita sijoittajia.

Osakkeet ja uhkapeli

Lynch vertaa osakesijoittamista pokeriin, jossa osa käsistä on näkyvillä. Hänen mielestään sijoituksen tekeminen on uhkapeliä, jossa sijoittajan pitää huolehtia todennäköisyyksien olevan hänen puolellaan. Suurin osa tiedoista on kaikkien näkyvillä. Sijoittajan pitää osata hyödyntää näkemäänsä paremmin kuin kaupanteon vastapuoli. Lynchin mielestä ammattisijoittajilla ei ole montaa tietolähdettä enemmän käytössä kuin amatööreillä.

Pitkän aikavälin sijoitukset voivat tuottaa suuria palkintoja samalla tavalla kuin uhkapelurille joka tekee jatkuvasti parempia päätöksiä kuin muut. Kuten pokerissakin, voi osakemarkkinoilla tehdä järkeviä päätöksiä tekemällä laskutoimituksia yhä uudestaan ja uudestaan. Samat henkilöt keräävät muita useammin potin niin uhkapelissä kuin sijoittamallakin. Toiset pelurit kutsuvat taitoa onneksi.

Jatkuvasti voittoa tekevät uhkapelaajat lisäävät panoksia, kun todennäköisyydet ovat heidän puolellaan ja jättävät pelaamatta, kun ne ovat heitä vastaan. Jatkuvasti häviävät pelurit uskovat huonosti jaettuihin kortteihin. Järkevät pelurit ymmärtävät tekevänsä välillä huonoja päätöksiä, vaikka todennäköisyydet olisivat heidän puolellaan. He ymmärtävät tämän kuuluvan pelin henkeen eivätkä luovuta takaiskuista.

Pitkällä aikavälillä hallittuja riskejä ottavat sijoittajat saavat palkintonsa osakemarkkinoilla, kuten hyvät pokerinpelaajat. Huonosti pelaamalla hyvätkin kortit voivat tuottaa huonot lopputulokset. Hyvin kotiläksynsä tehneet sijoittajat voivat huonoihin osakkeisiinkin rahansa laittamalla tehdä hyvää tulosta. Todennäköisyydet ovat kuitenkin enemmän tällä tyylillä sijoittamista vastaan kuin sen puolella. Osakemarkkinoilla on mahdollisuus saada erinomaisia tuloksia oikein pelaamalla, kuten pokerissakin.

Seuraa tuloksia

Lynch seuraa yritysten tekemiä tuloksia hahmottaessaan sijoituskohteita. Tulokset ja niiden muutokset kertovat pitkällä aikavälillä kuinka sijoitukset menestyvät. Osakekurssit voivat lyhyellä aikavälillä liikkua omia polkujaan. Pidemmällä aikavälillä kurssi seuraa yrityksen tuloskehitystä. Joskus voi kyse olla myös yrityksen taseessa olevista eristä. Tällöin kyseessä on erityistapaus. Tutki asiaa omistamiesi yritysten kautta mikäli et usko sen olevan totta. Hyvä tapa katsoa osakkeen arvostusta on verrata sen pörssikurssin muutosta tuloskehitykseen pidemmällä aikavälillä.

Lynch käskee arvioimaan tuloskehitystä tulevaisuudessa. Paras tapa tähän on katsoa menneisyyden kehitystä ja arvioida tulevaisuutta siltä pohjalta. Yrityksen koolla on merkitystä. Pienempien yritysten on keskimäärin helpompaa kasvattaa tulostaan nopeammin ja terveemmin kuin suurten. Kun mietit tulevaisuuden tuottoja, on sinun ymmärrettävä tuloskehityksen olevan epätasaista. Tämän vuoksi yrityksiä pitää tutkia pidemmältä ajanjaksolta. Lynch ei usko tarkkaan määrittelyyn, kun hän miettii monta osaketta kannattaa osakesalkussaan pitää. Sen sijaan hänen mielestä tulee keskittyä tekemään jokainen sijoituspäätös erikseen. Hyviä tilaisuuksia tullessa voi ostaa useampia osakkeita. Niiden tullessa liian kalliiksi voi tehdä myyntejä. Osto- ja myyntipäätökset tulee tehdä oma tilanteensa huomioonottaen. Hintaa tulee verrata yrityksen tuloksentekokykyyn sekä tasearvoihin ja tehdä niistä omat johtopäätöksensä.

6.6.3 Jeff O´Neil

O´Neil on suurelle yleisölle tuntemattomampi suuruus. Häntä voi pitää kasvusijoittajana. Hän myös käyttää teknistä analyysia määrittäessään ajoitusta sijoituksille. Koska tästä asiasta en ymmärrä mitään, en sitä tule tarkemmin käsittelemään. Se mikä hänessä on mielenkiintoisempaa, on hänen CAN SLIM -järjestelmänsä joka luo tarkat kriteerit yrityksille, joihin hän sijoittaa.

O´neil on ainakin omien sanojensa mukaan tutkinut kaikki Yhdysvaltain markkinoilla viimeisten vuosikymmenien aikana menestyneet osakkeet. Menestystarinoista voi löytää yhtäläisyyksiä. Hän on tutkimustensa myötä onnistunut hahmottamaan nämä. Hän on muokannut järjestelmän, mitä hyödyntää sijoituskohteiden löytämisessä ja ostokohdan hahmottamisessa. CAN SLIM -järjestelmässä on seitsemän eri kohtaa:

Current quarterly earnings per share

Nykyiset neljännesvuotiset osakekohtaiset tulokset. Tässä verrataan jokaista kvartaalia vuodentakaiseen ja mitataan osakekohtaisia tuloksia kertaerien jälkeen. Jokaisella yrityksellä on syklinsä. Et voi verrata nykykvartaalia edelliseen vaan vuodentakaiseen. Järjestelmässä verrataan nykytilannetta edellisillä kvartaaleilla ja tarkoitus on löytää jatkuvia osakekohtaisia tulosparannuksia. Kun osakekohtaiset kvartaalitulokset kasvavat kiihtyvällä vauhdilla on se hyvä merkki. Osakekohtaisten tulosten nousu ei yksin riitä vaan sen lisäksi tulee myös liikevaihdon kasvaa lähes samaa vauhtia. Osakekohtaisia tuloksia voi olla helppo nostaa väliaikaisesti, mutta kestävämmällä pohjalla niiden nousu on liikevaihdon noustessa.

Annual earnings increase

Vuosittaisten osakekohtaisten tulosten kasvu on suotavaa. Osakekohtaisen vuosituloksen kasvun jatkuvuus on välttämättömyys. Tuloksen pitäisi kasvaa vähintään kolme vuotta, mutta pidempiaikaisuus ei ole pahasta. Vuosittaisen kasvun pitäisi olla nouseva. O´Neilin yrityksen tekemien tutkimusten mukaan oman pääoman tuoton pitäisi olla keskimäärin yli 17%:ia, jotta voidaan puhua hyvälaatuisesta yrityksestä.

New products, new management, new highs

Kurssinousu tarvitsee perusteekseen jotain uutta. Uudet tuotteet, uusi johto tai uusille markkinoille kasvaminen voivat aiheuttaa kurssinousun. Lisäksi O´Neilin tutkimusten mukaan yrityksen osakekurssin noustessa yli vanhan huipun, nousee se vielä ylöspäin. Uudet tuotteet voivat luoda yritykselle tarvittavaa tuloskasvua. Uusien tuotteiden tuoman liikevaihdon kasvun täytyy olla merkittävä, jotta niistä saadaan hyötyä. Historiasta voimme mainita e-pillerit keksineen yrityksen ja vähän lähempää Applen. Myös uusi johto voi saada aikaan positiivisia muutoksia.

Supply and demand

Kysynnän ja tarjonnan lait pätevät myös osakekursseihin. CAN SLIM - järjestelmässä huomioidaan osakkeiden likviditeetti eli kuinka usein yrityksen osakkeet vaihtavat omistajaa. Mikäli suuromistajat eivät tee kauppoja ja he omistavat suurimman osan, jää markkinoille vähän likviditeettiä. Sen puute tekee osakkeesta riskisemmän omistettavan tässä teoriassa. Kurssinousun taakse tarvitaan likviditeettiä, jotta se on perusteltavissa. Omien osakkeiden osto ja yrityksen johdon merkittävä omistus kertovat osakkeen kysynnästä. Omien osakkeiden osto tulee suorittaa yrityksen voitoilla ja johdon tulee ostaa osakkeita suoraan markkinoilta optiojärjestelmien sijaan.

Leader or laggard

Etsi markkinoiden johtavia osakkeita. Ne eivät ole niitä joilla on suurin markkinaosuus vaan niitä, jotka kasvattavat tulostaan ja liikevaihtoaan muita nopeammin. Johtavat yritykset kaappaavat markkinaosuutta ja niillä on paremmat tuottomarginaalit. Ne omaavat parempia tuotteita tai palveluita. Markkinoiden korjatessa arvostuksia alaspäin johtavat osakkeet korjaavat hintojaan muita vähemmän. Laskumarkkinoilla kannattaa katsoa niitä osakkeita, jotka pitävät pintansa muita paremmin.

Institutional sponsorship

Voittavat osakkeet eivät tarvitse monia instituutioita ostamaan osakkeita. Eläkeyhtiöt, vakuutusyhtiöt tai rahastot toimivat usein kurssinousujen kiihdyttäjinä. Pelkkä tieto instituutioiden siirtymisestä ostolaidalle ei ole riittävä. Lisäksi on keskityttävä ostajien laatuun. Pitkään keskimääräistä paremmin pärjänneiden rahastojen ollessa ostolaidalla, on todennäköisempää osakkeen tuloskasvun olevan kestävää. Osaketta ostavien instituutioiden määrän kasvun olisi tullut olla kiihtyvää lähiaikoina.

Market direction

CAN SLIM -järjestelmä sanoo ettei osakkeita kannata ostaa mikäli yleinen markkinasuunta on alaspäin. Järjestelmä sisältää teknistä analyysia markkinoiden suunnasta. Rehellisyyden nimissä on sanottava, että pidän suunnan määrittelemistä järjestelmän heikoimpana lenkkinä. Järjestelmä käskee seuraamaan markkinoita päivittäin ja selvittämään nouseeko markkina suurella vai pienellä osakekohtaisella vaihdolla ja mihin suuntaan osakekohtainen vaihto menee laskupäivinä. Lisäksi jokaisen tulisi seurata samaa asiaa johtavista osakkeista.

En usko tavallisen sijoittajan voivan hyödyntää järjestelmää, koska se on liian monimutkainen. Varsinkin tekninen analyysi on allekirjoittaneelle hepreaa. Pysyäkseen sen mukana tulisi sijoittajan ostaa O´Neilin yritykseltä jatkuva palvelu. Sen sijaan järjestelmää voi hyödyntää miettiessään ostokohteita. Osakekohtaisen tuloksen ja liikevaihdon samanaikainen kasvu tuottaa parempaa tulosta. Uusi johto tai uudet tuotteet ja palvelut voivat tehdä hyviä tuottoja tulevaisuudessa. Voit hyödyntää myös muiden markkinatoimijoiden vertaamista yritykseen. Kaiken kaikkiaan, järjestelmän läpikäyminen ja omien sijoitusten ajatteleminen CAN SLIM -järjestelmän näkökulmasta voi olla valaiseva kokemus. En silti tekisi sijoituksiani sen perusteella.

6.7 Yhteenveto

Sijoittamisen päämäärä on saada sijoitetulle rahasummalle enemmän arvoa kuin mitä siitä on joutunut maksamaan. Toisin sanoen, tulevaisuuden kassavirtojen tulee olla suuremmat kuin mitä niistä on sijoitushetken rahan arvolla maksanut. Mitä suurempi näiden kahden asian erotus on sitä parempi sijoitus. Jos et ymmärrä miten sijoituksesi tuottaa sinulle suuremmat tulevaisuuden kassavirrat, jätä sijoittaminen välliin. Sijoita vain siihen mitä ymmärrät.

Aika on sijoittajan paras ystävä. Mitä aikaisemmin aloitat sitä enemmän korkoa korolle -ilmiö tekee työtä puolestasi. Vuosikymmenien saatossa pienempikin rahasumma kasvaa moninkertaiseksi. Saat parhaan hyödyn todennäköisesti sijoittamalla osakkeisiin vuosikymmeniksi. Niitä voi ostaa joko suoraan pörssistä tai niihin voi sijoittaa niiden tuottoja seuraaviin indeksirahastoihin tai ETF:iin. Sijoittamisen kuluihin on kiinnitettävä erityishuomiota, koska ne syövät suuren osan tuotoista pitkillä aikaväleillä.

Sijoittaminen ei vaadi poikkeuksellista älykkyyttä tai vaikeiden matemaattisten kaavojen käyttöä. Se vaatii enemmän tunteidenhallintaa. Kärsivällisyys on sijoittajan suurin hyve. Tunteet ovat sijoittajan pahimmat viholliset. Mitä paremmin luulet sinulla menevän tai mitä parempana sijoittajana itseäsi pidät sitä todennäköisemmin sinä tulet häviämään rahaa.

Sijoittajan tulee käyttää suurin osa ajastaan ylimääräisten pääomien keräämiseen, jotta hänellä on varaa sijoittaa, kun todennäköisyydet ovat hänen puolellaan. Tämä tapahtuu, kun tarjolla on epäsymmetristä riskiä eli riskien suhde tuottoihin on pieni. Tällaisia tilanteita voit sijoittajana joutua odottamaan vuosia. Palkintona pitkästä odottamisesta on luvassa keskimääräisiä parempia sijoitustuottoja. Yksi tapa päästä kiinni epäsymmetrisiin riskeihin on sijoittaa useamman vuosikymmenen ajan osakeindeksirahastoihin säännöllisesti.

"Sinun ei tarvitse tehdä montaa asiaa oikein, kunhan et tee montaa asiaa väärin" -Warren Buffett

7 JÄRJESTELMÄT

Sinä tarvitset järjestelmiä avuksesi hoitaessasi talousasioita. Ilman järjestelmiä talousasiasi vievät turhan paljon aikaasi. Taitojesi ja tietojesi hyödyntäminen jää puolitiehen Ilman niitä. Järjestelmiä hyödyntämällä saat enemmän aikaan pienemmällä työmäärällä. Mitä paremmin käytät niitä hyväksesi sitä enemmän niistä hyödyt. Sinä voit käyttää järjestelmiä hyödyksesi ratkaistessa ongelmiasi liittyivät ne talouteen tai muuhun vaikeaan asiaan. Ongelmanratkaisun keskimääräinen lopputulos on järjestelmien avulla parempi kuin suhtautumalla jokaiseen yksittäiseen asiaan aina eri tavoin.

Järjestelmät pitäisi jakaa oikeastaan kahteen eri toimintoon eli sisäiseen ja ulkoisen järjestelmään. Sisäiset järjestelmät koskevat talousasioissa päänsisäisiäsi toimintoja ja ulkoiset järjestelmät koskevat hyödyntämiäsi apuvälineitä, kuten tietokonettasi tai pankin automaattisia tilisiirtoja. Todellisuudessa monet järjestelmät ovat sisäisten ja ulkoisten toimintojen yhdistelmiä. Sinulla on enemmän valtaa sisäisiin toimintoihin. Ulkoiset toiminnot voivat olla tästä syystä hyödyllisempiä, koska ihmisluonne on heikko. Sinä muutat helpommin mieltäsi sisäistä järjestelmääsi vastaan, kuin ulkoiset toiminnot pettävät sinut. Älä koskaan unohda valvoa ulkoisia järjestelmiä, koska sinä olet melkein aina niistä vastuussa.

Tässä luvussa keskityn seuraaviin järjestelmiin: taloustaitoihin ja -tapoihin, päätöksentekojärjestelmään, budjetointiin, raha-asioiden automatisointiin ja henkilökohtaisen talousstrategian tekoon. Voit hyödyntää kaikissa niin ulkoisia kuin sisäisiäkin järjestelmiä. Järjestelmä voi sanana kuulostaa monimutkaiselta, mutta sinun ei tarvitse käyttää monimutkaisia järjestelmiä hoitaaksesi talousasioitasi.

172

7.1 Rahankäyttötaidot ja -tavat

Jokainen taitosi syntyy ketjussa olevien hermokuitujen siirtäessä pientä sähköistä impulssia. Kun harjoitat taitojasi oikein, hermokuitujesi ketjut kehittyvät ja taitosi paranevat nopeuttaen taitojasi. Mitä enemmän harjoittelet oikein sitä paremmiksi taitosi kehittyvät. Tekemällä asiat väärin kehität samoja ketjuja huonoon suuntaan ja opit vääriä taitoja. Ihmiset ovat lahjakkaita eri tavoin. Heillä on erilaiset hermokuitujen ketjut. Toiset oppivat taloustaidot nopeammin kuin muut, koska heidän ketjunsa kehittyvät nopeammin saadessaan harjoitusta. Älä vertaa itseäsi muihin, kun kehität taloustaitojasi. Keskity omaan tekemiseesi. Taitosi ja tapasi ovat järjestelmiä tai monien järjestelmien lopputuloksia.

Periaatteessa rahankäyttötaidot voidaan jakaa moneen eri osaan riippuen siitä minkälaisia kokonaisuuksia käsitellään. Jaan rahankäyttötaidot karkeasti kolmeen osaan eli tulojen ansaitsemiseen, kuluttamiseen ja suojelemiseen. Tässä luvussa käsittelen rahankäyttötaitoja rajaten tulojenhankinnan kokonaisuutena ulkopuolelle. Siitä löytyy informaatiota luvusta 4. Kuluttamisesta voit lukea luvuista 3 ja 5. Ensimmäisestä löytyy tietoa kuluttamisen psykologiasta ja itse kuluttamisesta löytyy tietoa jälkimmäisestä luvusta. Tässä luvussa myös sivutaan kuluttamista muutamilla eri tavoila.

Hyvät taloustaidot ovat ainut mahdollisuutesi pitää rahoistasi huolta. Niiden luomisen tulee olla sinulle tärkein asia henkilökohtaisessa taloudessasi. Sinun tulee unohtaa kaikki muut asiat siihen asti kunnes olet oppinut hyvät taloustaidot. Sinun ei tarvitse välittää mm. vararahastostasi tai omaisuutesi arvosta ennen kuin taitosi ovat kehittyneet oikein. Kaikki muu toiminta kuin taitojen muuttaminen tai luominen on sinulle ylimääräistä painolastia. Hyvät taloustaidot eivät tarkoita sitä, että toimit koko ajan järkevästi. Sinulla voit tehdä virheitä. Sinulle tärkein asia on tuottaa ylijäämää pidemmällä tähtäimellä.

Me olemme yksilöitä. Kaikki asiat eivät sovi jokaiselle. Tämän takia hyviä taloustaitoja kannattaa miettiä enemmän yleisellä tasolla kuin yksityiskohtiin turvautuen. Taloustaitojen suhteen on nyrkkisääntöjä, joita käyn läpi seuraavissa kappaleissa. Sinun tulee säätää niitä olosuhteidesi ja mieltymyksesi mukaan. Suotuisa lopputulos on tärkein asia. Se kuinka paljon ylijäämää keräät on sinun asiasi.

Rahankäyttötaidoilla ja -tavoilla on pieni ero. Taitosi ovat kykyjäsi hoitaa talouttasi ja tavat ovat automaattisia tekosarjoja. Hyvät rahankäyttötavat ovat tulos hyvien taitojen hyödyntämisestä automaattisesti. Kaikki rahankäyttötaidot eivät ole automaattisia ja voit joutua käyttämään tietoista toimintaa niiden hyödyntämisessä. Sinun on vaikeampi tiedostaa tapojasi, koska ne eivät vaadi paljoa aivotoimintaa. Tapasi hoitaa talouttasi voi olla useamman hyvän ja huonon rahankäyttötaidon tulos. Sinun on parempi olla kutakuinkin oikeassa kuin pahasti väärässä. Sinä et voi noudattaa tarkkoja matemaattisia kaavoja oikeisiin tapoihin. Tee omat johtopäätöksesi miten sovellat elämääsi terveitä rahankäyttötapoja ja mitä taloustaitoja sinun tulee kehittää. Älä kysy kaveriltasi neuvoja, koska hän ei tiedä asioitasi niin hyvin kuin sinä.

Maksa itsellesi ensin

Sinä olet rahojesi tärkein käyttäjä, joten sinun on pidettävä ensin huoli siitä, että tulosi tulevat käyttöösi. Siirrä palkkapäivänä osa nettotuloistasi tilille, jota käytät säästämiseen tai sijoittamiseen. Miniminä voit pitää kymmentä prosenttia nettotuloistasi, mutta määrittele itse osuutesi. Vaikeassa rahatilanteessa oleville suosittelen ainakin euron laittamista kuukausittain toiselle tilille. Pikkuhiljaa tämä summa kasvaa, kun pääset sinuiksi asian hyötyjen kanssa. Joka kerta, kun maksat itsellesi ensin, muodostat tapaa, joka auttaa pysyvässä muutoksessa. Juomalla yhden sixpackin olutta tai ostamalla yhden tupakka-askin viikossa vähemmän, saat parempia tuloksia, mitkä kertaantuvat ajan myötä. Muutama euro on sinulle pieni summa mikä kasvaa, kun huomaat tavan toimivan.

Pidä huolta maksuvalmiudestasi

Maksuvalmiutesi ylläpitäminen helpottuu keräämälläsi ylijäämällä. Usein suurin osa ylijäämästä ajautuu tileillesi, joilta rahojen nostaminen ei ehkä ole kannattavaa tai helppoa. Sinulle tulee välillä yllättäviä kulueriä kuten auton, tietokoneen tai puhelimen hajoaminen. Suurempia yksittäisiä ja yllättäviä menoeriä varten on syytä pitää käyttötilillään ylimääräistä rahasummaa. Itselläni rahasumma on noin tuhat euroa, mutta voit päättää asiasta itse. Mikäli sinulla on mahdollisuus pitää luottokorttia, jossa on korotonta maksuaikaa kuukauden verran, voit pitää huolta maksuvalmiudestasi sillä. Tämä sillä edellytyksellä ettet muuten käytä luottokorttia. Pidä luottokortin nostoraja kohtuullisena. Älä laske sen varaan liikoja. Tämä ei ole järkevä vaihtoehto rahavaikeuksissa taisteleville tai liian suuren kulutusvimman omaaville.

Käytä itsellesi sopivaa maksutapaa kuluttaessasi rahojasi

Sinulla on kolme eri maksutapaa käytössäsi: Käteinen, pankkikortti ja luottokortti. Kaikilla kolmella tavalla on omat etunsa, joista voit lukea lisää luvusta 5.1. Eri taloustilanteissa olevien kannattaa käyttää eri tapoja maksaa. Köyhimpien ja vaikeimmassa rahatilanteessa olevien kannattaa käyttää käteistä, keskinkertaisesti rahojaan hoitavien pankkikorttia ja rikkaimpien luottokorttia.

Pidä kiinteät kustannuksesi matalina

Kiinteiden eli jatkuvasti toistuvien kustannusten, kuten yhtiövastikkeen tai vuokran pitäminen matalina parantaa mahdollisuuksiasi reagoida rahatilanteiden negatiivisiin muutoksiin. Kun työsi lähtee alta, pärjäät ansiosidonnaisella työttömyystuellakin, kun kiinteät kustannuksesi ovat pienet. Vaihtuvia kustannuksia, kuten muuttuvia ruokakustannuksia on helpompi säädellä kuin kiinteitä. Voit aina lykätä ostopäätöksiä mikäli tarve niin vaatii, mutta sinun on maksettava kiinteät kustannuksesi. Matalat kiinteät kustannukset auttavat ylijäämien keräämisessä ja maksuvalmiuden ylläpitämisessä.

Kerää merkittävä osa rahoista etukäteen isompia ostoksia varten

Tämä asia pätee maksuvalmiutesi ylläpitämiseen, mutta joskus sinä teet kalliimpia ostoksia kuin ne joita varten ylläpidät maksuvalmiuttasi. Tällaisia ostoksia ovat mm. autot, kalliimmat harrastusvälineet, kuten veneet ja muut asiat, kuten asunnot tai kesämökit. Oma henkilökohtainen mielipiteeni on se, että voit ottaa lainaa vain asunnon ostamiseen. Miksi näin? Koska sinä tarvitset paikan missä suojautua pohjoisen pallonpuoliskon olosuhteilta ja asunnonvuokraaminen on kallista. Harrastusvälineet, kesämökit ja veneet eivät ole välttämättömiä selviytymisesi kannalta.

Nykypäivänä harvat omaavat niin paljon käteistä, että voivat ostaa omistusasunnon ilman lainaa. Käsirahasi tulisi olla vähintään 20%:ia asuntosi hinnasta. Sinun on säästettävä mahdollisimman paljon rahaa ennen muiden isompien hankintojen tekemistä. Vältä isomman summan lainaamista ostaessasi autoa tai venettä.

Sijoita vain ylimääräisiä rahojasi

Paras tapa päästä parempaan taloudelliseen tilanteeseen pidemmällä aikavälillä on ylimääräisten rahojen sijoittaminen reaalituottoa antaviin omaisuuseriin. Tämä on ainut järkevä vaihtoehto, koska et saa pankista inflaation pidemmällä aikavälillä voittavaa talletuskorkoa. Muista, että voit käyttää sijoittamiseen vain ylimääräisiä rahojasi. Älä sijoita normaaliin elämiseen tarvitsemiasi rahoja. Rahasi tekevät työt sijoittamisessa ja sinä keskityt odottamiseen. Vuorokaudessa on rajalliset määrät tunteja työntekoon. Anna muiden osallistua rahojesi kasvattamiseen.

Hanki vain tavaroita joiden arvo ylittää niiden kustannukset

"Hinta on se minkä maksat, arvo on se mitä saat" Vaikka tämä virke on alunperin liitetty sijoittamiseen niin se pätee myös kuluttamiseen. Sinä ostat nykypäivänä roskaa, jota et tarvitse. Suuri osa rahoistasi valuu hukkaan. Muista asiaa arvioidessasi, että kun puhut kustannuksista, et puhu vain ostohinnasta. Sinun tulee verrata saamaasi arvoa tavaroiden kustannuksiin koko elinkaaren ajalta. Tämä unohtuu helposti enkä minäkään ole poikkeus. Tämä on yksi syy sille miksi sinulla on turhaa tavaraa.

Pidä velkamääräsi kohtuullisena mikäli otat sitä

Liiallinen velanotto on paras tapa joutua henkilökohtaiseen konkurssiin. Omistusasunnon hankkiminen on ainoa järkevä syy ottaa pahaa velkaa, mikä tarkoittaa sitä ettei velanottosi seurauksena tule positiivista kassavirtaa. Velanotto muita asioita kuin sijoituksia tai omistusasuntoa varten on typerää. Niitäkin varten sinun pitää harkita kykyäsi maksaa laina takaisin. Pidä asuntolainasi koko kohtuullisena. Se tarkoittaa joustonvaraa takaisinmaksussa.

Maksa laskusi ajallaan

Paras tapa hoitaa laskusi on automatisoida niiden maksaminen. Automatisoinnista kerrotaan enemmän luvussa 7.5. Tämä tarkoittaa automaattista tilisiirtoa. Lasku veloitetaan pankkitililtäsi eräpäivänä. Tämä vähentää töitäsi, mutta lisää vastuitasi, koska sinun on pidettävä huoli riittävistä rahasummista eräpäivinä. Yksi helppo tapa on siirtää kaikki eräpäivät hieman omien palkkapäiviensä jälkeen.

Hoida ne laskusi, joita ei ole automatisoitu eräpäivien läheisyydessä tai eräpäivinä. Suurimmalle osalle yrityksistä parin päivän myöhästyminen ei aiheuta toimenpiteitä, joten muutaman päivän myöhästyminen ei ole paha asia. Huolehdi erityisesti niiden yritysten laskuista, jotka karhuavat heti rahojaan ja lähettävät myöhästymislaskun heti eräpäivän jälkeen. Maksa näiden yritysten laskut viimeistään eräpäivinä. Automatisoi näiden yritysten laskut ensin.

7.1.1 Terveet rahankäyttötavat vaativat taloustaitoja

Rahankäyttö on taitolaji. Rahankäyttötaitoihin pätevät samat lainalaisuudet kuin muiden taitojen kehittämiseen. Jokainen taitosi on pienempien taitojesi summa. Sijoittamisen osaaminen vaatii monien taitojen, kuten tunteidenhallinnan ja analysointitaidon kehittämistä. Et voi kehittää taitojasi mikäli et tiedä mitä oppia. Voit saada tietoa joko itse etsimällä tai kokemalla asioita. Voit oppia myös muiden kokemuksista. Tietosi eivät yksin riitä, koska ne eivät automaattisesti johda toimintaasi. Lisätiedot ilman niiden hyödyntämistä voivat johtaa suurempiin tuskiisi, koska tulet tietoiseksi omasta toimettomuudestasi. Tietojenhallinta vaatii toistoja, joiden avulla taitosi kehittyvät. Toistojen määrän täytyy olla merkittävä.

Taitosi voivat kehittyä sekä hyvään että huonoon suuntaan. Huonoon suuntaan taitojasi kehittämällä olet tehnyt asiat väärin eli toistanut tekemiäsi virheitä. Virheiden toistaminen on johtanut siihen, että aivosi ovat ohjelmoituneet väärään suuntaan. Ohjelmointiin on voinut mennä useampi vuosi tai vuosikymmen. Se on tapahtunut tekemällä vääriä asioita pitkän ajan eli olet toistanut vääriä asioita niin pitkään, että aivosi ovat automatisoineet ne tavoiksi. Tapasi säästävät aivoiltasi prosessointiin tarvittavaa energiaa. Mitä pidemmälle automatisointi on mennyt sitä vaikeampaa uudelleenohjelmointisi on ja sitä kauemmin se kestää. Aivojesi uudelleenohjelmointi tapahtuu oikeiden toistojen avulla ja taitosi kehittyvät samalla.

En pidä taloustaitoja mahdottomina oppia. Sinulle on helpompaa mikäli saat varhain oikeaa oppia taitojesi kehittämiseen. Suurin osa toistaa vanhemmiltaan oppimia asioita. Seurauksena monet oppivat vääriä asioita ja toistavat niitä pitkään. Valitettavasti kouluissa ei opeteta lapsille talousasioita. Yksi syy tähän on se ettei opettajiakaan kouluteta tähän. Koko yhteiskunnan etu olisi se, että jokainen oppisi käyttämään rahaa ja ymmärtämään talousasioita ennen aikuisikää. Koska kouluissa ei ole resursseja tai osaamista, kuuluu taloustaitojen opettaminen vanhemmille.

Yksi usein unohtuva asia kaikkia taitoja kehittäessä on se, että jokaisen tulee opetella oikeat asiat oikeaan aikaan ja oikeassa järjestyksessä. Asiat pitää opetella yksi kerrallaan, askel askeleelta, ja vaikeusastetta tulee lisätä pikkuhiljaa. Sinä et voi opettaa pikkulastakaan kävelemään mikäli hän ei osaa ryömiä. Sinun ei tule opetella sijoittamaan ennen kuin olet oppinut käyttämään rahaa siten, ettet joudu ottamaan velkaa sitä varten.

Taloustaidot ovat yksilöllinen asia. Sinä voit olla parempi joissakin taloustaidoissa kuin toiset. Ehkä osaat kuluttaa järkevästi, mutta et osaa sijoittaa. Tämä johtaa ylimääräisten rahojesi pitämiseen käyttötilillä inflaation syödessä niiden arvoa. Toiset osaavat sijoittaa, mutta eivät osaa tehdä sijoittmiseen tarvittavaa ylijäämää. Lahjakkuutesi tai lahjattomuutesi vaikuttavat siihen kuinka taloustaitoja opit. Sinulla on omat toistuvat ajattelumallisi, jotka vaikuttavat oppimiseesi. Tämän vuoksi taloustaitojen kehittämiseen on syytä perehtyä yksilöllisesti.

Lähtötaso tulee määritellä jotenkin. Hahmota asiaa tekemällä kysymyksiä:

- Loppuvatko minulta rahat kuukausittain ennen palkkapäivää?
- Onko minulla ongelmia laskujen maksamisessa?
- Kuinka paljon minulla jää ylimääräistä rahaa kuukausittain työaikaani verrattuna?
- Tienaanko rahaa osaamiseeni nähden paljon vai vähän? Miksi näin on?
- Kuinka monta eri tulonlähdettä minulla on?
- Saanko minä passiivisia tuloja ja kuinka paljon?
- Toimiiko korkoa korolle -ilmiö puolestani vai minua vastaan? Mikä ihmeen korkoa korolle -ilmiö?
- Ostanko tavaroita joita en tarvitse?
- Säästänkö rahaa isompia hankintoja varten ja paljon olen niihin säästänyt?
- Olenko luonut järjestelmiä parantaakseni taloustaitojani?
- Olenko tehnyt pitkän aikavälin suunnitelmaa?
- Kuinka kauan olen liikkunut samaan suuntaan?

Toivottavasti vastasit kysymyksiin rehellisesti, koska sinä olet ainut ihminen joka vastauksista hyötyy. Kaikkiin kysymyksiin ei ole yhtä oikeata vastausta. Ne ovat tarkoituksella tietyssä järjestyksessä. Sinun tulee aloittaa kahdesta ensimmäisestä kysymyksestä. Ne ovat tärkeimmät kysymykset, joihin voit vastata. Mikäli vastauksesi niihin eivät kuulosta hyville, tulee sinun aloittaa perusasioista, kuten ensimmäisistä säästetyistä euroista.

Ylimääräisen kuukausittaisen rahan määrä on tärkeä mittari. Vertaa sitä rahantekemiseen käyttämiisi tunteihin. Muista laskea nekin tunnit, joita käytät tienaamatta rahaa, kuten työmatkat. Tämä on tärkein mittari joka sinulla on käytössäsi, kun määrität taloustaitojesi tason. Mittari voi antaa väärää tietoa mikäli käytät vain kuukauden ylijäämää. Suosittelen vähintään puolen vuoden tutkimista, mutta pidän vuotta parhaana aikana.

$$suht\ yjäämä = \frac{ylijäämä}{rahantekoaika}$$

Kaava 3 Suhteellinen ylijäämä

Kohtuullisena suhteellisena ylijäämänä voidaan keskituloisille ja normaalia työviikkoa tekeville pitää noin 1-2€/h. Tämä luku ei edusta täydellistä totuutta. Mitä suuremmasta luvusta on kyse sitä parempi. Asia ei ole näin yksinkertainen, koska sinulla on tarpeesi. Ratkaise itse kuinka suuren suhteellisen ylijäämän tarvitset ja kuinka paljon haluat sen eteen tehdä töitä. Taloudellisen riippumattomuuden saavuttaneet eivät tarvitse ylijäämää. Heille riittää kohtuullinen alijäämä. Suhteellisen ylijäämän tulisi kasvaa vuosien varrella passiivisten tulojen kasvattaessa sitä. Älä ylikorosta mittarin arvoa. Taloustaidot eivät ole maailman tärkein asia.

Seuraavat neljä kysymystä mittaavat sitä kuinka hyvin ansaitset rahaa. Sinun tulee tienata rahaa osaamistasi vastaava määrä. Tähän kysymykseen minä en voi vastata puolestasi. Sinun tulee ajatella sitä itse. Sinä voit verrata itseäsi muihin työpaikallasi tai vastaavia töitä tekeviin mikäli tiedät heidän tulonsa. Tulonlähteidesi määrä kertoo siitä kuinka monipuolisesti osaat tienata rahaa.

Passiivisten tulojesi määrä kertoo miten hyvin raha tekee työtä puolestasi. Vertaa niitä sijoitusomaisuutesi määrään, mutta muista passiivisten tulojen heittelevän välillä mm. pörssikurssien mukaan. Korkoa korolle -ilmiö liittyy sekä taitoihisi ansaita rahaa että kuluttaa sitä. Ilmiöllä ansaitsemiesi rahojen määrän tulisi olla suurempi kuin maksamiesi korkojen.

Seuraavat kolme kysymystä käsittelevät sitä kuinka kulutat rahaa. Ne kertovat kuinka järkevästi kulutat ja rahoitat ostoksesi. Ostoksiesi arvon mittaamiseen ei ole olemassa tarkkoja mittareita, joten sinun tulee itse määritellä mihin asioihin haluat panostaa ja kuinka paljon saat irti kulutuksestasi. Jos ostat paljon ilman säännöllistä käyttöä jääviä tavaroita, tulee sinun parantaa taitojasi määrittää tavaroiden arvoja.

Huonompikin järjestelmä on todennäköisesti parempi kuin yksittäiset teot. Monien taloudenhoito on toisistaan irrallisten tekojen varassa. He eivät käytä järjestelmiä hyväkseen. Taloudenhoidossa järjestelmien hyödyt ovat suuria. Budjetti on järjestelmä, jos sen tekee aina samalla tavalla. Voit kehittää myös talouspäätöstesi tekoon järjestelmän. Järjestelmät säästävät aikaasi ja resurssejasi. Niistä saadut hyödyt ovat suuremmat kuin haitat, kunhan ei luota niihin sokeasti vaan muistaa välillä tarkistaa toimivatko ne.

Pitkän aikavälin taloussuunnitelman tekeminen on myös taloustaito. Määritä pitkän aikavälin päämäärä, johon pyrit. Määritä sitä varten ne oikeat asiat joita tekemällä pääset siihen, kuten mitä kykyjäsi hyödyntämällä aiot tienata rahaa. Määritä myös ne asiat, joita sinun ei kannata tehdä, kuten ne sijoitusmuodot, jotka eivät sovi sinulle. Älä tee suunnitelmasta liian yksityiskohtaista ja ehdotonta. Todennäköisesti suunnitelmasi muuttuu matkan varrella.

Suunta ja sen pysyvyys on olennainen asia. Useamman vuoden aikana tuotettu ylijäämä ja sen suhteellinen lisääntyminen on paras asia, minkä voit saavuttaa. Mikäli olet kerännyt ylijäämää useiden vuosien ajan ja olet onnistunut suhteellisesti kasvattamaan sitä, olet todennäköisesti kehittänyt taloustaitojasi. Tämä ei takaa onnistumisiasi tulevaisuudessa. Suunnan pitäisi olla jatkuvasti ylöspäin. Todennäköisesti ylijäämäsi liikkuu aaltoina, joissa se kasvaa välillä nopeammin ja hitaammin. Tämä johtuu usein passiivisten tulojen aaltoliikkeestä. Sinun tulee huolestua mikäli pysyvä ylijäämä muuttuu pysyväksi alijäämäksi. Tämä tarkoittaa sitä, että taitosi ovat surkastuneet.

7.1.2 Muodosta rahankäyttötapojasi pienin askelin

Mikäli sinä et ole aiemmin muodostanut hyviä rahankäyttötapoja, on sinun parempi aloittaa niiden muodostaminen helpoimmista. Vanhojen tapojen muuttaminen on vaikeampaa kuin uusien luominen. Aloita helpoimmista ja ota yksi askel kerrallaan. Älä luo tai muuta useampia tapoja samaan aikaan. Tämä ei onnistu. Harvat pystyvät muuttamaan useamman tavan kerralla.

Uusien tapojen luominen kannattaa tehdä helpoksi. Aloita itsellesi ensiksi maksaminen niin pienellä rahasummalla kuin mahdollista. Suosittelen aluksi muutaman euron summaa, jotta tapa pikkuhiljaa automatisoituu. Toistot, toistot, toistot! Et voi muodostaa heti hyviä rahankäyttötapoja. Ne vaativat toistoja. Jatkuvat toistot ohjelmoivat aivoihisi tavan. Mitä enemmän toistoja saat suoritettua sitä automaattisemmaksi tapa muodostuu ja sitä vähemmän aivosi kuluttavat energiaa.

Jotta pystyt muodostamaan tapoja on sinun ymmärrettävä ensin miten ne muodostuvat. Tavoilla on kolme eri osaa. Käyn ne lyhyesti läpi:

1. Vihje
2. Rutiini
3. Palkinto

Vihje laukaisee aivokopassasi rutiinin jota kutsut tavaksi. Vihjeet voivat olla mitä tahansa asioita ajasta, paikasta ja seurastasi riippuen. Myös visuaaliset merkit kuten karkkihyllyt voivat laukaista tarpeen suorittaa tietty rutiini.

Rutiinit voivat olla yksinkertaisia tai monimutkaisia tekosarjoja, kuten kynsien pureskelu tai sijoitusten tekeminen. Niiden kesto voi vaihdella millisekunneista moniin tunteihin.

Palkinnot vaihtelevat hyvänolon tunteista, kuten ylpeydestä, fyysisiin muutoksiin, kuten hormonien tuottamiseen. Palkinnon täytyy olla suuri. Siihen täytyy muodostua palava halu ja tarve. Tämä on edellytys tavan muodostumiseen.

Otetaan itselleen ensiksi maksaminen: Vihje täytyy olla helposti tunnistettavissa. Laita muistilappu kiinni tietokoneeseesi tai pöytääsi, tietokoneen välittömään läheisyyteen. Kirjoita siihen, että maksa itsellesi ensin ja lisää joka maksun jälkeen uusi päivämäärä. Palkinnosta muistuttaminen voi onnistua laittamalla tietokoneen taustakuvaksi syyn miksi haluaa maksaa itselleen ensin. Rutiinista sen verran, että kuten jo aikaisemmin mainitsin niin aloita pienellä vaivalla ja teolla, jotta se ei muodostu ongelmaksi. Rutiini on lähestulkoon automaattinen toimenpide, kun vihje on riittävän hyvin aistittavissa ja palkinto on haluttava.

7.1.3 Tapojen muuttaminen

Tapojen muuttaminen kestää kauemmin kuin uusien muodostaminen. Muuttamisessa on neljä eri osaa:

1. Rutiinin tunnistaminen
2. Palkinnon kokeileminen
3. Vihjeen eristäminen
4. Suunnitelman teko

Ensimmäinen kohta on helpoin. Mietit tavan, jonka haluat muuttaa. Tämä on rutiinin tunnistaminen. Palkintojen kokeileminen vaatii työtä. Joudut kokeilemaan eri palkintoja, koska et tiedä suoraan minkä palkinnon saat rutiinin suorittamisesta. Palkinto voi olla mitä tahansa hormonitilojen muutoksista lyhyisiin tunnetilojen muutoksiin. Oikean palkinnon löytäminen on tärkeää, koska palkinto on se kriittinen tekijä, joka tuottaa tavan muodostumisen. Palkinnon löytäminen ei ole helppoa, joten sinun tulee kokeilla eri palkintoja ja yrittää havainnoida miltä ne tuntuvat. Voit käyttää apuna toista ihmistä tai havaintojen kirjaamista muistiin heti rutiinien suorittamisen jälkeen. Mikäli odotat liian pitkään erehtymisen vaara on suuri. Suunnittele etukäteen tekosi.

Oikean palkinnon löytämisen jälkeen menet vihjeen eristämiseen. Vihjeillä on yhtäläisyyksiä. Ne voivat olla sidonnaisia joko paikkaan, seuraan, henkiseen/fyysiseen tilaan, kellonaikaan ja tekoihin ennen rutiinia. Vihje voi olla myös kaikkien edellämainittujen tai joidenkin niistä yhdistelmä.

Vihjettä etsiessä sinun tulee joka kerta kirjoittaa muistiin edellämainitut asiat. Käytetään esimerkkinä, vaikka Sirpaa joka sortuu perjantai-iltaisin shoppailemaan työpäivän jälkeen, vaikka hänellä ei olisikaan siihen varaa. Sirpan vihjeet voivat näyttää seuraavilta:

- Seura: yksin
- Paikka: ostoskeskus
- Tila: töiden jälkeinen väsymys, nälkä, stressitilan hetkellinen laukeaminen, jne.
- Aika: 17-18 perjantaina
- Edeltävä tekeminen, töistä kotiin lähteminen

Sirpalla tulisi olla mainitut asiat ylhäällä, jotta hän voisi alkaa eristämään vihjeitä. Muistiinpanojen tekemisen tulisi olla toistuva rutiini joka perjantai. Riittävä määrä toistoja auttaa eristämään todelliset vihjeet/vihjeen. Vihjeet eivät aina ole täysin samoja, joten toistoja on pakko tehdä tämän vuoksi. Tähän voi kulua viikkoja, riippuen tavasta.

Kolmen ensimmäisen osan jälkeen voit alkaa muuttamaan tapaa. Ne eivät muutu helpolla. Sinun tulee tehdä suunnitelma tapasi muuttamiseksi. Suunnitelma näyttää suunnilleen seuraavalta: Kun hahmotan x:n (vihje) teen seuraavan asian (rutiini) saadakseni palkinnon x. Toisin sanoen, kun Sirpa on ostoskeskuksen liepeillä paikassa x väsyneenä, nälkäisenä ja raskaasta työviikosta stressaantuneena (vihje) menee hän ostoskeskuksen sijaan paikkaan x (rutiinin suoritus) hankkimaan palkinnon x. Tämä on perusperiaate tapojen muuttamiseen.

Sait periaatteen tapojesi muuttamiseen. Se voi näyttää helpolta, mutta se on vaikeaa. Varaa riittävä määrä aikaa tapasi muuttamiseen. Siihen voi mennä kuukausia. Ole kärsivällinen. Muuta tapojasi yksi kerrallaan. Aloita helpoimmasta, jotta saat aikaan onnistumisten kierteen. Helpoin tapa on todennäköisesti se, jossa on helpoin rutiini ja jota olet tehnyt vasta vähän aikaa. Voit siirtyä huonoimpien tapojesi muuttamiseen ensimmäisten onnistumisten jälkeen. Jatka niistä.

7.2 Rahojensuojelu

Tili tuli, tili meni, kuka välistä sen veti? Rahoillasi on Suomessa monta vihollista. Ne ottavat sinulta niin paljon rahaa kuin heille annat. Rahojen suojeleminen on yksi tärkeimmistä rahankäyttötaidoista. Mikäli et osaa suojella rahojasi, ne viedään sinulta tavalla tai toisella etkä pääse vaurastumaan. Tässä luvussa käyn läpi rahojesi pahimmat viholliset. Tarkoitukseni on myös saada sinut ymmärtämään ettei sinun ole pakko antaa mitään ylimääräistä rahojesi vihollisille. Lisäksi haluan muistuttaa sinun olevan se pahin vihollinen, koska päätät pitkälle kuinka rahasi käytät. Rahojesi viholliset voivat myös olla niiden ystäviä mikäli ne tarjoavat niille vastinetta enemmän kuin mitä vievät.

Kylmä fakta tilanteestasi Suomessa on se, että suuri osa tuloistasi häviää samalla hetkellä, kun työnantajasi maksaa palkkasi. Tämä tapahtuu kerran tai kaksi kuukaudessa. Kuvassa? on nykynuorten lähtötilanne mitä tulee työntekoon.

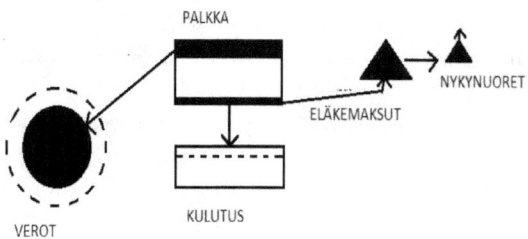

Kuva 4 Mihin rahasi häviävät

Samalla hetkellä, kun palkanmaksusi tapahtuu, lähtee osa palkastasi sekä verottajalle että eläkeyhtiölle. Kuvassa 4 tulosi on jaettu kolmeen osaan joista ylin menee suoraan verottajalle mikäli kyseessä ei ole pimeä palkka. Alin osa menee eläkeyhtiölle. Kirkollisveroa ei kuvassa näy, koska sitä ei mene kaikilta. Vuonna 2015 pienin kirkollisveroprosentti on noin yksi ja suurin noin kaksi. Kirkollisveroprosentin määrittävät seurakuntayhtymät.

Tällä hetkellä verosi menevät kuvassa vasemmalla olevaan mustaan aukkoon. Katkoviivat ovat sitä varten, että hyvinvointiyhteiskunnan vaatima veroprosentti kasvaa joka vuosi, koska poliitikot eivät uskalla tehdä oikeita ratkaisuja. Sinun on löydettävä itsellesi verotehokkain tapa saada tuloja. Enkä tarkoita laittomuuksia vaan sinun on mietittävä esimerkiksi millä yritysmuodolla maksetut verosi ovat pienimmät.

Eläkeyhtiön ottama osuus on viiden prosentin luokkaa juuri nyt. Käytännössä summa on nousussa ja oikealla kuvassa näkyvä eläkepyramidi kuvaa tilannetta. Tulojesi oikealla puolella olevat kaksi pyramidia kuvaavat mitä tulee tapahtumaan nykynuorten eläkemaksuille. He eivät pääse eläkemaksuista paljoa nauttimaan. Ensin pyramidin alle ehtineet suuret ikäluokat tulevat saamaan suuremman suhteellisen osuuden omista eläkemaksuistaan.

Nykynuorten tullessa eläkeikään on pyramidi pienentynyt. Kuten tulet lähivuosina näkemään niin eläkemaksut tulevat ottamaan suuremman osan nykynuorten palkoista kuin aikaisemmin työelämään tulleilta. Siitä huolimatta uskallan väittää etteivät suuremmatkaan maksut tule riittämään yhtä suurten eläkkeiden maksamiseen kuin nykypäivänä.

Tuloverot vaihtelevat paljon, koska enemmän tienaavat maksavat suhteellisesti enemmän. Käytännössä tuloverotkin voidaan jakaa kahteen osaan eli kunnallisveroon ja valtion tuloveroon. Kunnallisveron koko riippuu asuinkunnan persaukisuudesta. Se tarkoittaa mahdollisuutta äänestää jaloillaan. Vero vaihtelee noin kuudentoista ja kahdenkymmenenkahden prosentin välillä.

Valtion tulovero tulee kunnallisveron päälle ja riippuen tuloista, koko veroprosentti voi työn verotuksen suhteen olla noin kuusikymmentä. Tarkkaa arviota ei voi antaa johtuen mahdollisista verovähennyksistä, mutta rautalankamallini antaa suuntaa. Tuloveroja kuvaa kaksi ympyrää joista isompi on katkoviivainen, kuvaten veroprosenttien vaihtelua. Voit käyttää jäljelle jäävän osan palkastasi kulutukseen. Suomessa ylijäämääsi verotetaan riippuen siitä mitä rahoillasi teet. Kulutusta kuvaavaan laatikkoon olen tehnyt katkoviivan kuvaamaan verotuksen vaihtelua, sillä kaikista kulutusartikkeleista ei veroa makseta yhtä paljon.

Pahimpia kokonaisveroasteesi nostajia ovat alkoholiin ja autoiluun liittyvät verot. Kulutukseesi kuuluvat myös säästäminen ja sijoittaminen, jotka ovat sen näkökulmasta samoja asioita eli sen siirtämistä tulevaisuuteen. Aikahorisontti toimenpiteessä voi olla satojakin vuosia, mutta tuskin ajattelet niin pitkälle. Myös sijoittaminen on kuluttamista, koska se tarkoittaa mahdollisuuttasi kuluttaa tulevaisuudessa enemmän. Tämä ei takaa onnistumistasi vaan sijoittamisella voit myös vähentää tulevaisuutesi kuluttamista. Säästämisessä ja sijoittamisessa sinun on muistettava se ettet vanhempana jaksa nauttia rahoistasi yhtä paljon kuin nuorena. Voit ajatella juuri näin mikä taas tarkoittaa sitä, että voit kuluttaa rahojasi etukäteen ottamalla velkaa. Tuhoat vanhuutesi mahdollisuuksia kuluttaa.

7.2.1 Olet pahin vihollisesi

Edellämainittujen organisaatioiden viedessä osan rahoistasi omiin tarkoituksiinsa, kannattaa muistaa etteivät ne ole pahimmat vihollisesi. Sinun pääsi on päättävä elimesi. Mikään ei pakota sinua maksamaan suuria veroja ja eläkemaksuja. Sinä voit muuttaa muualle asumaan. Sen seurauksena saat todennäköisesti suuremman palkan ja pienemmät maksut. Raha herättää tunteita rakkaudesta vihaan. Sinulla on mielipide siitä miten rahaa käytät. Perstuntuma on yleisin tapa. Siitä puhuminenkin on enemmän perstuntumaa kuin todellisia faktoja. Sinä ehkä keskityt vähän tosiasioihin, kuten siihen kuinka paljon rahaa sinulla on käytettävissä pidemmällä tähtäimellä. Mietit ehkä kuukauden eteenpäin, mutta monille sekin on liikaa. Harvalle jää käteen pikkusummia enemmän, kun he ovat käyttäneet kuukausitulonsa. Tämä ei ole ongelma, kun kaikki menee suunnitelmien mukaan.

Kun rahasi alkavat loppumaan omien tekojesi seurauksena voit syyttää ensimmäisenä jotain muuta, kuten korkeaa verotusta ja hintatasoa. Tämä on ihmisluonteelle normaalia ja siksi et kiinnitä siihen huomiota. Tekosyiden keksimisessä olet luova ja itsekin olen käyttänyt lähestulkoon kaikkia. Seuraavat lauseet ovat olleet omia suosikkejani: "Ei se tässä konkurssissa enää tunnu", "Kerran se vaan kirpasee" ja "Kyllä sitä aina jostain lisää saa". Jokaisella meistä on omansa ja ne vaihtelevat persoonasta riippuen.

"Kunpa minulla olisi enemmän rahaa niin ei olisi rahaongelmia" on ehkä suosituin lause, kun aletaan rationalisoimaan omaa persaukisuuttaan. Valitettavasti minulla on sinulle ja itsellenikin huonoja uutisia. Liian vähän rahaa on harvoin oikea ongelma, koska säätelet rahankäyttöäsi. Lisätuloja saadessasi lisäät kulutustasi. Jos olet talousvaikeuksissa, tarvitset käyttäytymismalliesi muutoksia etkä lisää rahaa. Jos saat ison summan yllättäen niin sekin menee nopeasti. Ison rahasumman saanut henkilö onkin tilanteessa, jossa rahaa ei ole, mutta velat ja kulut ovat kasvaneet.

Itse olen ollut tällainen tapaus, vaikka velkaa ei ole ikinä ollut opintolainoja enempää ja niitäkin pieni summa. Sinun on pakko muokata käyttäytymistäsi. Se on vaikeaa. Se ei ole mahdotonta, mutta ei helppoakaan. Tämä ei tapahdu yhdessä yössä. Väärät tapasi käsitellä rahaa voivat kyteä pinnan alla ja ponnahtaa sieltä takaisin. Sinä et ole vain rahojesi pahin vihollinen vaan myös paras ystävä joka voi valvoa niiden käyttöä. Järkevä rahankäyttö ei ole rakettitiedettä vaan yksinkertaista matematiikkaa. Sinun ei tarvitse ymmärtää kerto- ja jakolaskua vaikeampaa matematiikkaa hoitaaksesi raha-asioitasi hyvin. Älä paina päätäsi pensaaseen, vaikka asioiden hoitaminen välillä tuntuisi vaikealta.

7.2.2 Byrokraatit hyviä kakkosia

Harmi vain etteivät he itse tee mitään saavutuksen eteen. Voit laskea verorahojesi jakamisen heidän tekemisiksi. Byrokraattien rahojen jakaminen on riippumatonta maasta tai maanosasta, mutta määrissä on eroja. Suomi on vertailussa kärkipäässä. Sinun rahojasi ajatellen tämä on huono asia. Jakovaraa byrokraatit keräävät lähes ainoastaan veroilla tai veroluontoisilla maksuilla. Näitä nostetaan vuosi toisensa jälkeen ja kansakunnan kestokyky tulee vastaan. Todennäköisesti tämänkin jälkeen he jatkavat vielä samoilla linjoilla, kunnes on pakko antaa luovan tuhon hoitaa järjestelmän uudelleenrakennus.

Lasken byrokraatteihin kaikki virkamiehet ja poliitikot. En tiedä ovatko he teknisesti sama asia vai ei. En pidä yhtäkään byrokraattia toista parempana vaihtoehtona mitä verorahoihin tulee. Kaikilla puolueilla on eturyhmänsä: Kokoomuksella EK ja kauppakamarit, SDP:llä ja Vasemmistoliitolla ay-liike, keskustalla maanviljelijät, virheillä Greenpeace ja muut viherterroristit ja persuilla omansa, kuten maahanmuuttokriitikot.

Suomessa byrokraatit vievät parhaimmillaan noin seitsemänkymmentä prosenttia vuotuisista tuloistasi. Tämä määrä koostuu maksamistasi veroista. Byrokraattien on helppo jakaa rahojasi. He eivät ole vastuussa mistään. Oletko tavannut Suomessa virkamiestä joka olisi eronnut tai hänet olisi erotettu päätöksistä jotka ovat koskeneet verorahojen käyttöä?

Virkamiehillä tuntuu olevan mielikuvitus rajana keinoissa kerätä osuutensa rahoistasi. Voit välttää monet verojenkeruutavoista. Enkä tarkoita maastamuuttoa vaan valintoja, jotka pienentävät kokonaisverorasitustasi. Tämä ihmisryhmä on vekkuli tapaus. He eivät osaa ratkaista rahaongelmia muilla tavoin kuin ottamalla suuremman osan tuloistasi ja varoistasi. Jos he osaisivat näin tehdä niin he eivät olisi työssään. Sinun tehtäväsi on pitää huoli siitä, että annat heille mahdollisimman vähän rahaa hukattavaksi. Kaikki maksamasi verot eivät lähtökohtaisesti ole huonoja, koska niillä kustannetaan mm. terveyden- ja tienhuolto, jne.

Tehottomuus verrattuna yksityiseen liiketoimintaan on niin selkeää ettei lisärahasta ole hyötyä. Ainut mahdollisuus pakottaa tämä ihmisryhmä kuluttamaan vähemmän veronmaksajien rahoja on heille menevän rahamäärän pienentäminen. Tähän on paljon laillisia tapoja, joten laittomuuksia ei tarvitse tehdä. Tämä on sinun velvollisuutesi rahojasi kohtaan.

7.2.3 Pankit, vakuutusyhtiöt ja muut yritykset

Pankit ja vakuutusyhtiöt ovat yksittäisistä liiketoiminta-aloista pahimmat vihollisesi, koska ne pystyvät viemään rahoistasi osan siten ettet voi niitä välttää. Ansaintamekanismit eivät ole samat, vaikka samankaltaisuuksia niissä onkin. Varsinkin pankit ovat välttämättömiä, koska suurin osa rahoista liikkuu tilisiirtoina. Vakuutusyhtiöitä tarvitset suojaamaan itseäsi ja omaisuuttasi. Vain riittävän rikkaat ihmiset pärjäävät ilman vakuutuksia. Muut yritykset tulevat vihollisina vasta pankkien ja vakuutusyhtiöiden jälkeen.

Pankit ottavat osansa kaikista rahoistasi, jotka kulkevat niiden kautta. Yleisin tapa on tilillä olevien rahojesi hyväksikäyttö. Tämä tapahtuu lainaamalla rahaa eteenpäin. Pankki maksaa sinulle pienen korvauksen rahoistasi ja lainaa sen ja suuremman summan suuremmalla korvauksella eteenpäin. Mikäli pidät rahojasi tililläsi niin inflaatio syö niistä osan ja pidemmällä aikavälillä se tulee sinulle kalliiksi.

Muista palveluista pankit vievät osansa. Ne voivat sinusta tuntua pieniltä prosenteilta, mutta niistä muodostuu pitkällä aikavälillä merkittäviä summia. Etenkin luottokortit ovat menoreikä, joiden käyttö olisi minimoitava. Nämä muodostavat usein suurimman osan maksamistasi palvelumaksuista. Pankki- ja luottokorttien suurin ongelma on käytön helppous. Niitä käyttämällä et tunne samanlaista rahoista luopumisen tuskaa kuin käteisellä maksaessasi.

Myös tunne siitä, että sinulla on enemmän rahaa käytössä kuin mitä luulet on suuri ongelma korttimaksuissa. Se voi tuoda monille vaikeuksia pidemmässä juoksussa. Sinun ei kannata pitää yhtä luottokorttia enempää. Pidä sen luottoraja pienenä tuloihisi verrattuna. Mikäli saat luottokortillesi kuukauden korottoman maksuajan niin hyödynnä sitä. Kaikissa korteissa ei ole tällaista ominaisuutta, joten kannattaa aina tarkistaa sekin ennen kortin hankkimista.

Vakuutusyhtiö on parasta liiketoimintaa mitä voi olla, mutta tämä koskee vain omistajia. Sinä olet todennäköisesti häviäjä vakuutuksia maksaessasi. Tämä perustuu todennäköisyyslaskentaan, jossa vakuutusyhtiöt ovat mestareita. Jokaiselle vahinkotyypille on laskettu todennäköisyys ja niitä vasten on laskettu vakuutuksen hinta. Se on suurempi kuin yksittäisen vahingon koko kerrottuna tapahtumisen todennäköisyydellä.

Tällä tavalla yritys saa suuremmassa mittakaavassa aina voittoa mikäli se ei jostain syystä onnistu laskemaan todennäköisyyksiä väärin tai alihinnoittele vakuutuksensa. Tämä on harvinaista pidemmällä aikavälillä, koska vakuutusten hinnat nousevat kun vahinkoja sattuu enemmän. Vain suuri kilpailu alalla saattaisi muuttaa tilannetta.

Tämä ei ole koko totuus vakuutusyhtiön ansaintamekanismista, koska se kerää rahasi pois ennen korvausten maksamista. Nämä rahat se sijoittaa eteenpäin, jolloin se kerää korkoa korolle -ilmiön myötä lisäansioita. Tämä tarkoittaa sitä ettei sinun kannata hankkia vakuutuksia muita vahinkoja varten kuin joihin sinulla ei ole varaa. Tavallisen ihmisen ollessa kyseessä kotivakuutus on pakollinen. Lisäksi voit harkita muitakin vakuutuksia, mutta vain mikäli vahinko tulisi maksamaan liian paljon. Suurin osa ihmisistä maksaa liikaa vakuutuksistaan ja hankkii liian monta vakuutusta.

Fakta numero yksi: Asiakas maksaa aina. Maksat aina yritysten kulut oli kyse bonuksistasi tai muista alennuksistasi. Mikäli näin ei ole niin ennen pitkää yritys menee konkurssiin. Kannattamattomat yritykset eivät selviä pitkään, koska rahat loppuvat. Pidän tätä välttämättömänä markkinatalouteen liittyvänä pahana, koska ilman sitä olisi Suomikin entisen Neuvostoliiton kaltainen kansantalous. Suomeakaan ei voi pitää markkinatalouden mallimaana, koska harvalla alalla on kunnon kilpailua.

Kaupankäyntiä on tehty tuhansia vuosia ja se on muodostunut entistä tärkeämmäksi tavaksi kehittää mm. maiden välisiä suhteita. Kaupankäynti on nopeutunut vuosituhansien aikana ja ihmiskontaktit ovat vähentyneet. Internetin aikakaudella sinun ei tarvitse asioida myyjän kanssa henkilökohtaisesti vaan pystyt luopumaan rahoistasi äkkiä. Mieti aina tuottaako ostoksesi sinulle sen käyttöaikana maksettua rahasummaa suuremman arvon. Mikäli näin ei ole ei ostosta kannata tehdä. Paremmat kaupat hyödyttävät ostajaa ja myyjää.

7.2.4 Muut ihmiset

Muut ihmiset ovat harvoin ongelma silloin, kun sinulla ei ole rahaa muuhun kuin päivittäiseen elämiseen, vaikka ryhmäpaine voikin vaikeuttaa rahankäyttöäsi. Kun ihmiset huomaavat sinulla olevan paljon rahaa, voivat hännystelijät yrittää hyötyä sinusta. Tämä koskee henkilöitä, jotka ovat saavuttaneet menestystä ja saaneet sen seurauksena suuria rahasummia.

Tämä voi koskea myös tavallisia hyväpalkkaisissa töissä olevia ihmisiä. Ongelmaksi voi muodostua paremmat tai huonommat puoliskot, joiden rahankäyttötavat poikkeavat omistasi. Jotkut ihmiset ovat hyviä tuhlaamaan rahojasi pitäen kiinni omistaan. Tämä koskee myös muita ihmisiä kuin puolisoita. Usein muiden vaikutus sinuun on itsestäsi kiinni, joten muita ihmisiä ei kannata syyttää.

Myös huonoja neuvoja raha-asioiden suhteen antavat kaverit tai sukulaiset ovat rahojesi vihollisia, koska nykypäivänä rahapelin pelaamisen säännöt ovat muuttuneet. Neuvot kuten säästä pahan päivän varalle, tee työtä ahkerasti ja hanki oma asunto voivat olla huonoja. Isompien summien säästäminen on tyhmää, koska pankit eivät maksa järkeviä korkoja. Inflaatio syö säästösi hitaasti. Nykypäivänä on sijoitettava rahansa järkevästi ja säästäminen ei sitä ole pitkällä aikavälillä.

Älä mahdollista läheistesi tuhlaamista

Tämän voi tehdä eri tavoin. Yksi niistä on läheisen lainan takaaminen. Toinen tapa on maksaa hänen liian korkea elintasonsa. Kolmas on läheisen pelastaminen rahapulasta jatkuvasti. Tätä kirjoittaessa Suomessa on yli 350 000 maksuhäiriömerkintäistä. Määrä on ollut kasvussa ja on vaikea nähdä miten määrä vähentyisi laskukaudella. Laskukaudesta voi tulla pitkä ja monelle tekee tuskaa selvitä laskuistaan saatikka muiden kustannuksista. Vaikka läheisen vaikeuksia on vaikea katsoa niin pidemmällä tähtäimellä hän vetää sinut mukaansa mikäli mahdollistat hänen liiallisen rahankäyttönsä.

Elät yhteiskunnassa, jossa monet elävät yli varojensa. 1980-luvun lopussa ihmiset antoivat lainatakauksia läheistensä lainoille. Tämä ei ole hyvä idea, vaikka joskus tekeekin mieli lainata rahaa läheisilleen. Lainatakauksesi antaa saajalle lupauksen, että sinä maksat hänen lainansa mikäli hän ei siihen pysty. Tämä tarkoittaa lupaa hoitaa asiansa huonosti. Sinä olet lupautunut pitämään huolen siitä ettei takauksen saajan tarvitse välittää lainanmaksusta. Tämä on hieman brutaali kuva tästä asiasta, mutta mikään ei estä takaajaa käyttämästä sinua hyväkseen.

Kun mietit takausta niin muista ottaa huomioon se ettet joudu maksamaan vain lainattua summaa vaan myös sen korot. Sinä et ehkä joudu maksamaan koko summaa, mutta suuren osan korkoineen. Jos koet tärkeäksi antaa takauksen niin pidä huoli siitä, että sinulla on todella varaa maksaa koko summa ilman ongelmia. Tällaiset ihmiset ovat harvassa. Tässä tapauksessa sinä todennäköisesti olet asemassa, jossa rahanpyytäjiä voi olla kyllästymiseen saakka. Pidä huoli siitä, että kaikki tietävät kyseessä olevan yksittäistapaus.

Sinulla voi olla tilanne, että parempi/pahempi puoliskosi omaa erilaiset rahankäyttötavat. Tilanne voi olla usein se ettei toisella puoliskolla ole juuri tuloja ja hän elää sinun varassasi. Tällöin voit helpottaa hänen rahatilannettaan antamalla mahdollisuuden käyttää rahojasi. Tämän seurauksena voit ylläpitää elintasoa johon hänellä ei ole varaa. Tämä ei ole järkevää. Älä anna täyttä mahdollisuutta käyttää rahojasi. En sano sitä ettetkö voi antaa hänelle rahaa mikäli hänellä sitä ei ole, mutta sinun on annettava sitä varten rajoituksia. Niistä pitää sopia yhdessä. Sinun on parempi kertoa rahatilanteestasi rehellisesti. Suurin osa pariskunnista pystyy hoitamaan tällaiset asiat ilman suurempia ongelmia.

Sinulla voi olla läheisiä jotka eivät osaa hoitaa raha-asioitaan. He tuhlaavat liikaa. Tällöin he voivat pyytää sinulta apua hoitaakseen asiansa kuntoon. Tilanne jää harvoin yksittäistapaukseksi, kun sinä annat rahaa. Seurauksena on moraalikato eli läheisesi jatkaa samoja tapoja, koska hän luottaa siihen ettet sinä jätä häntä pulaan. Tätä jatkuu sinun persaukisuuteesi saakka. Tässä tapauksessa elintasosi ei nouse vaan läheisesi ja sekin vain hetkellisesti.

Sinulla voi olla läheisiä, joilla on rahaongelmia. Joskus yli varojen eläminen voi johtua sairastumisesta. Jos haluat antaa rahaa yli varojensa elävälle niin sinun ei pidä tehdä sitä ilman ehtoja eikä siinä tapauksessa ettei sinulla siihen ole varaa. Ehtoina voit pitää mm. luottokortin leikkaamista. Tämä toimii vain, kun sinä pystyt seuraamaan hänen rahankäyttöään. Jos et ole hänen kanssa tekemisissä jatkuvasti, ei tämä onnistu. Keskimäärin paras ratkaisu on jättää rahanjakaminen väliin.

Sinä voit ostaa läheisellesi ruokaa tai auttaa häntä muuten, mikä ei tarkoita suoraa rahanjakoa. Ratkaisu parantaa omaatuntoasi eikä tue hänen tuhlaavaa elämäntapaansa kohtuuttomasti. Tämä ei tule suurimmalle osalle liian kalliiksi. Tällöin sinun on tehtävä selväksi se ettei muuta rahallista apua ole tulossa. Pidä myös huoli siitä ettei se tule sinulle liian kalliiksi. Pidä myös huoli siitä ettet osta luksusta lähimmäisellesi, vaikka autat häntä.

7.3 Talouspäätösten tekeminen

Tärkeä osa talousasioiden hallintaa on päätösten tekeminen. Päätöksenteko tapahtuu lähes samoin asiasta riippumatta. Sinulla on rahan suhteen oikkusi ja joudut ottamaan huomioon asioita, joita et muissa päätöksissä tarvitse. Teet kymmeniä tai satoja päätöksiä päivässä. Päätöksentekojärjestelmäsi voi jakaa karkeasti kahteen osaan. Vaiston varassa toimivaan järjestelmään ja järjelliseen laskelmoivaan järjestelmään. Ne toimivat yhdessä, joten jako on tehty, jotta ymmärrät asiat helpommin. Vaiston varassa toimiva järjestelmäsi pystyy tekemään päätöksiä salamannopeasti. Järjellinen järjestelmäsi toimii hitaammin. Vaistosi ovat aina käytössäsi. Ne toimivat joko pienellä hallinnalla tai automaattisesti. Järjellinen järjestelmäsi vaatii ponnisteluja toimiakseen ja suorittaakseen laskutoimituksia. Sekin on aina päällä, mutta toimii pienellä energialla suurimman osan ajasta.

Vaistosi luovat ehdotuksia järjelliselle järjestelmälle, tuottaen vaikutelmia, tunteita ja aikomuksia. Kun kaikki menee hyvin, hyväksyy järjellinen järjestelmäsi ehdotukset ja tuottaa niistä vapaaehtoisia toimintoja. Kun vaiston varassa olevalla järjestelmälläsi ei ole vastausta ongelmiin, pyytää se järjelliseltä järjestelmältäsi prosessointia avuksi. Suurin osa ajatuksistasi ja toiminnoistasi ovat vaistojesi tuottamia. Rationaalisuutesi ottaa vallan, kun asiat käyvät liian vaikeiksi vaistoillesi.

Vaistosi toimivat keskimäärin loistavasti. Ne voivat toimia myös väärin. Vaistosi omaavat ennakkoluuloja, jotka tuottavat järjestelmällisiä virheitä sopivissa olosuhteissa. Ne voivat vastata myös helpompiin kysymyksiin kuin mitä on kysytty. Ne ymmärtävät logiikkaa huonosti. Et voi sulkea niitä pois päältä. Vaistosi ovat taipuvaisia muokkaamaan tärkeysjärjestyksiä sen mukaan, kuinka helposti ne saavat kaivettua asiat muististasi. Psykologiset taipumuksesi ovat vaistojesi tuloksia.

Järjellinen järjestelmäsi tekee tehottomasti rutiineihisi liittyviä päätöksiä. Teet kompromisseja kahden järjestelmän välillä. Opettele tunnistamaan tilanteita, joissa virheesi ovat todennäköisiä. Sinun tulee välttää merkittäviä virheitä panosten ollessa korkeita. Rationaalisuutesi toimii parhaiten, kun pystyt suuntaamaan huomiosi tiettyyn asiaan. Suurin osa päätöksistäsi on vaistoilllasi tehtyjä, vaikka sinusta tuntuukin siltä, että käytät rationaalisuuttasi. Kummatkin järjestelmät ovat lähes aina oikeassa, mutta ensimmäistä järjestelmää on helpompi johtaa harhaan. Jälkimmäisen suurin ongelma on liiallisten impulssien tuottama päätöksenteon halvaantuminen.

Mikäli järjestelmäsi toimivat samaan aikaan, voittavat vaistosi lähes aina. Suorittaessasi vaativia laskutoimituksia tai päättelyketjuja samaan aikaan, kun vaistojasi vaivataan houkutuksilla, voittavat vaistosi. Seurauksena on laskutoimituksien keskeytyminen tai niiden vääristyminen.

7.3.1 Pienet ja isot talouspäätökset

Sinä teet pieniä ja isoja päätöksiä. Toiset niistä tapahtuvat vaistojesi varassa ja toiset teet harkiten. Talousasiat eivät ole poikkeus. Pienten päätöstesi vaikutukset kasautuvat pidemmällä aikavälillä. Pidän pienten päätösten roolia suurempana kuin isojen, vaikka yksittäiset pienet päätökset eivät aiheuta suurempia ongelmia. Tämä sen takia, että teet pieniä päätöksiä paljon enemmän.

Yksittäiset isot päätökset, kuten isompien kulutushyödykkeiden ostaminen voivat aiheuttaa suuriakin ongelmia. Sinun pitää ottaa useampia asioita huomioon isoissa päätöksissäsi kuin pienissä. Sinun tulee keskittyä enemmän myös henkiseen ja fyysiseen tilaasi suurempia päätöksiä tehdessäsi. Huonolla henkisellä tai fyysisellä tilallasi voi olla suuri vaikutus päätösten laatuun. Pienten ja suurten talouspäätösten erottelu ei ole tarkkaa tiedettä. Oma epätieteellinen näkökantani on se, että pieninä yksittäisinä talouspäätöksinä voit pitää alle viidensadan euron hintaluokassa olevia päätöksiä. Kyseessä ovat päätökset, joissa kokonaisvaikutukset talouteesi ovat tuon verran tulevaisuudessa.

7.3.2 Tahdonvoimasi vaikuttaa päätöstesi laatuun

Tahdonvoima on yksi suurista päätösten laatuun vaikuttavista tekijöistä. Se on rajallinen, mutta myös uusiutuu säännöllisesti. Voit kehittää tahdonvoimaasi, mutta mikäli käytät sitä riittävästi, se alkaa loppumaan sinulta. Tahdonvoimaasi voi verrata vesivoimalaan, jonka altaaseen ei tule lisää vettä. Kun sinun täytyy saada energiaa voimalasta, käytät osan vedestä ja loput jää altaaseen odottamaan. Sama pätee tahdonvoimaasi. Ilman uusiutumista sinulle jää tietty määrä odottamaan käyttöä. Mikäli kaikki vesi on käytetty voimalasta, ei siitä saa lisäenergiaa. Tahdonvoimasi loppuu samoin.

Tahdonvoimasi uusiutuu parhaiten nukkuessasi. Hyvät yöunet ovat tämänkin vuoksi tärkeät. Voit lisätä myös tahdonvoimaasi pitämällä verensokeritasosi sopivana. Verensokeri pysyy parhaiten sopivalla tasolla syötäessä hitaita hiilihydraatteja ja proteiineja. Jos olet väsynyt ja nälkäinen, on sinun vaikea käyttää tahdonvoimaasi. Mitä suuremmasta päätöksestä on kyse sitä enemmän tarvitset sitä. Sinun tulee säästää tahdonvoimaasi suuria päätöksiä varten. Mitä suuremmasta päätöksestä on kyse sitä enemmän sinun tulee keskittyä siihen, että tahdonvoimasi on korkealla.

7.3.3 Liika informaatio on pahasta

Liika informaatio halvaannuttaa päätöksentekokykysi ja aiheuttaa liian suuren itseluottamuksen. "Tieto on valtaa". Tämä lausahdus kuvaa myyttiä tiedon lisääntymisen hyödyllisyydestä. En kiistä etteikö olisi parempi tietää jotain kuin se ettei tiedä mitään. Lisätiedolla on ainakin kaksi haittavaikutusta:

1. Tietyn pisteen jälkeen lisätieto kiinnittää usein huomiosi epäolennaisuuksiin.
2. Lisätieto johtaa helposti liian suureen itseluottamukseen.

Sinulla on aivokapasiteetti, jonka ylittyessä alkaa muodostua ongelmia. Seitsemän numeroa oli aikoinaan lankapuhelinverkossa maksimi jota käytettiin. Tämä johtui ihmisaivojen kyvykkyydestä muistaa maksimissaan noin seitsemän numeroa. Mitä enemmän informaatiota sinä saat sitä enemmän sinä käytät sitä väärin. Muodostat oletuksia joiden seurauksena tulee lisää virheitä. Väärien oletusten seurauksena sinun on vaikeampaa ymmärtää olevasi väärässä.

Psykologi Paul Slovic on tutkinut tietomäärän kasvamisen vaikutusta mm. laukkaradalla. Hän pyysi vedonlyöjiä valitsemaan 88 eri muuttujaa, jotka vaikuttivat kilpailujen tuloksiin. Vedonlyöjille annettiin ensin kymmenen hyödyllisintä muuttujaa ja heitä pyydettiin ennustamaan kisojen lopputulokset. Sen jälkeen annettiin seuraavat kymmenen hyödyllisintä muuttujaa ja pyydettiin ennustamaan uudelleen.

Seurauksena oli se ettei lisäinformaatio tuottanut parempia tuloksia. Seurauksena oli vedonlyöjien noussut itseluottamus ja huonommat tulokset. Yksi syy huonoille tuloksille oli se, että liika informaatio johtaa turhiin asioihin takertumiseen. Syy takertumiseen on se, että liian monien vaihtoehtojen ollessa tarjolla on vaikea löytää tärkeimpiä asioita. Yksinkertaista päätöksentekoprosessiasi, jotta voit saavuttaa parempia tuloksia. Keskity pienempään määrään vaihtoehtoja ja tarvittavaa tietoa keskittyen edellämainittujen asioiden laatuun.

7.3.4 Pienten talouspäätösten tekeminen

Sinä teet käsittämättömän määrän pieniä päätöksiä joka päivä. Ne vaikuttavat taloustilanteeseesi. Et edes huomaa niitä, koska ne ovat osa tapojasi. Kehitä tapojasi, jotta saat parannettua taloustilannettasi. Taloudenhoitoosi liittyvät tavat voivat olla laadukkaita ja ne näkyvät hyvinä päätöksinä. Toisille huonot tavat aiheuttavat huonoja päätöksiä.

Elämänrytmistäsi johtuen pienten talouspäätöstesi tekeminen tapahtuu joko iltaisin tai viikonloppuisin, jos et ole poikkeustapaus. Sinä olet väsynyt ja teet päätöksiä tapojesi pohjalta. Tapojesi laatu ratkaisee pienten päätösten hyödyt ja haitat. Tuhannen taalan kysymys tässä tapauksessa onkin se, että mitä tapoja tarvitset tehdessäsi pieniä talouspäätöksiä?

Muodosta pienten päätösten teosta järjestelmällinen prosessi. Älä keskity moneen asiaan. Tärkeimmät huomioitavat asiat ovat vaihtoehtoiskustannuksesi ja maksetun hinnan suhde saamaasi arvoon. Et voi erottaa näitä kahta toisistaan, koska päätöksestäsi saamasi arvo on riippuvainen myös vaihtoehtoiskustannuksistasi. Niistä puhuttaessa sinun tulee miettiä paljonko seuraavaksi parhain vaihtoehto tai hieman parempi maksaa? Mieti lisäksi voisitko käyttää päätökseesi kuluttamasi rahat tai ajan, muuhun asiaan? Kannattaako sinun ostaa merkkituote vai hieman huonompaa laatua edustava saman asian ajava vaihtoehto? Paljonko näiden summien erotus on?

Mieti lisäksi ylittääkö päätöksesi hinta sen arvon ja kuinka paljon. Kuinka paljon sinun kannattaa maksaa laitteen ominaisuuksista, jotta saat vastinetta rahoillesi. Tuottaako ostos riittävästi arvoa verrattuna siihen kuinka pitkään olet joutunut tekemään työtä sen eteen? Älä hukkaa aikaasi monimutkaiseen prosessiin pienissä asioissa. Muutaman tärkeän asian analysoiminen riittää. Tee se nopeasti ja yksinkertaisesti. Älä kuluta pienen päätöksen tekemiseen muutamaa minuuttia enempää.

7.3.5 Suurten talouspäätösten tekeminen

Sinä teet harvemmin suurempia talouspäätöksiä. Asuntolainan hakeminen, isojen käyttötavaroiden ostaminen, työpaikan vaihtaminen tai hakeminen ja monet muut suuret talouspäätökset teet usein vaistolla. Mitä suuremmasta päätöksestä on kyse sitä enemmän sinun tulee hyödyntää rationaalista puoltasi. Käytä suuremmissa päätöksissä hyväksesi enemmän matematiikkaa ja muita apuvälineitä, jotka parantavat päätöksiäsi. Sinun tulee pitää tarkemmin huoli siitä, että olet hyvässä henkisessä ja fyysisessä tilassa tehdessäsi suuria päätöksiä. Sinun tulee myös pitää huoli siitä, että ympäristösi ja henkilöt, joiden kanssa olet tekemisissä eivät vaikuta lopulliseen päätökseen mikäli päätös ei koske heitä.

Mitä suuremmasta päätöksestä on kyse sitä enemmän sinun tulee karsia häiriötekijöitä. Keskity yhteen asiaan. Kun haet asuntolainaa, keskity vain siihen. Kun ostat autoa, keskity autoon. Sinulle tarjotaan samalla niiden päätöksien tekemistä, joiden tekemiseen et ole varautunut. Niiden harkitseminen häiritsee sekä alkuperäisen asiasi hoitamista että uuden päätöksen tekemistä.

Suurimmat päätökset vaativat huolellista harkintaa. Ne vaativat analyysia, jossa tutkit tosiasioita. Sinä et voi unohtaa vaistojasikaan, koska niillä voi olla vaikutusta mm. matemaattisiin tosiasioihin. Et voi hankkia asuntolainaa ostaaksesi kodin asuinalueelta vain sen mukaan mihin tulosi ja varallisuutesi riittävät. Sinun tulee miettiä myös viihtymistäsi. Varallisuutesi ja tulosi määrittävät asuinalueet, joista valitset parhaan vaihtoehdon.

Sinun tulee harkita Isoa päätöstä tehdessäsi sekä tosiasioita että sitä kuinka psykologiset taipumuksesi vaikuttavat päätöksiisi tai henkilöihin, jotka vaikuttavat päätöksiisi. Keskity suurissa talouspäätöksissä mm. taloudelliseen tilanteeseesi, vaihtoehtoiskustannuksiisi, korkoa korolle - ilmiöön, siihen ettei maksettu hinta ylitä arvoa ja investoinnin tuottoprosenttiin eli suhteelliseen hyötyyn.

Sinun on helpompi tehdä laskutoimituksia kuin miettiä psykologisia taipumuksiasi. Jälkimmäiset ovat enemmän näkemyksiäsi kuin tosiasioita. Sinun tulee silti ottaa ne huomioon, koska ne ohjaavat käytöstäsi enemmän kuin luulet. Psykologisista taipumuksista tärkeimmät päätöksiisi vaikuttavat asiat ovat kannustimet, rahan psykologia luvussa mainitut taipumuksesi, taipumuksesi vastakohtien huomaamiseen, oikoteiden etsimiseen ja taipumuksesi uskoa omiin kykyihisi liikaa.

Luo suurien päätöksien tekemiseen prosessi, jossa käyt tarkistuslistan kanssa läpi tosiasiat ja niiden arvioimiseen vaikuttavat taipumuksesi. Sinun tulisi automatisoida prosessi tehokkaasti toimivaksi järjestelmäksi. Koska teet isompia päätöksiä harvemmin, tulee sinun tehdä ensiksi tarkistuslista joka on aina mukanasi. Prosessin automatisoitumiseen kuluu aikansa.

Hyvä henkinen ja fyysinen vireystila on tärkeä suurissa päätöksissä. Pidä huolta hyvistä yöunista ja siitä ettet päästä verensokeriasi alhaiselle tasolle. Paras aika päivästä tehdä päätöksiä on, kun itse tunnet olevasi parhaassa vireystilassa. Suurimmalle osalle tämä tarkoittaa aamupäivää tai tuntia paria lounaan jälkeen. Suosittelen ennen isoja päätöksiä myös päiväunia mikäli se on mahdollista.

Tee taustatyötä isoja päätöksiä tehdessäsi, jotta pääset hyvään tulokseen. Vaihtoehtojesi määrä on suuri. Karsi suurin osa niistä nopeasti. Käytä karsintaan muutamaa yksinkertaista mittaria, jotka itse päätät. Pidä alkukarsintaan vaikuttavien ominaisuuksien määrä pienenä, koska monimutkaisuus rajoittaa järkevää päätöksentekoa. Määrän tulisi olla maksimissaan seitsemän ja minimissään kolme. Ominaisuuksien tulisi olla riippumattomia toisistaan ja niitä pitää tarkastella yksitellen. Sinun pitää pystyä selvittämään ominaisuudet muutamalla yksinkertaisella kysymyksellä.

Näihin muutamaan yksinkertaiseen kysymykseen kuuluvat ainakin seuraavat ajattellumallit: Mitkä ovat vaihtoehtoiskustannukset? Miten korkoa korolle -ilmiö vaikuttaa päätöksen lopputulokseen? Onko päätöksen arvo suurempi kuin sen kokonaiskustannukset riittävällä todennäköisyydellä pitkällä aikavälillä? Muut kysymykset voivat vaihdella, mutta näiden kolmen kysymyksen tulisi olla aina mukana. Kysymyksiin ei ole ainoaa oikeata ja tarkkaa vastausta. Tarkan vastauksen sijaan sinun tulee tehdä arvio joka on suunnilleen oikeassa riittävällä todennäköisyydellä.

Prosessi tuottaa hyvän lopputuloksen ainakin mikäli uskomme Nobel-voittajan Daniel Kahnemanin kirjaa Thinking Fast and Slow. Voit käyttää alkukarsintaa myös muissa päätöksissä kuin suoraan talouteen liittyvissä. Kaikkea työtä ei tarvitse tehdä itse. Voit käyttää apuvälineitä, joita löytyy mm. netistä. Voit syöttää hintavertailusivustoissa haluamasi ominaisuudet ja hinnan etsiessäsi kalliimpaa tavaraa. Voit käytää sijoituksia tehdessäsi erilaisia listoja, jotka on luotu tunnuslukuja tarkastellen. Apuvälineiden hyödyntäminen säästää aikaa, mutta vain niiden perusteella ei pidä tehdä päätöksiä.

Alkukarsinnan jälkeen vaihtoehtoja ei pitäisi olla montaa jäljellä. Viimeiset vaihtoehdot voit käydä tiheän seulan läpi. Ota viimeiseen ponnistukseen avuksesi kirjan alussa esitellyt ajattelumallit ja mieti mitkä tarvitset. Jokainen suuri päätös on yksilöllinen. Sinun on pakko itse ymmärtää mitkä tarvitset avuksesi. Ennen kuin alat analysoida tarkemmin asiaa, tulee sinun kysyä itseltäsi yksi kysymys: Olenko täysissä ruumiin- ja sielunvoimissa ja riittääkö minulla tahdonvoima juuri nyt oikean vaihtoehdon löytämiseen? Jos vastaus on ei, älä tee heti johtopäätöksiä. Yksi ylimääräinen päivä tai päiväuniin käytetyt tunnit eivät ole suuri hinta suuren päätöksen onnistumisesta. Voit tästä huolimatta suorittaa alkukarsinnan.

Koska sinä olet unohtavainen yksilö, kuten muutkin, tulee sinun luoda itsellesi tarkistuslista lopullisten päätösten tekoon. Tätä varten sinun tulee tehdä kysymyksiä:

- Olenko suorittanut alkukarsinnan?
- Onko taidonvoimani riittävä?
- Mitkä kovien tieteiden ajattelumallit on otettava huomioon?
- Mitkä psykologiset taipumukset vaikuttavat?
- Mitkä taloustieteen ajattelumallit tarvitsen?

Kysymysten ratkaisun jälkeen olet valmis tekemään päätöksen. Kyseessä on vaativa urakka, mutta se nopeutuu kehittyessäsi. Muista myös se, että suurten talouspäätösten määrä on vähäinen. Teet jotain väärin mikäli niitä tulee enemmän kuin muutama vuodessa.

7.4 Budjetointi ja raha-asioiden automatisointi

Yksinkertainen määritelmä budjetille on suunnitelma, jossa otat huomioon tulevat menosi ja tulosi. Idea on yksinkertainen, mutta sinä voit tehdä siitä monimutkaisen. Budjetoinnissa yksinkertaisuus on valttia. Älä suunnittele kaikkea tarkasti. Yhdistä mahdollisimman suuri osa kulueristä samoihin kategorioihn.

Älä jaa päivittäistavaratuotteita erikseen vaatteisiin, ruokaan, jne. Voit yhdistää netin ja puhelimen viestinnäksi. Voit niputtaa lapsiin menevät kulusi. Mitä enemmän sinulla on yksityiskohtia budjetissasi sitä enemmän joudut tekemään työtä. Jos et ole kontrollifiikki niin sitä vaikeammaksi budjetissa pysyminen sinulle tulee. Budjetti ei ole ainut tapa hallita menojasi. Voit myös automatisoida raha-asiasi. Tällöin kontrolli on vähäisempi, mutta ajan- ja vaivansäästöt ovat huomattavia. Automatisointi vaatii aloitustoimenpiteitä budjetointia enemmän. Se vaatii myös valvontaa, koska voi tulla yllätyksiä.

Pidä budjettisi ylijäämäisenä

Sinun tehtäväsi on pitää budjettisi ylijäämäisenä eli menosi tulee olla tulojasi pienemmät. Poikkeuksia tähän sääntöön ei ole monia, mutta yksi niistä on yksittäisten kuukausien budjetit. Lomakuukausina ei kannata huolehtia liikaa menoistaan. Kuukausibudjetti voi joskus olla miinuksella. Vuosibudjettisi sen sijaan pitäisi olla aina plussalla normaalitilanteessa. Jos sairastut vakavasti niin sinulla on tärkeämpiäkin huolenaiheita kuin rahat, joten keskity paranemiseesi.

Ylijäämän budjetointiin on syynsä. Se parantaa kykyäsi sopeutua vastoinkäymisiin mm. vähentäen riippuvuuttasi työnantajastasi, auttaen myös yllättäviin menoihin. Sinun on helpompi saada sitä keräämällä myös passiivisia tuloja. Ne ovat avainasemassa vaurautesi kasvattamisessa. Ne auttavat sinua saavuttamaan taloudellisen riippumattomuuden ja vapauden mikäli niitä haluat.

Asia missä sinä voit tehdä virheitä on kulujesi ja tulojesi sovittaminen yhtä suuriksi. Pahimmassa tapauksessa suunnittelet kulusi jatkuvasti suuremmiksi kuin tulosi, koska luot tulojenkasvulle odotuksia etukäteen. Tällöin seuraa lumipallo joka kasvattaa rahaongelmiasi joka kerta enemmän. Budjetoi vain tulot joista olet lähes varma. Nämä tulot ovat sinulla tiedossasi etukäteen. Älä budjetoi palkankorotuksia, jos sinulla ei ole niistä mustaa valkoisella. Alijäämän budjetoinnista paras esimerkki nykypäivänä on Suomen valtionbudjetti.

Menot

Mikäli sinulla on talousongelmia on syynä todennäköisesti liian suuret menot. Liian pienet tulot ovat ongelmasi vain poikkeustapauksessa. Sinä etsit ongelmiesi ratkaisuun lähes poikkeuksetta mahdollisuuksia kasvattaa tulojasi. Tulojenkasvu ei ratkaise ongelmiasi, koska menosi kasvavat tulojesi kanssa samaa vauhtia. Seuraus tästä kaikesta on suuremmat ongelmat kuin aiemmin. Sinulla, kuten muillakin on menoeriä, joita et tarvitse. Nämä menoerät ovat usein piilossa, koska et seuraa mihin rahojasi laitat.

Sinun pitää aloittaa budjetointia varten menoseuranta, jotta löydät piilokulusi ja huomaat mihin kuluihin sinulla on todellinen tarve. Tämä vaatii jatkuvaa kirjanpitoa muutaman kuukauden ajan. Kyseessä on vaativa, lähes jokapäiväinen operaatio. Itseasiassa tämä operaatio on niin vaativa, että sinä todennäköisesti epäonnistut siinä, mikäli kärsit talousongelmista.

Suurin osa talousasiantuntijoista tarjoaa sinulle menoseurantaa ja sen jälkeen budjetointia talousongelmiesi ratkaisuksi. He ovat siinä vain osittain oikeassa, koska menoseuranta ei sopeuta menojasi pysyvästi tulojesi tasolle, vaikka se voi pienentää niitä vähäksi aikaa. Menoseuranta toki pienentää ongelmiasi, mutta se ei ratkaise niitä. Suurin ongelma budjetoinnissa on sen vaikeus. Se epäonnistuu talousongelmaisilta lähes poikkeuksetta. Sen jälkeen tapahtuu luovuttaminen. Budjetointi epäonnistuu, koska elämä tarjoaa yllätyksiä. Odottamattomia menoja tulee ja niitä tulee enemmän talousvaikeuksista kärsiville.

Karkeasti ottaen, sinulla on kahdenlaisia menoja: kiinteitä ja muuttuvia. Kiinteät kulusi toistuvat tasaisin väliajoin. Muuttuvat kulusi riippuvat kulutuksesi määrästä. Kiinteitä kuluja ovat mm. asuntolainasi lyhennykset, pysyvät lehtitilauksesi ja monet muut lyhyillä aikaväleillä esiintyvät muuttumattomat kulut. Lyhyinä aikaväleinä voi pitää kaikkia vuoden tai sen alle olevia aikavälejä. Muuttuvia kustannuksiasi ovat mm. kaikki yksittäisinä tai isompina kappalemäärinä ostetut kulutustuotteet joita maksat erikseen, kertamaksut palveluista, jne.

Valvo kiinteitä kustannuksiasi kuin haukka. Sinun tulee pitää ne pieninä, jotta pystyt toimimaan mikäli taloudessasi tapahtuu äkillisiä muutoksia. Sinun kannattaa pitää kiinteinä kuluina vain niitä eriä, jotka ovat jatkuvassa käytössäsi ja joita et voi korvata järkevästi. Älä maksa kiinteätä kuukausimaksua mikäli käyt uimahallissa tai kuntosalilla epäsäännöllisesti ja harvoin.

Kiinteitä kuukausimaksuja sisältävät palvelut omaavat kolme eri todellisuutta käytön mukaan. Ensimmäinen on se kuinka paljon luulet käyttäväsi palvelua, toinen on kuinka paljon haluaisit käyttää palvelua ja kolmas on se kuinka paljon todellisuudessa käytät sitä. Todellisuudessa käyttö jää suurimmassa osassa kiinteämaksuisia palveluita vähäisemmäksi kuin luulet tai haluat. Seuraa kiinteiden palveluiden käyttöäsi merkitsemällä jokainen käyttökerta johonkin. Lopeta ne palvelut, joiden käyttömäärät jäävät olemattomiksi hintoihinsa nähden.

Mikäli jätät postiluukusta tulevat maksulliset lehdet lukematta tai voit lukea ne muualla ilman suurempia ponnisteluja, kannattaa sinun ostaa irtonumeroita. Kiinteiden kulujen hallinta on yksi tärkeimmistä taloustaidoista. Sinä voit säädellä muuttuvia kustannuksiasi mieltymystesi mukaan, kunhan ne ovat järkevällä tasolla eli kokonaismenosi ovat pienemmät kuin tulosi.

Huvit ovat yksi tärkeimmistä menoeristäsi. Et onnistu pitämään menojasi kurissa pidemmällä aikavälillä mikäli tarjoat itsellesi vain niukkuutta. Olen kokeillut sitä, eikä se toiminut kuin jonkin aikaa. Sinä tarvitset myös yltäkylläisyyttä, kunhan se pysyy kohtuuden rajoissa. Sinulla täytyy olla mahdollisuus käyttää osa rahoistasi elämästä nauttimiseen ilman rahan arvon tai kuluttamisesta saadun hyödyn ajattelemista. Suosittelen automaattisia tilisiirtoja palkkapäivinäsi tilille, jota voit käyttää nautintoihisi. Hanki sille debit-kortti. Yksi kortti lisää lompakossasi muiden joukossa ei ole suuri uhraus. Toinen vaihtoehto on automatisoida laskujenmaksaminen ja käyttää yli jäävä raha nautintoihin.

Tulot

Selvitä budjetointia varten tulosi. Niiden seuraaminen ja selvittäminen on sinulle helppoa. Vuositulosi löytyvät viime vuoden verotuksesta. Mikäli tulosi ovat muuttuneet viime vuodesta paljon, voit kertoa kuukausipalkkasi kahdellatoista ja lisätä lukuun lomarahasi ja bonuksesi. Mikäli bonuksesi ovat hämärän peitossa niin unohda ne kokonaan. Älä budjetoi tuloja, joista sinulla ei ole tietoa. Tulojesi pitäisi olla suuremmat kuin menojesi, jotta saat tehtyä tarpeellista ylijäämää.

Tulosi ovat harvoin ongelma. Tulosi voivat olla pienet mikäli olet työtön, sairaseläkkeellä tai lomautettuna. Tällöin sinulle voi olla lisätuloista hyötyä. Muuten kannattaa keskittyä menojenhallintaan. Sinun on helppo seurata tulojasi. Lähes kaikki lailliset tulot maksetaan tilillesi suoraan, joten tiliotteita tutkimalla sinä voit seurata niitä. Voit toki merkitä ne taulukkolaskentaohjelmaan tai paperille. Mikäli tulosi ovat epäsäännölliset, kannattaa sinun seurata niitä jatkuvasti. Säännöllistä kuukausipalkkaa saavat voivat huoletta tarkkailla tulojaan vain kerran vuodessa.

Listaa menosi ja tulosi budjettiasi varten

Kun olet saanut listattua kaikki menosi ja tulosi, tulee sinun tehdä johtopäätöksesi. Mieti tarvitseeko sinun tinkiä menoistasi. Sinä et voi budjetoida tuloja lisää, mutta voit etsiä keinoja lisätä niitä. Tällä hetkellä sinulla on toivottavasti ylijäämäinen budjetti. Mikäli sinulla on alijäämäinen budjetti niin menosi ovat ongelma. Suurin osa etsii ratkaisua ongelmiin tulojen pienuudesta, mutta he valehtelevat itselleen kaikkien menojensa olevan tarpeellisia. Joillekin tulojen vähyys on ongelma. Kyseessä on todennäköisesti työttömyys, sairaus tai eläköityminen. Mikäli sinulla on tämä tilanne, tulee sinun ratkaista ongelmasi ensin.

Suurimmalla osalla on vain yksi tulonlähde ja se on palkkatyö. Menolähteitä on sen sijaan enemmän, kuten asuminen, ravinto, liikkuminen, harrastukset sekä muut huvit, matkailu, viestintä, vakuutukset, jne. Yksi tulonlähde ei silti ole useimpien ongelma, koska edellämainittujen kustannukset kasvavat vähintään samaa vauhtia kuin lisääntyneet tulot. Ongelmat ratkeavat vain kasvattamalla vähemmän menoja kuin tuloja. Pitämällä menosi hallinnassa, lisätulosi kasvattavat ylijäämääsi ja niistä saatu hyötysi kasvaa.

Älä aloita talousongelmiesi ratkaisua budjetoinnista

Budjetointi on hyödyllinen taito, mutta talousongelmaiselle sen opetteleminen ei ole ensimmäinen asia. Budjetin teko on helppoa, mutta siinä pysyminen vaikeaa. Suurimmallle osalle talousongelmaisista budjetissa pysyminen on liian vaikeaa. Epäonnistuminen johtaa luovuttamiseen. Luovuttaminen ei ole vaihtoehtosi, mutta se voi olla ei-haluttu lopputulos budjetoinnilla aloittaessa. Voit aloittaa menojesi tarkkailun heti. Se ei ole vaikea toimenpide, vaikka se voi tuottaakin ei-toivottuja yllätyksiä. Paranna taloustaitojasi ennen budjetoinnin aloittamista talousvaikeuksissa. Talousasioiden ymmärtäminen, säästäminen ja monet muut taidot ovat sinulle tärkeämpiä kuin budjetointi.

7.4.1 Maksa ensin itsellesi, kahdesti

Budjetoi rahaa säästöihisi ja sijoituksiisi. Pidä ensisijaisesti huolta omasta tilanteestasi. Parhaiten se tapahtuu pistämällä itsesi etusijalle ja siirtämällä budjetoitua ylijäämääsi ensimmäisenä itsellesi. Tämä tarkoittaa automaattista rahansiirtoa käyttötililtäsi palkanmaksupäivänä. Voit tehdä tilisiirrot monelle eri tilille mikäli koet sen tarpeelliseksi. Säästämiseen varattu rahasumma on yksilöllinen eikä tarkkaa prosenttimäärää voi antaa. Aloita ensin pienemmällä prosenttimäärällä.

Maksaessasi ensin itsellesi käytät vähemmän rahaa, sillä katsoessasi palkkapäivänä tilillesi näet saldon joka on puhdistettu säästöistäsi. Psykologinen ensireaktio on se, että sinulla on vähemmän rahaa käytössäsi, vaikka tosiasiassa rahasi ovat siirtyneet säästämiseen tai sijoittamiseen. Sinun ei kannata huolestua ensireaktiostasi, koska sinä olet sopeutuvainen eläin. Kulutat vähemmän rahaa tiedostaessasi tilanteesi.

Yksinkertainen esimerkki on kymmenen prosenttia bruttotuloista eli kahdestatuhannesta eurosta kaksisataa. Maksa itsellesi kahdesti tarkoittaa edellisessä esimerkissä mainittua summaa 200€:a sekä korkoa joka voi olla mitä tahansa prosentista kahteenkymmeneen eli 2-40€:a. Tämä tarkoittaa 202-240 euroa kuukaudessa eli vuodessa 2424-2880 euroa. Summan ei tarvitse olla toinen edellämainituista vaan voit säädellä maksettua korkoa miten haluat. Säästetty summa voi myös olla muu kuin kaksisataa.

Sinä voit säästää kesällä vähemmän rahaa kuin talvella johtuen kesälomasta joka voi tiputtaa tulojasi ja lisätä menojasi. Voit jättää koronmaksun väliin mikäli niin haluat. Jos käytät enemmän rahaa talvella niin voit säästää vähemmän rahaa silloin. Sinun on tärkeintä muistaa ensin itsesi tai perheesi, jotta siitä tulee tapa. Voit tehdä automaattiset tilisiirrot etukäteen verkkopankissasi pidemmäksi aikaa. Maksa ensin itsellesi on keskimäärin paras tapa saada säästöjä aikaisiksi. Se ei ole ainut tapa. Pääasia on saada ylijäämää, teki sen millä tavalla tahansa.

7.4.2 50-30-20 ei 90-40-60

Harvat tunnistavat ensimmäisen numerosarjan ja vielä harvemmat jälkimmäisen. Tuskinpa tunnistat molempia. Numerosarjat voivat johtaa taloudelliseen riippumattomuuteesi, mutta ne eivät takaa sitä sinulle. Ensimmäinen on Balanced Money Formula (BMF) mikä tarkoittaa tapaa jakaa tulonsa tarpeisiin, haluihin ja säästöihin 50-30-20-kaavan mukaisesti. Konsepti ei ole keksimäni vaan get rich slowly -blogista lainattu. Jälkimmäinen tarkoittaa oikotietäsi onneen eli puolisoasi, jonka ihannemitat ovat yhdeksänkymmenen vuoden ikä, neljänkymmenen asteen kuume ja kuusikymmentä miljoonaa. Jälkimmäinen numerosarja ei ole oleellinen.

BMF:n budjettijakauma tarkoittaa sitä, että laitat 50%:ia verojen jälkeisistä tuloistasi tarpeisiin, 30%:ia haluihin ja 20%:ia säästöihin. Tarpeita ovat asuminen, sähkö, lämmitys, viestintä, kulkuneuvot, terveydenhuolto, perusravinto ja normaalielämän vaatetus. Haluja ovat televisio, harrastukset, lomat, kirjat sekä normaalielämään kuulumattomat vaatteet ja ruokailu joka tässä tapauksessa tarkoittaa herkuttelua ja ulkona syömistä. Säästämiseen kuuluvat sijoittaminen, muiden velkojen maksaminen ja hätäkassan kerääminen.

Miksi sinun pitäisi käyttää tätä kaavaa? Jakauma on yksinkertainen. Monimutkaiset budjetit kaatuvat mahdottomuuteensa, sillä niiden seuraaminen ja ylläpito on liian vaikeaa. Jakauma ei vaadi paljoa työtä. Sinulla ei mene paljon aikaa kaavan käyttämiseen. Sen vahvuutena on se, että ihminen on keskimäärin heikkotahtoinen ja voi hoitaa asiansa surkeasti. Nyrkkisäännöt ja kaavat automatisoivat päätöksenteon pois mielitekojesi pohjalta toimivalta impulsiiviselta järjestelmältäsi. Menojen tasapaino huvien, hyötyjen ja säästöjen suhteen on hyvällä mallilla eikä sinun tarvitse kituuttaa halujen osuuden ollessa riittävä.

Huonoja puolia tässä on mielestäni se ettei tarpeidesi ja halujesi välille voida aina tehdä selkeää eroa. Mihin vedät viivan siinä tapauksessa, että autoa tarvitessasi et ostakaan karvalakkimallista toyotaa vaan mersun, bemarin tai audin? Myös vaatteiden osto ja ulkona syöminen voi osua sekä haluihin että tarpeisiin. Tässäkin tapauksessa perstuntumasi on paras vaihtoehtosi. Älä stressaa näiden kahden asian eroista. 50-30-20 jakaumaa on huono pitää pienellä aikavälillä, joten tämän jaon tekeminen onnistuu vuosibudjettiin. Voit kerätä rahaa joka kuukausi eri tileille kaavan mukaan. Lyhyellä aikavälillä menosi eivät ole aina tasapainossa. Maksat jotkin asiat puolen vuoden välein tai muulla aikavälillä.

Sinä et voi käyttää tätä jakaumaa mikäli elät kädestä suuhun. Jos olet opintotuen varassa sinnittelevä opiskelija, ei tämä onnistu. Jakauma sopii sinulle, jos olet keskituloinen sinkku, jolla on asuntolainaa pitkään maksettavana tai asut vuokraluukussa. Sinun ei tarvitse elättää muita, joten sinulla on varaa laittaa haluihisi mainittu 30%:ia. En käytä itse tätä budjetointimenetelmää. Omani on hieman monimutkaisempi. Omassani on kymmenen eri kategoriaa. Minulla ei ole velkaa eikä asumiseen menevä rahasummani vastaa keskimääräistä ikäisteni menoerää.

En suosittele sinulle pikkutarkkaa näpertämistä. Enkä tarkoita sitä, että sinun tarvitsisi noudattaa jakaumaa tarkalleen koko ajan. Mielestäni jakauma sopii vuosibudjetin tekemiseen. Suosittelen sinulle mietintämyssyä päähän. Raha-asioidesi hoito helpottuu mikäli teet jaon näihin kolmeen eri kategoriaan ja noudatat järjestelmääsi. Älä tee budjetoinnista liian hankalaa. Sinä voit jopa nauttia siitä.

Miettiessäsi taloudellista riippumattomuuttasi kannattaa sinun ottaa mittatikuksi tarpeesi miettiessäsi monta vuotta pystyisit nykytuloilla elättämään itsesi, koska et pysty tinkimään niistä. Jos halutaan asiaa yksinkertaistaa niin käytännössä tarpeiden viedessä puolet tuloistasi, voit hätätapauksessa elättää itsesi vuosituloillasi kahdeksi vuodeksi, 33%:lla kolmeksi vuodeksi ja niin edespäin.

Tämä on yksinkertaistettu malli, johtuen inflaatiosta, joka vaikuttaa prosentteja vuodessa. Sitä ei ole otettu huomioon. Sinun on hyvä ymmärtää rautalankamalli kulujesi suhteen. Se helpottaa tarvettasi ymmärtää rahatilanteesi, kun olet tilanteessa, jossa sinulla ei ole tuloja. Se kertoo myös kuinka pakolliset kulusi ovat hallinnassasi. Mikäli tarpeidesi määrä ylittää viisikymmentä prosenttia, kannattaa sinun hankkia lisätuloja tai miettiä ovatko omat tarpeesi oikeasti tarpeellisia.

Myös budjetoinnissa on tärkeää aloittaa pienin askelin. BMF:n suhdeluvut sopivat erinomaisesti budjetointia aloittavalle. Ensimmäisen askeleen ottaminen on vaikeinta. Voit pikkuhiljaa muuttaa budjettiasi yksityiskohtaisemmaksi, kun hommat toimivat. Toimivaa järjestelmää ei kannata vaihtaa mikäli ei ole varma asioiden onnistumisesta.

7.4.3 Raha-asioiden automatisointi

Budjetointi on usein huono ratkaisu, koska se vaatii paljon työtä. Sinä et ehkä ole valmis uhraamaan sille aikaa. Budjetointi voi aiheuttaa huonon omatunnon sen epäonnistuessa epämääräisten menojen vuoksi. Mitä enemmän olen ollut budjetoinnin kanssa tekemisissä sitä enemmän olen vakuuttunut sen epäonnistumisesta pidemmällä aikavälillä. Sinulle tulee yllättäviä menoja, jotka voivat olla niin suuria ettet voi varautua niihin. Varakassan käyttö on yksi apukeino, mutta siinäkin on ongelmansa. Yllätyksistä tuleva stressi voi johtaa budjetoinnin epäonnistumiseen.

Stressi voi myös kasvaa, kun joudut miettimään mahtuuko budjettiisi ylimääräinen meno. Pikkumenojen vuoksi stressaaminen on turhaa. Turha stressaaminen vähenee, kun otat automatisoinnin vaihtoehdoksesi. Se vaatii alkupanostusta ja raha-asioidesi järjestelyä. Otat siinä perustiliksesi käyttötilisi, johon tulevat palkkasi. Avaat sen lisäksi arvo-osuustilin ja ehkä säästötilin. Joillakin pankeilla säästötili kuuluu peruspalkkioon eikä siitä tarvitse erikseen maksaa. Arvo-osuustili on sijoituksia varten ja voit hankkia siihen itsellesi parhaan vaihtoehdon.

Tilien avaamisten jälkeen voit siirtyä automatisointiin joka tapahtuu seuraavasti:

1. Selvitä palkkapäiväsi mikäli et ole niistä varma.
2. Ota yhteyttä laskuttajiisi ja sovi heidän kanssaan eräpäivien siirroista 3-5 arkipäivää palkkapäiviesi jälkeen. Pidä huolta että laskutuspäivät ovat laskuissasi samat. Laita kaikki laskusi automaattisiksi tilisiirroiksi näille päiville.
3. Päätä kuukausittaiset summat säästämistä, sijoittamista tai unelmiesi toteuttamista varten ja avaa näille omat tilit.
4. Tee automaattiset tilisiirrot verkkopankkiisi palkkapäiviksesi.
5. Älä ota kohdassa 3 avatuilta tileiltä rahaa ilman TODELLISTA hätätilannetta.
6. Nauti käyttötilillesi jääneistä rahoistasi ilman tunnontuskia.

Automatisointi ei ole monimutkaista, mutta sekin vaatii itsekuria ja viitseliäisyyttä. Se ei mahdollista omien varojen yli elämistä pitkään. Vapaudet vaativat aina vastuita. Automatisointi ei sovi sinulle, jos olet kulutusongelmainen, koska et pysty hallitsemaan itseäsi rahojesi käydessä vähiin. Sinä otat luottokortit käyttöön eikä sinulla ole palkkapäivien jälkeen rahaa laskujenmaksuun. Seurauksena on maksuhäiriömerkintä ja menet ulosottoon. Automatisointi ei sovi niille joilla on epäsäännölliset palkkapäivät, sillä yhtäkkiä voi tulla ongelmia tulopuolella. Sinulle voi käydä niin ettei tililläsi ole suoraveloitukseen rahaa ja seurauksena on karhukirje. Mikäli pidät raha-asioidesi hoidosta ja kulutuksesi seuraamisesta, on budjetointi sinulle parempi vaihtoehto.

Automatisoinnissa on ongelmakohtia. Yritysten asiakaspalvelun kanssa voi tulla ongelmia. Usein näiden palvelu on sieltä minne aurinko ei paista. Sinulla on varmasti kokemuksia, joissa palveluun pääsemiseesi meni liian kauan. Ongelmat asiakaspalvelussa vähentävät automatisoinnin hyötyjä. Mikäli asiasi menevät vaikeiksi, kannattaa sinun hoitaa automatisointi lasku kerrallaan tasaisin väliajoin, kunnes olet hoitanut kaikki laskusi automaattisiksi tilisiirroiksi..

Toinen ongelma on se ettet voi tehdä automatisointia pitkäksi aikaa. Vuosi alkaa olla maksimi. Automatisointi säästää terveyden lisäksi tärkeintä hyödykettäsi, aikaa. Lisäksi se vähentää stressiäsi, kun sinun ei tarvitse vaivata päätäsi pienillä yksityiskohdilla. Valitsitpa budjetoinnin tai automatisoinnin niin raha-asioiden hoitaminen selkiintyy. Sinun on helpompi pitää menosi hallinnassa. Molemmat vaativat vastuuta ja aikaa. Budjetoinnissa kontrolli on parempi, mutta sitä käyttäessä joudut tekemään enemmän töitä. Sinun on tehtävä valinta suuntaan tai toiseen, koska välimalli hankaloittaa liikaa elämääsi hyötyihisi nähden.

7.5 Elinikäinen taloudenhoitostrategia

Sinun tulisi kehittää henkilökohtainen strategia taloudenhoitoosi. Sinä olet erilainen kuin muut ja sinulla voi olla erilainen elämäntilanne. Sinun tulisi tehdä suunnitelma talousasioidesi hoitamiseen omista lähtökohdistasi. Mieti missä menet ja mihin haluat mennä.

Sinun on tärkeämpää tehdä oikeita asioita kuin tehdä asioita oikein. Strategia antaa suuntaviivat tekemisellesi ja taktiikat kertovat kuinka teet sen. Haluat ehkä saada kuumia vinkkejä ja päästä helpolla. Tämä on luonnollista. Kiipeät perse edellä puuhun ja tiput sieltä nokalleen. Kuumat vinkit eivät riitä. Vinkkien hyödyntäminen jää puolitiehen ilman kokonaisuuden ymmärtämistä. Niiden antajat eivät ehkä ole samassa tilanteessa. He voivat myös hyötyä niistä kärsiessäsi. Vain ajattelutapojen ja käyttäytymismallien muutokset ovat sinulle tavat kehittyä.

Monimutkaisessa maailmassa asioiden yksinkertaistaminen on vaikeaa, koska sinulla on rajalliset resurssit. Sinun on helpompi hyödyntää resurssejasi, kun sinun ei tarvitse tutkia monimutkaisia syy-seuraus-suhteita. Kaikilla asioilla on positiivisia ja negatiivisia vaikutuksia. Mieti näiden suhdetta. Sinun on harkittava asioiden eliminoimista mikäli negatiiviset vaikutukset ovat suurempia.

Jos sinulla on harrastus, jonka kustannukset ovat suuret kuten veneily. Voit saada siitä suurta nautintoa. Mikäli se on sinulle liian kallista, seuraa unettomia öitä ja stressiä. Ennen pitkää se johtaa terveys- ja rahaongelmiisi. Esimerkin tarkoitus ei ole haukkua veneilyä harrastuksena. Se kertoo siitä, että sinun mietittävä mahdollisia ongelmia etukäteen. Selkeitä strategisia suuntaviivoja noudatettaessa ylilyöntejä tapahtuu vähemmän.

Hyvä strategia tähtää monien ongelmien ratkaisuun kerralla. Otetaan työmatkasi. Normaalisti menet viisi kertaa viikossa töihin ja käytät aikaa muutamasta minuutista muutamaan tuntiin. Pidemmällä matkalla, autoa ajaessasi, voit hyödyntää työmatkaasi kuuntelemalla äänikirjaa. Saman matkan voit myös tehdä polkupyörällä, jolloin yhdistät fyysisen ponnistelun ja työmatkan. Ota kaikki hyöty irti työmatkastasi, koska sinun on pakko tehdä se. Toinen vaihtoehtosi on valita asuinpaikka siten ettei työmatkaan kulu aikaa. Paras vaihtoehtosi voi olla työ jota voit tehdä kotonasi.

Sinun pitää lisätä elinikäiseen taloudenhoitostrategiaasi myös ne asiat joita sinun ei pidä tehdä. Sinulla on asioita, joita sinun ei pidä tehdä, kuten tiettyjen sijoituskohteiden käyttö. Mieti mitä ne on ja kirjaa ne ylös. Kun sinulla menee mahdollisesti hyvin, teet todennäköisemmin typeryyksiä. Kun olet kirjannut ne, voit välttää sudenkuoppasi paremmin. Sudenkuoppien välttäminen voi olla tärkeämpää kuin onnistuminen sinulle luontaisissa asioissa. Noudata myös strategiaasi tai se on hyödytön.

7.5.1 Taloudellinen riippumattomuus ja vapaus

Sinun tulisi pystyä laskemaan jonkinlaisella tarkkuudella määrä varallisuutta joka kestää lopun ikääsi, vaikka ansiotulosi menisivät nollaan. Kun olet saavuttanut taloudellisen riippumattomuuden, voit valita tienaatko rahaa vai et. Se tarkoittaa sitä, että passiivisten tulojesi tuottama kassavirta riittää menoihisi tai sitä, että sinulla on riittävästi varoja loppuelämäksesi. Ensimmäinen vaihtoehto on helpompi määrittää. Toinen on vaikeaa, koska elämänsä pituutta on vaikea tietää. Taloudellinen vapaus tarkoittaa sitä, että sinä voit nauttia ylimääräisestä luksuksesta normaalien menojesi lisäksi passiivisten tulojesi tuottamalla kassavirralla.

Syy taloudelliseen riippumattomuuteen tähtäämiseen on se, että myöhemmässä elämässäsi voit joutua elämään ilman työstä saamiasi tuloja. Huomioi myös se, että nykyajan eläkepyramidi pitää huolen siitä ettei nuorempien sukupolvien eläkkeisiin jää riittäviä varoja ilman heidän henkilökohtaista panostustaan. Se tarkoittaa pääomien keräämistä vuosikymmenien aikana. Tämän unohtaminen voi johdattaa sinut taloudellisesti vaikeisiin eläkepäiviin. Suomessa ollaan tilanteessa, missä eläkeläisille maksetut eläkkeet ovat vähän suuremmat kuin eläkevaroihin tulevat työllisten eläkemaksut. Tulevaisuudessa tilanne menee pahempaan suuntaan.

Keskityn kirjassa lähinnä ensimmäiseen vaihtoehtoon, koska toinen vaihtoehto on vaikeampi laskea. Taloudellisen vapauden voisi määritellä siten, että omaisuudesta saatu kassavirta on suurempi kuin taloudellista riippumattomuutta nauttivalla. Sinulla on tällöin rahaa luksuselämään. Se kuinka paljon luksusta tarvitset, on yksilöllistä. Et tarvitse luksuselämään niin paljon rahaa kuin luulet, koska vuokraamalla luksustuotteita kulutat vähemmän. Omistaminen on kallista. Vuokraaminen maksaa murto-osan ostamiseen tarvituista rahasummista.

Muista ettei taloudelliseen riippumattomuuteen riittävät passiiviset tulot tarkoita automaattisesti sitä, että sinun täytyy lopettaa työnteko. Se voi olla sinulle nautinto, jota haluat tehdä riippumatta siitä onko siihen tarvetta. Eläkkeelle siirtyminen ja riittävät passiiviset tulot eivät automaattisesti tarkoita rikasta elämää. Tarvitset mielekästä tekemistä. Tekemättömyys johtaa kyllästymiseen ja menosi voivat kasvaa hallitsemattomasti. Aivosi ja lihaksesi surkastuvat mikäli et käytä niitä. Tämä pätee myös järkevien talouspäätösten tekemiseen.

7.5.2 Selvitä ensin nykytilanteesi

Selvitä ensin sen omaisuutesi määrä, jonka voit muuttaa passiivisiksi tuloiksi. Määrän etsiminen helpottaa selvittämään tilannettasi tähdätessäsi taloudelliseen riippumattomuuteen tai vapauteen. Passiivinen tulo tarkoittaa sitä, että sinun ei tarvitse aktiivisesti tehdä työtä omaisuutesi eteen. Tällöin omaisuutesi tekee työt ja sinä odotat. Passiivista tuloa tuottavat mm. osakkeet, rahastot, korkosijoitukset, sijoitusasunnot sekä immateriaalioikeudet, kuten patentit, tavaramerkit, muut tekijänoikeudet, jne. Jos et tiedä paljon kassavirtaa immateriaalioikeutesi tuottavat niin unohda ne laskuissasi.

Likvidit varat

Likvidit varat ja niiden tuottamat kassavirrat ovat yksi tärkeimmistä asioista, jotta voit tietää mitä tarvitset lopulliseen päämäärääsi. Muita selvitettäviä asioita ovat menosi, muut tulosi ja henkiset ja fyysiset pääomasi. Likvidien varojen on tulevaisuudessa oltava niin suuret, että ne tuottavat vähintään yhtä paljon kassavirtaa verojen jälkeen kuin menosi. Selvitä vain sen omaisuuden määrä joka tuottaa sinulle **kassavirtaa**. Yksi syy on vaihtoehtoiskustannukset. Sinulla on tavaroita, joita voisit myydä, jotta pystyisit keräämään pääomia passiivisia tuloja varten. Et pysty saamaan suurimmasta osasta tavaroitasi enemmän tuloja kuin panostuksesi niistä luopumiseen.

Aika on hyödyke, jota et saa takaisin. Myynti-ilmoituksen tekeminen, tavaran mahdollinen postittaminen tai ostajalle vieminen kuluttavat liikaa aikaasi. Jos saat kirjasta nettihuutokaupassa 5-10€:a niin siihen kuluu helposti puolikin tuntia, kun käyt viemässä sen postiin plus aika joka sinulta meni myynti-ilmoitukseen. Kokonaisuudessa operaatio tuhlaa enemmän resurssejasi kuin saamasi hyöty.

Sinulla voi olla isompia käyttötavaroita tai muuta omaisuutta, kuten asunto jossa elät. Ne eivät tuota kassavirtaa vaan ovat kulueriä. Harva vaihtaa halvempaan autoon tai asuntoon, joten niiden myymisestä tuskin tulee ylimääräistä rahaa. Harva väistää elämäntyyli-inflaation vaikutuksia. Haluan onnitella sinua mikäli pystyt niin tekemään.

Menosi

Selvitä menosi mikäli haluat tietää kuinka paljon tarvitset likvidejä varoja taloudelliseen riippumattomuuteen. Sinun ei tarvitse tietää menojasi sentilleen. Selvitä 100€:n tarkkuudella kuukausimenosi. Tällöin kyseessä on noin 1000€:a vuodessa. Tämä tarkkuus riittää.

Tulosi

Sinun tulee selvittää myös aktiiviset tulosi. Joudut tekemään myös työtä kasvattaessasi passiivisia tulojasi. Vaikka ne kasvavat niin joudut todennäköisesti tekemään työtä samalla. Useimmilla on kiinteä palkka, johon voi tulla bonuksia. Joudut kasvattamaan passiivisia tulojasi aktiivisten tulojesi ylijäämällä.

Suosittelen sinua järjestämään tulonlähteesi siten, että sinulla on yksi aktiivinen päätulo. Lisäksi sinulla voi olla muita satunnaisesti tulevia aktiivisia tuloja. Sinun ei tule kerätä niitä käyttääksesi rahaa enemmän elämiseesi. Voit kerätä sivutuloja toteuttaaksesi unelmia ja nopeuttaaksesi matkaasi kohti päämäärääsi. Voit käyttää sivutuloja kohtuudella myös turhuuksiin. Hanki sivutuloja vain nauttimistasi asioista. Niiden muuttuminen pelkäksi työksi ei tuota riittäviä hyötyjä.

Fyysiset ja henkiset pääomasi

Mieti hyödynnätkö omia henkilökohtaisia taitojasi parhaalla mahdollisella tavalla. Sinulla on osaamista, jota et hyödynnä. Omaatko taitoja, joita voit myydä muille? Nämä taidot voivat olla mitä tahansa, kunhan joku on niistä valmis maksamaan. Pääomiesi riippumattomuus päätyöstäsi ei ole pahasta. Tämä asia vähentää riippuvaisuuttasi yhdestä tulonlähteestä. Yksi vakituinen tulonlähde on liian vähän mikäli osaamisesi ei ole ainutlaatuista ja alalta joka ei kuole teknisen kehityksen myötä.

Keskity nykyhetkeen

Koska sinä et voi tietää mitä tulevaisuudessa tapahtuu, tulee sinun tehdä alkuselvityksesi nykyhetken mukaan. Tee arvio siitä kuinka pitkään pärjäisit likvideillä varoillasi. Tilanteesi elää koko ajan ja tämän vuoksi suosittelen laskutoimitusten tekemistä vuosittain. Voit tehdä ne harvemmin, mutta useammin tehtynä ne hukkaavat aikaasi. Tee heti uudet laskelmat mikäli suuret muutokset tapahtuvat yhtäkkiä.

Helpoin tapa tietää kuinka hyvin sinulla menee juuri nyt, on laskea kuinka kauan pärjäisit nykyisillä menoillasi likvidien varojesi ollessa ainut tulonlähteesi. Saat selville kuinka monta kuukautta tai vuotta selviäisit mikäli joutuisit lopettamaan työsi ja tulovirtasi loppuisi. Miksi likvidien varojen eikä nettovarallisuuden laskeminen? Koska vain harvat myisivät arvostamiaan varallisuuseriä.

Oma koti lähtee myyntiin viimeisenä ja harvalla on muita asuntoja varallisuutena. Mikäli näin on voit ottaa muiden asuntojesi arvot huomioon laskuissasi kunhan vähennät arviosta niiden velat. Oman kodin myyminen myös nostaa rahantarvetta, koska vuokranmaksaminen on todennäköisesti kalliimpaa kuin asuntolainan, yhtiövastikkeen tai molempien. Oman kodin myymisen seurauksena laskutoimitukset menevät uusiksi.

Määritä kassavirtaa tuottavan omaisuutesi suuruus. Sinä et voi tietää tarkkaan kuinka suuret passiiviset tulot sinulla on tulevaisuudessa. Joudut määrittelemään varojesi keskimääräisen tuottoprosentin. Käytä sitä, kun määrität kuinka kauan sinulla kuluu aikaa päämäärääsi pääsemiseen. Voit itse määritellä tuottoprosentin. Realistisuutta haettaessa vuotuinen reaalinen tuottoprosentti ei voi ylittää 7%:ia joka on Yhdysvaltojen arvopaperimarkkinoiden keskimääräinen reaalituotto viimeisen kahdensadan vuoden aikana.

Määritä riskitasosi

Määritä riskitasosi. Mikäli olet valmis laittamaan sijoitusomaisuutesi passiivisiin osakeindeksirahastoihin, voit käyttää 7%:ia, kun sinulla on paljon aikaa taloudellisen riippumattomuuteen. Mitä lähempänä sitä olet, sitä pienempää prosenttia sinun tulee käyttää. Mikäli haluat laittaa osan sijoitusomaisuudestasi korkorahastoihin, voit käyttää tuottoprosenttina 5%:ia tai 4%:ia. Tällöin tarvitset sijoitusomaisuutta ja muita passiivisia tuloja enemmän. Taloudelliseen riippumattomuuteesi vaadittavan sijoitusomaisuutesi arvon laskeminen ei ole tarkkaa tiedettä, joten joudut hyväksymään asioiden yksinkertaistamisen.

Laske rahantarpeesi

Sinä voit tehdä omat johtopäätöksesi asiasta, mutta itse näkisin niin, että annettujen tuottoprosenttien perusteella tarvitsemasi rahamäärät saat kertomalla nykyiset vuotuiset menosi 7%:in ollessa kyseessä 30:llä. 5%:n 40:llä ja 4%:in 50:llä. Se miksi 7%:lla on suhteessa isompi summa, johtuu suuremmista riskeistä. Tarvitset laskuihin turvavälin, koska et voi tietää tulevaisuudesta. Tämän takia et vain jaa vuosittaisia menojasi mahdollisten sijoitustuottojen prosenteilla laskiessasi.

Laske tarvittava kuukausisäästösi

Kun olet laskenut rahasummasi, tulee sinun laskea kuinka paljon sinun täytyy kuukaudessa säästää rahaa, jotta pääset taloudelliseen riippumattomuuteen. Olen koostanut sinulle taulukon, josta voit katsoa kuinka monta vuotta sinun pitää tietyllä tuottoprosentilla säästää joko 500€/kk tai 750€/kk, jotta pääset puoleen miljoonaan tai miljoonaan euroon. Taulukko löytyy seuraavalta sivulta.

kk tuotto% /tavoite	500000	1000000
500€ 4%	38	52
750€ 4%	30	44
500€ 5%	34	46
750€ 5%	28	39
500€ 7%	29	38
750€ 7%	24	33

Taulukko 4 Tarvittavan kuukausisäästön ja keston laskeminen

Taulukossa 4 ensimmäinen pystyrivi kertoo kuinka paljon sinun pitää säästää kuukaudessa. Sen lisäksi riviltä löytyy tavoiteltu tuottoprosentti. Loput kaksi pystyriviä kertovat kuinka monta vuotta sinulla menee tavoitesummaan pääsyssä. Laskuissa on pyöristetty vuodet ylöspäin. Laskuissa on käytetty suhteellisen isoja kuukausittaisia säästöjä, koska tavoitteina käytetyt puoli miljoonaa ja miljoona ovat helpommin ymmärrettävissä olevia lukuja.

Laskutoimitusten jälkeen sinä tiedät kuinka paljon sinulla täytyy olla nettotuloja, jotta voit saavuttaa taloudellisen riippumattomuuden. Hanki tuloja lisää mikäli sinulla on tuloja vähemmän. Mieti voisitko nopeuttaa taloudelliseen riippumattomuuteen pääsemistäsi sijoittamalla enemmän rahaa kuukaudessa mikäli sinulla on tuloja enemmän. Toinen mahdollisuus on sopeuttaa menoja, mutta pidän tätä vaikeampana, koska joudut luopumaan elintasostasi.

7.5.3 Taloudellinen vapaus

Taloudelliseen vapauteen vaaditaan suurempi sijoitusomaisuus kuin taloudelliseen riippumattomuuteen. Se kuinka paljon rahaa tarvitset riippuu sinusta itsestäsi. Taloudellinen vapaus sisältää enemmän luksusta kuin taloudellinen riippumattomuus. Se paljon ylellisyyttä tarvitset ja mitä se merkitsee on tärkeätä miettiessäsi paljon tarvitset pääomia. Se voi tarkoittaa sinulle kalliita juomia, upeita asuntoja, kallista autoa, luksuslomia ja kalliita vaatteita. Nämä voivat tuntua hankalilta saada, koska niiden kalleus tuntuu ylitsepääsemättömältä.

Yksi syy on se, että se voi tarkoittaa sinulle luksustuotteiden tai käyttötavaroiden omistamista. Omistaminen tarkoittaa sitä, että sinä olet tavaroiden kanssa naimisissa ympäri vuoden 24/7. Uuden Ferrarin ostamisen sijaan sinä voit vuokrata sellaista muutaman viikon vuodessa. On vaikea kuvitella mitä lisäarvoa tuottaa Ferrarin pitäminen yhdeksän kuukautta vuodesta autotallissa.

Jos haluat vaihtoehtoisesti hankkia itsellesi aution saaren kaukaa asutuksesta niin joudut käyttämään miljoonia euroja rahaa, jotta saat rakennettua sinne luksushuvilan uima-altaineen muiden ylellisyyksien kanssa. Järkevämpää olisi maksaa pari kertaa vuodessa luksushotellille kymmeniä tuhansia. Luksuselämä ei ole niin kallista kuin luulet, koska et ole ottanut selvää siitä kuinka voit sitä viettää.

Määritä haluatko taloudellista vapautta vai et. Sinä joudut myös määrittämään sen mitä se sinulle tarkoittaa. Taloudelliseen vapauteen pyrkiessäsi voit huomata ettei se ole sinua varten. Älä hirttäydy tavoitteeseen vaan suhtaudu siihen nykyisenä päämääränäsi. Sama pätee myös taloudelliseen riippumattomuuteesi.

7.5.4 Strategian teko

Viimeisenä, mutta ei yhtään vähäisimpänä, on sinulla vuorossa taloudenhoitostrategian teko. Sen tulisi sisältää ainakin päämääräsi ja ne asiat joita teet pyrkiessäsi siihen. Päämääräksi sinun tulee määrittää sen varallisuutesi määrä, jonka tuottamien passiivisten tulojen määrä vastaa vuotuisia menojasi niistä maksettujen verojen jälkeen. Voit käyttää määrittelemiseen myös luvussa 7.5.2 tarjoamiani säästösummia ja tuottoprosentteja. Ne eivät ole tarkkoja lukuja, mutta ovat riittävän lähellä totuutta. Summa vaihtelee tarpeidesi ja halujesi mukaan. Mikäli keskityt asuntosijoittamiseen, tulee sinun laskea sijoitusasuntojesi tuottamien kassavirtojen määrä kulujen jälkeen.

Kirjoita päämääräsi paperille ja pidä sitä jatkuvasti esillä. Ihminen on kummallinen eläin. Päämäärän ylöskirjaaminen tuottaa psykologisia ja neurologisia muutoksia ja siihen pääseminen helpottuu, kun se on kirjattuna ja näkyvillä. Päämäärän täytyy olla selkeä, tarkka ja mitattava. Päämäärä voi näyttää seuraavalta: Minulla tulee olla 65-vuotiaana vuosittaisia passiivisia tuloja verojen jälkeen viisikymmentätuhatta euroa, tähän tarvitsen miljoonan euron osakesalkun. Aseta tavoite omien kykyjesi ja tarpeidesi mukaan. Päämäärän lisäksi sinun täytyy määrittää ensimmäinen askel sen ottamiseen. Ensimmäisen askeleen tulee olla mahdollisimman helppo, kuten sijoitan ensimmäiset 50€:a osakeindeksirahastoon.

Selvitä itsellesi oikeat tavat pyrkiä määrittämääsi päämäärään. Kulje omaa polkuasi. Määritä parhaat ratkaisut aktiivisten tulojen hankkimiseen. Ota avuksesi kaikki osaamisesi, mistä voit saada tuloja. Mieti mitä osaamistasi hyödyntämällä haluat saada tuloja ja mistä osaamisestasi voit saada suurimman suhteellisen hyödyn. Määritä myös paljon haluat käyttää aikaa tulojen ja osaamisen hankkimiseen. Määritä paljon tarvitset tuloja ja kuinka suuret kulut sinulla voi olla, jotta voit tehdä tarvitsemasi ylijäämän. Määritä lisäksi mitä sinun ei pidä tehdä, jotta pääset haluamaasi tilanteeseen.

Sinun pitää myös ratkaista mitkä tavat sinulle sopivat parhaiten passiivisten tulojen tekemiseen. Sinä voit ehkä suosia asuntosijoittamista tai suoraa osakesijoittamista. Voit panostaa liiketoimintaan, jossa sinulla on työntekijöitä. Sinä voit hyödyntää näitä kaikkia mikäli koet sen parhaimmaksi ratkaisuksi. Useampi passiivinen, toisista tuloista riippumaton tulonlähde on paras vaihtoehto mikäli lähteitä ei ole liikaa. Liian monet vaihtoehdot aiheuttavat tehottomuutta.

Määritä myös sinulle sopimattomat tavat ansaita passiivista tuloa. Joistakin ei ole asuntosijoittajiksi eikä toisista sijoittamaan osakkeisiin. Sinulle voi tulla hetkiä, jolloin luulet itsestäsi liikoja, koska olet menestynyt. Sinä voit menestyksesi seurauksena alkaa hankkimaan passiivisia tuloja sinulle sopimattomista lähteistä. Seurauksena voi olla katastrofi. Oman pätevyysalueen ulkopuolelle hyppääminen ei ole järkevää, vaikka olisikin varma onnistumisestaan.

Määritä esteet matkaltasi. Tavoitteen ja siihen pääsemiseen määriteltyjen keinojen lisäksi sinun pitää selvittää mitkä sisäiset ja ulkoiset esteet voivat tulla tiellesi. Suurin osa esteistä on pääsi sisällä. Sinä voit pitää vaurastuneita henkilöitä epärehellisinä tai pelkäät vaurastumisen muuttavan itseäsi. Molemmat esteet voivat tuottaa tarpeen pysyä nykyisessä taloustilanteessasi. Suurin osa esteistäsi on sisäisiä ja pienin osa ulkoisesta maailmasta tulevia. Keskity ensisijaisesti sisäisiin esteisiin.

Määritä myös ne henkilöt, jotka voivat auttaa sinua. He voivat olla pomosi, perheesi tai ystäväsi. Sinä voit etsiä heistä luottohenkilön, jota voit pyytää valvomaan edistystäsi. Suosittelen tehtävään joko perheenjäsentäsi tai hyvää ystävääsi. Paras henkilö tehtävään on joku, jolla on samanlainen päämäärä ja johon luotat. Te voitte toimia toistenne luottohenkilöinä. Päämäärään pääseminen helpottuu, kun joutuu perustelemaan tekojaan muille.

Varaudu vuoristorataan toteuttaessasi suunnitelmaasi. Sinä tulet matkan varrella liikkumaan nopeasti eteenpäin. Voit myös joutua ottamaan askelia taaksepäin ennen eteenpäin menoa. Voit juuttua samaan kohtaan moneksi vuodeksi, kunnes pääset johonkin suuntaan. Älä syytä takaiskuistasi muita, koska sinä et voi muuttaa heitä. Voit muuttaa vain itseäsi. Sinä et tule pääsemään päämäärääsi mikäli syytät muita epäonnistumisistasi. Sinun on mahdollista löytää ratkaisu lähes jokaiseen esteeseen. Poikkeuksina voidaan pitää kuolemanvakavaa sairastumista tai halvaantumista.

Tarkistuslista Strategian tekoa varten:

- Tarkan päämäärän määrittäminen
- Keinot joilla pyrit määrittämääsi päämäärään
- Ne keinot, joita sinun ei tule käyttää
- Nykytilanteen määrittäminen
- Osaamisesi
- Riskitasosi
- Mahdolliset auttajasi tai esteesi

Kuten näet niin tarkistuslistasta puuttuvat yksityiskohdat. Tee oma tarkistuslistasi yksityiskohtaisemmin käyttäen hyväksesi tämän luvun tietoja.

7.6 Yhteenveto

Järjestelmät tuottavat keskimäärin parempia lopputuloksia kuin niiden erillisten osien summat. Käyttäessäsi järjestelmiä saat aikaan parempia lopputuloksia kuin pyrkimällä sopeutumaan jokaiseen tilanteeseen eri tavoin. Suurin osa järjestelmistä on pienempien järjestelmien summia. Järjestelmät tulisi aina pitää mahdollisimman yksinkertaisina, koska monimutkaisuus lisää järjestelmien vaatimia resursseja. Talousasioissa tämä tarkoittaa ajan- ja rahantarpeen kasvua. Mitä monimutkaisemman järjestelmän rakennat sitä vaikeampaa siitä on saada hyötyä resurssien käyttöön nähden.

Jokainen rahaan liittyvä taito ja tapa on järjestelmä. Jotkut niistä ovat useampien järjestelmien summia. Mitkään taikatemput eivät auta mikäli sinä et pysty luomaan hyviä taitoja ja muuttamaan niitä säännöllisiksi teoiksi. Nämä tavoiksi muutettavat teot auttavat sinua ylläpitämään hyviä taitojasi. Tällöin saat aikaan pysyviä muutoksia. Vain pysyvän elämänmuutoksen avulla tuotat itsellesi vauraan tulevaisuuden mikäli sinulla on talousvaikeuksia. Mikään muu ei auta. Vararahasto, budjetti, ja monet muut apuvälineet muuttuvat tarpeettomiksi mikäli sinulla on huonot tavat. Ne voivat tuoda apua lyhyellä aikavälillä, mutta pitkän aikavälin ratkaisuiksi niistä ei ole. Vain jatkuva ylijäämä joka on seurausta hyvistä tavoista ja taidoista tuo vaurauden.

Luo itsellesi strategia talousasioidesi hoitoa varten. Tee oikeita asioita. Strategia auttaa sinua tekemään niitä. Laita strategiaasi päämäärä, johon tähtäät, keinot kuinka pyrit siihen ja asiat joita sinun pitää välttää. Strategian tekeminen parantaa mahdollisuuksiasi tehdä hyviä päätöksiä omien etujesi mukaan. Se myös vähentää harha-askeliasi.

8 YHTEENVETO

Jos minun täytyy valita vain yksi asia, jonka sinä tästä kirjasta opit niin sinun täytyy ymmärtää ettei sinulla ole oikoteitä vaurastumiseen. Sinun täytyy tehdä muutoksia loppuelämäksesi eikä vain lyhyeksi ajaksi. Sinä joudut muokkaamaan käytöstäsi mikäli et osaa vaurastua. Kaikki muut asiat ovat haihattelua. Voit verrata vaurastumista laihduttamiseen. Kaalisoppa-ruokavalio auttaa vähäksi aikaa, samoin Atkinsin-dieetti. Voit aloittaa vaurastumisen säästämällä kaikesta mahdollisesta. Voit myös luottaa johonkin sijoitusstrategiaan, jonka olet löytänyt jonkin sijoittamisen asiantuntijan kirjasta. Kaikki voi mennä aluksi hyvin, mutta ennen pitkää sietokykysi rajat tulevat vastaan ja alamäki alkaa.

Sinä et voi turvautua mihinkään poppakonsteihin tai muiden ihmisten luomiin strategioihin. Sinä et myöskään voi vetää vyötä kireälle ja säästää kaikessa. Lisätulot eivät auta, koska väärät tapasi ja taitosi saavat sinut hukkaamaan sitä myötä enemmän rahaa. Sinun täytyy vain muokata käytöstäsi parantaen taitojasi ja tapojasi. Siten saat pysyviä tuloksia aikaan. Tuloksenteko tapahtuu seuraavan ketjun kautta:

Ajatteleminen → Tunteet → Teot → Tulokset

Ajattelemaan opit tekemällä kysymyksiä. Parempilaatuiset kysymykset tuottavat parempia vastauksia. Paremmat vastaukset tuottavat hyödyllisempiä tunteita, jotka auttavat tekemään parempia tekoja. Seurauksena tulevat paremmat tulokset. Tämä ketju ei aina toteudu, koska tunteet usein jyräävät ajattelun. Lisäksi sinulla on tapoja, jotka tuottavat tekoja ilman ajattelua. Itseasiassa tapasi ovat niin vahvat, että ne jyräävät edelliset tuloksentekoketjun osat suurilta osin. Tämän vuoksi sinun tulee muodostaa laadukkaita tapoja ja muuttaa huonolaatuiset tapasi paremmiksi, jotta saat aikaan hyviä tuloksia.

Kirjaa voi pitää raskaslukuisena, mutta tosiasia on se, ettei vaurastuminen ole helppoa. Jos se olisi sitä, sinä ja minä olisimme molemmat miljonäärejä. Varsinkin luvussa kaksi esitellyt ajattelumallit ovat ehkä saaneet aivosi hikoamaan, mutta se on niiden tarkoituskin. Ne tuottavat sinulle parempia ajatuksia mikäli olet tehnyt itsellesi niistä kysymyksiä, joita hyödynnät jatkuvasti.

Kirja voi auttaa sinua vaurastumisessa, mutta se ei takaa sitä. Se auttaa sinua luomaan itsellesi parempia työkaluja vaurastumiseen. Loppujen lopuksi vain sinä voit muuttaa käytöstäsi ja saada aikaan parempia tuloksia. Toivottavasti teit jatkuvasti kysymyksiä lukiessasi ja ajattelit samalla mitä kirjan asiat sinulle tarkoittivat. Pelkkä lisätiedon hamstraaminen tekemättä kysymyksiä ei ole tuottanut sinulle niin suurta hyötyä kuin mitä olisit voinut saada.

LÄHDELUETTELO

Adapt: Why success always starts with failure, **Tim Harford**

Insanely simple: The obsession that drives Apple´s success, **Ken Segall**

Be excellent at anything: Four changes to get more out of work and life, **Tony Schwartz, Jean Gomes and Catherine McCarthy**

The four hour work week: Escape anywhere and join the new rich, **Timothy Ferriss**

The Black Swan: The impact of the Highly Improbable, **Nassim Nicholas Taleb**

One Up On Wall Street: How to use what you already know to make money in the market, **Peter Lynch, John Rothchild**

How to win friends & Influence People: The Only Book You Need to Lead You to Success, **Dale Carnegie**

The 100$ Startup: Fire your boss, Do What You Love And Work Better to Live More, **Chris Guillebeau**

The 80/20 Principle: The secret of achieving More with Less, **Richard Koch**

The Power of HABIT: Why we do what we do and how to change **Charles Duhigg**

The personal MBA: a world class business education in a single volume, **Josh Kaufman**

Influence: The Psychology of Persuasion, **Robert B. Cialdini**

Predictably Irrational: The Hidden Forces that Shape Our Decisions, **Dan Ariely**

Early Retirement Extreme: A Philosophical and practical guide to financial independence, **Jacob Lund Fisker**

Overconnected: What the Digital Economy says about us,
William H. Dawidow

The Tipping Point: How Little things can make a big difference,
Malcolm Gladwell

The One Thing: The Surprisingly simple truth behind extraordirary
results, **Gary Keller, Jay Papajasan**

Rich Dad Poor Dad, What The Rich Teach Their Kids – That You Can
Learn Too, **Robert T. Kiyosaki, Sharon L. Lechter**

Rich Dad Poor Dad 2, The Cash Flow Quadrant, **Robet Kiyosaki,
Sharon L. Lechter**

Rich Dad's Increase Your Financia IQ, Get Smarter With your Money,
Robert T. Kiyosaki

How to Make Money in Stocks: A Winning System in Good Times or
Bad, **William J. O'Neil**

Fooled by Randomness: The Hidden Role of Chance in Life and in the
Markets, **Nassim Nicholas Taleb**

Tunneäly Työelämässä, Daniel Goleman

Vaiston Varassa, George A. Akerlof, Robert J. Shiller

**Warren Buffett and the Interpretation of Financial Statements, Mary
Buffett, David Clark**

Buffett the Biography, The extraordinary story of the richest man in the
world, **Roger Lowenstein**

Money Master the Game, 7 simple steps to Financial Freedom,
Tony Robbins

Vaurastu kuin Warren Buffett, Mika Hyttinen

Stocks for the Long Run, Jeremy Siegel

The Intelligent Investor, Benjamin Graham

The Talent Code, Greatness isn´t born It´s Grown, Here´s how,
Daniel Coyle

Poor Charlie´s Almanack, Charles T. Munger

Global Asset Allocation, A survey of the World´s Top Asset Allocation
Strategies. **Mebane T. Faber**

KIRJOITTAJASTA

Tommi Taavila on yksi henkilökohtaisten raha-asioiden kokonaisvaltaisen ymmärtämisen johtavista asiantuntijoista Suomessa. Kirjailija on analyyttinen, hallitsee hyvin suuria kokonaisuuksia eikä hirttäydy pieniin yksityiskohtiin, jos ne eivät ole oleellisia kokonaisuuden kannalta.

Kirjailija on lahjakas löytämään kytköksiä asioiden väliltä ja tuottamaan monimutkaisilta näyttävistä asioista yksinkertaiset selitykset. Hän osaa tarvittaessa sanoa itselleen ja muille kaksi tärkeätä sanaa "En tiedä". Tämän jälkeen hän etsii ratkaisun asiaan.

Kirja ei perustu uskomuksiin vaan tietoihin, jotka on kerätty kirjoittajaa viisaammilta ihmisiltä, kuten maailman parhaimmilta sijoittajilta Warren Buffettilta ja Peter Lynchilta. Maailman parhailta oppiessa saa maailman parhaita neuvoja.

www.ingramcontent.com/pod-product-compliance
Lightning Source LLC
Chambersburg PA
CBHW051904170526
45168CB00001B/232